LOUISE BAY
Doctor and CEO

Weitere Romane der Autorin sind bei LYX in Vorbereitung.

LOUISE BAY

DOCTOR
— AND —
CEO

Roman

Ins Deutsche übertragen
von Wanda Martin

LYX in der Bastei Lübbe AG

Die Bastei Lübbe AG verfolgt eine nachhaltige Buchproduktion.
Wir verwenden Papiere aus nachhaltiger Forstwirtschaft und
verzichten darauf, Bücher einzeln in Folie zu verpacken. Wir stellen
unsere Bücher in Deutschland und Europa (EU) her und arbeiten
mit den Druckereien kontinuierlich an einer positiven Ökobilanz.

Die Originalausgabe erschien 2023 unter dem Titel »Dr. CEO«.
Copyright © 2023 by Louise Bay
Dieses Werk wurde vermittelt durch die Literarische Agentur
Thomas Schlück GmbH, 30161 Hannover.

Für die deutschsprachige Ausgabe:
Copyright © 2024 by
Bastei Lübbe AG, Schanzenstraße 6–20, 51063 Köln

Vervielfältigungen dieses Werkes für
das Text- und Data-Mining bleiben vorbehalten.

Textredaktion: Antje Steinhäuser
Umschlaggestaltung: © Guter Punkt, München | www.guter-punkt.de
unter Verwendung von Motiven von Shutterstock
© Sven Hansche; © Eugene Partyzan
Satz: Greiner & Reichel, Köln
Gesetzt aus der Adobe Caslon
Druck und Verarbeitung: GGP Media GmbH, Pößneck

Printed in Germany
ISBN 978-3-7363-2215-8

1 3 5 7 6 4 2

Weitere Informationen unter:
lyx-verlag.de
luebbe.de | lesejury.de

Liebe Leser:innen,

dieses Buch enthält potenziell triggernde Inhalte. Deshalb findet ihr auf Seite 335 eine Triggerwarnung.

Achtung: Diese enthält Spoiler für das gesamte Buch!

Wir wünschen uns für euch alle
das bestmögliche Leseerlebnis.

Euer LYX-Verlag

1. KAPITEL

KATE

Noch immer kribbelt es vor Aufregung in meinen Zehenspitzen, selbst nachdem ich die Teestube von Crompton Estate nun schon die ganzen Jahre morgens aufsperre. Ich freue mich ehrlich auf jeden neuen Tag – und wirklich mal, wie viele Leute können das von ihrer Arbeit behaupten? Ich schließe die Tür auf und drehe das Schild im Fenster auf »Geöffnet« um. Heute werden wir Hunderten lächelnden Gästen Tee, Kaffee, Kuchen und Flapjacks servieren, von Sandras Tagessuppe mal ganz abgesehen. Beschwingt von einem Rundgang durch Cromptons herrlichen Gartenpark werden die Leute auf eine kurze Pause hereinschauen, bevor sie die Besichtigung fortsetzen oder heimfahren.

Die Magnolie vor der Teestube hat gerade angefangen zu blühen, und ich weiß genau, die Leute werden beim Aufdrücken der Ladentür Bemerkungen über die kopfgroßen Blüten und den süßen Duft machen, der mir verrät, dass wir Mitte Mai haben. So ist es jedes Jahr. Das wird alle heute in besonders gute Laune versetzen. Wie könnte man auch keine gute Laune haben, wenn man Crompton besucht? Das geht gar nicht.

Die Eröffnungstakte von *I Feel Pretty* aus *West Side Story* dringen zu mir vor. Mein Lächeln wird noch breiter, und ich drehe mich zu Sandra um, die die Anlage eingeschaltet und zu singen angefangen hat. Ich stimme mit ein, während ich mich im Kreis drehend nach hinten zum Tresen bewege.

Ich habe keine *supertolle* Stimme – selbst wenn ich es noch so gewollt hätte, hätte ich es nie auf eine Bühne im Londoner West End geschafft –, aber ich singe gut genug für eine Cromptoner Laieninszenierung von *Frozen*, wie wir sie letztes Jahr aufgeführt haben. Ich war Elsa, und obwohl sie dreißig Jahre älter ist als ich, war Sandra Anna.

»Wie geht's Granny?«, fragt Sandra. Alle nennen *meine* Oma »Granny«. Sie lebt und arbeitet seit dreißig Jahren hier auf dem Anwesen und gehört genauso fest dazu wie das Cottage, das sie bewohnt.

»Gut. Ihre Erkältung ist jetzt komplett auskuriert.« Ich scrolle durch die Kommentare auf der Instagram-Seite von Crompton. Ich betreue den offiziellen Account und bekomme für die zusätzliche Arbeit einen kleinen Zuschlag zu meinem Lohn als Bedienung im Café. »Gefällt dir das hier?« Ich drehe das Handy um und halte es Sandra hin, damit sie das Foto betrachten kann, das ich von der Magnolie gemacht habe, als ich herkam.

»Die sind alle schön«, sagt sie.

»Das ist das Problem. Wir sind von so viel Schönheit umgeben, dass wir ganz verwöhnt sind. Wir merken gar nicht, wie gut wir es haben.«

»Wir laufen nicht Gefahr, es zu vergessen«, erwidert Sandra. »Du erinnerst uns ja ständig daran.«

Ich lache. Ich bin hemmungslos begeistert von dem Ort, an dem wir leben und arbeiten. Nicht nur, dass ich mich gar nicht frage, ob das Gras hinter den vielen Hügeln des Anwesens grüner sein könnte – ich weiß mit Sicherheit, dass es das nicht ist.

»Ich poste es. Die anderen packe ich in unsere Storys.«

Als die Glocke über der Tür klingelt, stelle ich mich hinter den Tresen und wende mich dem ersten Kunden des heutigen Tages zu.

Womit ich rechne, ist ein Seniorenpärchen, das sich bei einer Tasse Tee aufwärmen möchte, bevor es seinen Rundgang durch den Park beginnt. Oder vielleicht eine Gruppe japanischer Touristen, die von mir den Lageplan erklärt bekommen möchten.

Der allerletzte Mensch, mit dessen Hereinkommen ich rechne, ist ein Mann, so groß, dass er sich ducken muss, damit er sich nicht am Türsturz den Kopf stößt – einer, der seine weißen Hemdsärmel hochgekrempelt hat, wodurch seine Unterarme fast schon provokativ zur Schau gestellt sind. Er bleibt direkt vor dem Tresen stehen und sieht mich an, als wäre ich ein Stück von Sandras Bakewell Tart und er würde mich gleich verschlingen.

Man kann definitiv behaupten, dass der Mann vor mir kein typischer Crompton-Gast ist.

Ich schaffe es, mein Lächeln aufrechtzuerhalten, als ich unseren neuen Kunden begrüße, obwohl ich mir fast sicher bin, dass ich allein von seinem Anblick rot werde. »Guten Morgen. Was kann ich für Sie tun?«

Ein amüsierter Ausdruck huscht über sein Gesicht. Ich möchte gar nicht wissen, was er gerade denkt. Denn daher, wie sein Mundwinkel zuckt und sich seine Augen weiten, weiß ich genau, was es auch ist, es ist etwas *Unanständiges*.

»Tee? Oder Kaffee?«, schlage ich leicht verunsichert vor.

»Dort hinten haben wir Orangensaft.« Ich wedele in Richtung des Kühlschranks mit den Kaltgetränken.

Sandra kommt zu uns geschlurft, und aus den Augenwinkeln sehe ich, wie sie die Schokoladentorte auf den Tresen stellt. Wir werden nachher eine Wette abgeben, um welche Uhrzeit das erste Stück davon gegessen wird. Die Torte wird immer als

Letztes bestellt, aber sobald das erste Stück angeschnitten ist, geht es zu wie am Black Friday – pausenlos Bestellungen, bis sie alle ist. Davor machen hausgemachte Müsliriegel und Karottenkuchen den Großteil des Vormittagsgeschäfts aus.

»Na, was sind Sie denn für ein hübscher Typ?«, sagt Sandra zu dem völlig Fremden vor mir, der mir noch nicht mal mitgeteilt hat, ob er Tee oder Kaffee möchte. Sie stützt die Hände in die Hüften und tritt zu mir – und damit auch zu dem Fremden –, als wollte sie ihn näher inspizieren, um festzustellen, ob er wirklich so gut aussieht, wie es ihr erster Eindruck war. Daran besteht kein Zweifel. Das dunkelbraune, glänzende Haar, die vollen Lippen, die Kinnpartie … sogar die sich andeutende Falte zwischen seinen Brauen verleiht seinem attraktiven Gesicht noch mehr Tiefe.

Der Mund des Kunden biegt sich zu einem Viertellächeln.

»Danke.«

»Und auch noch Amerikaner!«, sagt sie auf seinen hörbaren Akzent hin, als wäre ihr gerade ein Zebra vorgestellt worden. Wir haben jeden Tag Amerikaner vor uns. Na ja, zumindest so gut wie jeden.

Sandra stupst mich an. »Er ist Amerikaner.«

Ich kann mir ein Lächeln nicht verkneifen. Sandra ist mindestens vierzig Prozent des Tages ungewollt lustig. Die übrigen sechzig verbringt sie singend, was sie zur perfekten Kollegin macht. Außerdem hat sie keinerlei Filter, kann backen und ich kenne sie seit meiner Geburt. Sandra gehört zur Familie.

»Karottenkuchen?«, schlage ich vor, indem ich Sandra zu ignorieren und meinen Job zu machen versuche – den, der meine Kindheit über mein Traumjob war und den ich mit sechzehn angefangen habe.

»Einen schwarzen Kaffee«, sagt er.

Statt dem Kunden einen Kaffee zuzubereiten, während ich

das Kassieren übernehme, lehnt Sandra am Tresen. »Leben Sie in Amerika?«, fragt sie. »Machen Sie hier Urlaub?«

»Das macht ein Pfund fünfzig, und die Beantwortung von Sandras Fragenkatalog ist absolut freiwillig.«

Als er leise lacht, wird mir heiß im Schoß. Es stimmt schon, dass nicht gerade viele gut aussehende Männer auf Crompton Estate vorbeischauen. Und ich verlasse das Anwesen nicht oft, außer um kurz ins Dorf zu fahren, wenn ich zur Post muss oder in den Supermarkt. Mir laufen nicht viele gleichaltrige Männer über den Weg, die aussehen wie dieser hier vor mir, doch mein Körper reagiert derart instinktiv auf ihn, dass ich eigentlich ganz froh bin, schon länger nicht mehr weiter weg gewesen zu sein. Vielleicht hatte ich irgendeine Hormonveränderung und würde mich auf dem Boden winden, wenn ich Cambridge besuchen, um eine Straßenecke biegen und plötzlich einer ganzen Gruppe Männer gegenüberstehen würde.

Wobei selbst ein Dutzend Männer zusammen wahrscheinlich nicht mit solchem Selbstbewusstsein auftreten würden wie mein eines aktuelles Gegenüber. Es dringt ihm aus jeder Pore. Schon nach den wenigen Sekunden Interaktion kann ich sagen, dass er ein Mann ist, der weiß, was er will.

Einer, der *kriegt*, was er will.

»Doch kein Fragenkatalog«, widerspricht Sandra. »Ich mache nur Small Talk. Ich mag Menschen eben. Was soll ich sagen?«

»Derzeit lebe ich in den Staaten«, antwortet er.

Gerade will ich ihn fragen, ob er bar oder mit Karte bezahlen will, da hebt er zur Antwort auf meine unausgesprochene Frage sein Handy und nickt, als ich ihm das Kartenlesegerät hinhalte.

»Ich habe Familie hier. Ich treffe mich heute mit ihnen, um den Gartenpark zu besuchen.«

»Wunderbar«, erwidere ich.

»Ein Familienmensch«, sagt Sandra zustimmend. »Sind Sie verheiratet?«

Daraufhin lacht der Mann in sich hinein. Keine Ahnung, ob wegen der Fülle all der Fragen oder wegen der Privatheit dieser speziellen. »Nein, bin ich nicht.« Sein Blick huscht zu mir und dann wieder zu Sandra.

»Wenn Sie sich setzen möchten, bringe ich Ihnen Ihren Kaffee. Sie können sich einen Tisch aussuchen.« Ich möchte mir gegen die Stirn schlagen. Natürlich kann er sich einen Tisch aussuchen. Er ist der einzige Gast. Es ist ja nicht so, als wären welche für VIPs reserviert.

»Danke«, sagt er, bevor er sich zum Gehen umdreht.

Ich beobachte, wie er sich hinsetzt, die Beine unter dem Tisch ausstreckt und sein Handy herausholt.

»Er ist umwerfend«, bemerkt Sandra, während wir ihn beide anstarren.

Abrupt schaut er hoch und erwischt uns beim Glotzen. Die Scham kriecht mir den Hals hoch, sodass ich auf die Kasse vor mir blicke, als wäre sie ein Laptop und ich mit wichtiger Arbeit beschäftigt.

Hat er Sandra gehört?

»Du brockst uns noch Trouble ein«, flüstere ich.

»Dein Leben kann ein bisschen Trouble gebrauchen. Ein bisschen Aufregung oder ein kleines Abenteuer.«

»Mir gefällt mein Leben so, wie es ist«, erwidere ich. Crompton Estate ist Abenteuer genug für mich. Ich bin glücklich hier. Darauf kommt es an.

»Vor zwanzig Jahren hätte ich mich an den Mann rangeschmissen«, sagt Sandra.

»Da warst du glücklich verheiratet«, erinnere ich sie.

Sie zuckt mit den Schultern. »Bist du aber nicht.«

»Ich bin glücklich.« Abenteuer hatte ich schon, deshalb gefällt es mir hier, im Café, wo ich Musicalhits singe und Karottenkuchen serviere.

Als der Fremde von seinem Handy aufsieht, treffen sich unsere Blicke. Er guckt nicht weg und ich auch nicht.

2. KAPITEL

VINCENT

Jacob und Sutton kommen nicht zu spät. Ich bin zu früh da. Ich wollte den Laden auf mich wirken lassen, bevor ich irgendwie abgelenkt werde – die Teestube, die rosa karierten Tischdecken, die Musicalhits, die von den beiden Frauen hinter dem Tresen geträllert werden. Ich möchte mich umsehen, einen Eindruck vom Gartenpark bekommen, davon, wie der Landsitz aussieht, wenn keine Schwärme von Touristen da sind. Ich brauche Gelegenheit herauszufinden, was mein Bauchgefühl sagt. Ich bin ein Fan von Zahlen, aber selbst wenn die gut aussehen, muss auch mein Bauch einverstanden sein, damit ich ein Investment eingehe.

Die ältere Frau hinter dem Tresen fängt an, das nächste Lied, *America* aus *West Side Story*, mitzusingen, das aus den Lautsprechern dringt. Ich lächle. Die ist ja mal fröhlich.

Das Geräusch näher kommender Schritte lässt mich aufblicken. »Ihr Kaffee«, sagt die jüngere Angestellte.

»Danke«, erwidere ich und drehe dabei die Tasse so, dass der Henkel in die entgegengesetzte Richtung zeigt.

»Ach, auch ein Linkshänder«, sagt sie strahlend. Sie trägt eine rosa gestreifte Kellnerinnenuniform mit Rüschenkragen und einer weißen Schürze. Das sollte eigentlich nicht so sexy wirken, wie es der Fall ist. Es sieht nur so verdammt unschuldig aus.

»Ihre Freundin singt wohl gern«, sage ich.

»Wir beide«, erwidert sie. »Ich könnte niemals irgendwo arbeiten, wo man nicht singen darf.« Sie sagt das ganz trocken, sodass ich mir nicht sicher bin, ob sie es ernst meint, bis sich ein breites Lächeln auf ihrem Gesicht ausbreitet.

Sie ist umwerfend.

Ihre blauen Augen funkeln beinahe, und ihr Haar ist zu einem Pferdeschwanz zusammengebunden, der hin und her schwingt beim Gehen … und wohl vermutlich auch bei anderen Aktivitäten.

»Darf es für Sie noch etwas sein?«

Ich verenge die Augen. »Nichts von der Karte.«

Als sie errötet, schelte ich mich innerlich dafür, dass ich mich nicht gentlemanhafter benehme. »Danke, ich bin gut versorgt.«

Die Türglocke bimmelt und Sutton kommt herein. Dahinter Parker – ich hatte gar nicht mit ihr gerechnet. Dicht gefolgt von Jacob und Tristan, Parkers Verlobtem.

Ich rücke vom Tisch weg und stehe auf.

»Wir sind zu viert hier. Ich muss meine freien Tage so nutzen, dass ich so viele Freunde wie möglich treffe«, erklärt Sutton.

»Je mehr, desto lustiger«, erwidere ich und ziehe Sutton in eine Umarmung. Je größer unsere Gruppe ist, desto mehr sieht es nach einem typischen Familienausflug aus, und genau das will ich. Meine Familie ist heute unwissentlich in mein Vorhaben eingespannt.

Während sich alle Stühle zurechtrücken und Pullis ausziehen, sehe ich hinüber zum Tresen und begegne dem Blick der jüngeren Angestellten. Ohne dass ich etwas sage, nimmt sie sich einen Block und kommt zu uns.

»Guten Morgen, alle miteinander. Willkommen in Crompton. Was kann ich Ihnen bringen?«

Ich beobachte, wie sie sorgsam alle Bestellungen notiert und dabei jeweils wiederholt, was die anderen gerade genannt haben. Zwischen jeder Bestellung geht ihr Blick zu mir, als wollte sie nachsehen, ob ich immer noch da bin.

Dann klingelt erneut die Türglocke und mein Onkel und meine Tante platzen herein.

»Mir ist saukalt, Carole. Darum trage ich zwei Pullis und den Mantel.«

Meine Tante ignoriert das Gejammer meines Onkels – sie ist daran gewöhnt – und wird in Umarmungen ihres Sohns, seiner zukünftigen Frau und ihrer Freunde gezogen.

Als ich zum Tresen schaue, ist meine Freundin erneut auf dem Weg zu uns.

»Zwei Tassen Tee und einen Karottenkuchen für John«, sage ich.

»Zwei Tassen Tee für ihn?«, fragt sie. Dann wird ihr klar, wie ich es gemeint habe, und sie schüttelt den Kopf. Sie beobachtet meinen Onkel und meine Tante, während diese sich aus ihren Kleidungsschichten schälen. Ein leises Lächeln umspielt ihre Lippen. Sie neigt ihren Stift so dezent zu Carole und John, dass niemand außer mir es bemerken würde. »Ihre Eltern?«

Ich lächle. Nicht nur die ältere Bedienung steckt voller Fragen.

Als ich ein paar Schritte zur Seite gehe, folgt sie mir.

»Wie heißen Sie?«, frage ich.

»Kate.«

Ich betrachte ihr Gesicht – die dunklen Wellen, die sich aus ihrem Pferdeschwanz lösen, die drei Sommersprossen auf ihrer linken Wange – und freue mich über die Röte, die ihr den Hals hinaufsteigt. Ich will sie nicht verlegen machen. »Die beiden sind mein Onkel und meine Tante«, erkläre ich. »Jacob ist mein Cousin – Carole und Johns Ältester. Sutton ist seine baldige Frau.«

»Zukünftige«, berichtigt sie mich.

Ich grinse und schiebe die Hände in die Hosentaschen, damit ich sonst nichts mit ihnen anstelle. »Dann noch Parker, Suttons beste Freundin, und Tristan ist wiederum *ihr* Zukünftiger.«

Sie nickt, als sei sie zufrieden mit meiner Auskunft. »Klingt nach einer großen Familie. Jede Menge Verlobte.«

Ich lache in mich hinein. »Keine für mich.« Ich begegne ihrem Blick. Keine Ahnung, warum ich so heftig flirte. Es ist nicht so, als wollte ich ihre Nummer haben oder sie zum Essen einladen. Doch sie hat etwas Anziehendes, das ich mir nicht recht erklären kann.

»Wir rechnen auch noch mit Nathan. Noch einem Cousin. Ich habe ganze fünf. Nathans Frau muss arbeiten, darum wird sie nicht dabei sein.«

Unter einem Seufzen dreht sie sich zu mir und legt mir eine Hand auf den Arm. Die Geste ist viel zu vertraulich, fühlt sich aber absolut richtig an. »Ich wünsche Ihnen einen schönen Tag zusammen.« Sie sagt es mit einer Ernsthaftigkeit, die mich überrascht. Dann dreht sie sich um und geht zurück zum Tresen.

»Danke, Kate«, rufe ich ihr nach.

Eine bekannte Melodie setzt ein, und dann höre ich die erste Textzeile – es ist *Good Morning* aus *Singing in the Rain*.

»So was gibt's heute nicht mehr«, bemerkt John. »Großartiges Musikstück. Nicht solcher Andrew-Lloyd-Webber-Quatsch. *Singing in the Rain* ist ein richtiges Musical.«

»*The Dueling Cavalier*«, sagt Carole.

John lacht. »Ist jetzt ein Musical.«

Daraufhin ist es Carole, die lachen muss.

Es ist schön, sie lachen zu sehen, auch wenn ich nicht verstehe, worüber.

»Alles klar bei euch?«, frage ich.

»Mit einer Tasse Tee wär's noch besser«, antwortet John.

»Müssen wir zum Bestellen an den Tresen gehen?«

»Nein«, sage ich. »Du bekommst gleich eine.«

»Du bist ein Guter, Vincent. Anders als meine Bengel.«

Ich lächle, doch das Kribbeln in meinem Nacken nimmt zu. Kate kehrt mit einem Tablett voller Getränke zurück. »Kann ich Ihnen sonst noch etwas bringen?«, wendet sie sich an mich.

»Wenn Nathan da ist, vielleicht«, sage ich.

»Na dann, bis zu Nathans Ankunft.« Sie lächelt mich an und geht singend zurück zum Tresen.

»Britische Frauen sind spitze«, sagt Sutton.

Als ich zu ihr rübersehe, ist klar, dass sie mich dabei beobachtet hat, wie ich Kate beobachtet habe.

Ich lache leise. »Es gibt überall tolle Frauen, Sutton.«

»Warst du schon jemals verliebt?«, fragt sie.

Auf dieses Thema habe ich echt keine Lust. Ich nehme an, es ist normal, dass frisch Verliebte sich das Gleiche auch für alle anderen Menschen in ihrem Umfeld wünschen, aber dafür bin ich nicht gemacht. Ich bin ein ruheloser Mensch, nicht daran interessiert, »Die Richtige« zu finden, mit der ich den Rest meines Lebens verbringe. Ich habe kein Interesse an *überhaupt irgendwas* Permanentem. »Ich liebe das Leben«, erwidere ich.

Zu meinem Glück geht die Cafétür auf und Nathan kommt herein, Arm in Arm mit einer Frau, die mindestens sechzig Jahre älter ist als er, was sie locker Mitte neunzig macht.

»Da sind Sie, Gladys. Ich sagte Ihnen ja, dass Sie auf mich warten. Jetzt suchen wir Ihnen mal einen Platz.« Nathan schaut hoch und nickt mir zu. »Vincent, können wir eine Tasse Tee für Gladys organisieren? Sagen wir besser zwei und noch einen Orangensaft. Ihre Tochter und Enkelin kommen gleich von der Toilette zurück.«

Ich gehe zum Tresen, um Gladys' Bestellung aufzugeben. Kate scheint verschwunden zu sein, aber dann geht die Tür hinter dem Tresen auf, und sie kommt zurück. Unsere Blicke treffen sich, ehe sie bemerkt, dass sie noch mehr Kunden bekommen hat.

»Gladys!«, ruft Kate aus. »Hab Sie letzte Woche gar nicht gesehen. Ist alles in Ordnung?« Sie umrundet den Tresen und nimmt es Nathan ab, Gladys zu dem Tisch direkt davor zu führen.

Gladys und sie unterhalten sich, aber worum es geht, kann ich wegen des Geräuschpegels, den unsere Gruppe beim Begrüßen von Nathan verursacht, nicht verstehen. Ich setze mich, trinke einen Schluck Kaffee und beobachte die Menschen vor mir, die gerade mindestens zwölf Unterhaltungen gleichzeitig führen.

»Sind jetzt alle da?«, fragt Carole neben mir.

Ich nicke. »Soweit ich weiß, fehlen keine Coves mehr.«

Sie tätschelt mir das Knie. »Es ist schön, dich wiederzusehen. Du warst monatelang nicht hier. Vielleicht bleibst du diesmal ein Weilchen länger.«

Das Kribbeln in meinem Nacken legt sich fast, und ich gebe ihr ein Küsschen auf die Wange. »Ich komme, sooft ich kann«, sage ich. »Aber ich muss schon sagen, dass ich es vermisse, wenn ich nicht da bin.«

»Na, und was machen wir hier?«, fragt sie. »Ich glaube dir nicht, dass du bloß einen Ausflug mit uns unternehmen willst.«

Meine Tante war eine herausragende Chirurgin. Sie ist mit Abstand das schlauste Mitglied unserer Familie. Ihr entgeht nichts.

»*Niemand* nimmt dir ab, dass du einen Ausflug hierher vorgeschlagen hast«, sagt John.

Ich sehe nach, ob irgendwer – genauer gesagt Kate und die ältere Cafémitarbeiterin – zuhört. »Könnt ihr euren Unglauben für die paar Stunden zurückhalten, die wir hier sind? Ich erkläre es euch zu gegebener Zeit.« Das Letzte, was ich gebrauchen kann, ist, dass Kate und die ältere Kollegin etwas aufschnappen. Sie könnten daraufhin voreilige Schlüsse ziehen.

»Natürlich. Solange es dir nur gut geht«, antwortet Carole.

Ich bekomme regelmäßig Handynachrichten oder E-Mails und Anrufe von all meinen Cousins und sogar von meinem Onkel, aber stets ist es Carole, die nachfragt, ob es mir gut geht. Sie macht das schon, seit ich klein war. Ich habe mir immer ausgemalt, ich würde nach den Sommerferien in England bei Carole und John mein Flugzeug zurück in die USA verpassen. Das ist wohl der Grund, warum ich hier auf der Uni war. Und warum ich Medizin studiert habe. Ich wollte genau wie sie sein. Eine Familie genau wie ihre haben.

»Sehr gut sogar«, versichere ich Carole. »Du weißt doch, dass ich gern gute Investments ausfindig mache.«

Sie zieht die Augenbrauen hoch, sagt aber nichts weiter. Ich werde es ihnen später erklären. Ich werde dieses Anwesen nur kaufen, wenn der Earl die von mir gebotene Kaufsumme akzeptiert. Ich weiß allerdings nicht, wie diese Summe ausfällt, und sie festzulegen, ist das Ziel des heutigen Tages.

John hüstelt und schielt hinüber zum Tresen. »Diese Schokoladentorte sieht ganz schön gut aus, Carole –«

»Nein, John. Es ist fünf nach zehn und du hast gerade eben ein Stück Karottenkuchen gegessen.«

Grummelnd trinkt er noch einen Schluck Tee.

Ich lächle und lehne mich auf meinem Stuhl zurück.

Es ist schön, wieder da zu sein.

3. KAPITEL

VINCENT

Nachdem ich dreimal versprochen habe, dass ich nach Norfolk kommen werde, bevor ich nach New York zurückfliege, bleibe ich auf dem Parkplatz neben meinem Auto stehen, während meine Familie wegfährt.

Sie waren zur Tarnung hier, aber es war schön, sie zu sehen. Ich schaue auf die Uhr und gehe zum Haupthaus. Zwar stehen nur die Außenanlagen Besuchern offen, aber wenn ich das ganze Anwesen kaufen will, muss ich auch das Haus sehen.

Wie angewiesen gehe ich durch ein kleines schwarzes Tor in der Mauer an der Rückseite des Grundstücks, hinter dem bereits der Makler auf mich wartet.

»Brian«, sage ich.

»Vincent. Schön, dass Sie es einrichten konnten. Tut mir leid, dass ich Sie nicht durch die Gartenanlage begleiten konnte. Aber durchs Haus führen kann ich Sie auf jeden Fall.«

Er braucht nicht zu wissen, dass ich mir den Gartenpark bereits angesehen habe. Und während ich das Anwesen rund um das Haupthaus ausgekundschaftet habe, konnte ich von Weitem dessen Zustand einschätzen. Das Dach muss repariert, wenn nicht sogar neu gemacht werden. An manchen Stellen, die nicht sofort auffallen, blättert die Farbe von der Fassade. Und in den Regenrinnen wuchert Unkraut. Die Zeichen des Verfalls sind nicht augenfällig, es sei denn, man achtet darauf –

und das tue ich. Nicht nur, weil ich wissen will, wie viel ich investieren muss, um die Immobilie auf Vordermann zu bringen, sondern auch, wie dringend es dem Earl mit dem Verkauf ist.

»Gehen Sie vor«, sage ich.

»Lassen Sie uns mit der Vorderseite des Hauses beginnen, so als wären Sie durch den Haupteingang hereingekommen. Dann bekommen Sie das richtige Gespür für die Pracht des Gebäudes.«

Ich folge ihm durch die rückwärtige Seite des Hauses, wobei ich die Risse in den Wänden registriere und die sich lösende Tapete in den kleinen, vollgestopften Räumen, die wir durchqueren, bis wir in der völlig anders wirkenden Eingangshalle anlangen.

»Man stelle sich vor, als Besucher herzukommen – die hohen Decken, die ausladende Treppe –, das macht gleich Eindruck, wenn man durch die Tür tritt.«

Ich schiebe die Hände in die Hosentaschen und sehe mich um. Brian hat recht, der Eingangsbereich ist ansehnlich und könnte prächtig sein. Er macht nur einen etwas mitgenommenen und lieblosen Eindruck. Der Teppichläufer auf der Treppe ist verschlissen, und alles wirkt irgendwie leer. So als würden die Möbel und die Gemälde, die die Räume füllen und die Wände zieren sollten, eher durch Abwesenheit glänzen.

»Ist der Eigentümer ausgezogen?«

»Nein, ganz und gar nicht. Aber seit seine Frau verstorben ist, ist dem Earl die Liebe zum Haus abhandengekommen.«

»Sie starb vor etwa fünf Jahren?«

Brian nickt. Er wurde vom Earl als Makler eingesetzt, nicht von mir. Offenbar brauche ich hier in Großbritannien keinen zu engagieren. Dadurch spare ich Geld, aber gleichzeitig denke ich, er würde vielleicht offener sprechen, wenn ich von jemandem vertreten würde.

»Also möchte er damit abschließen.«

»Es schmerzt ihn, aber ja, er möchte den Instandhaltungsaufwand nicht mehr auf sich nehmen.«

»Verständlich. Ein Anwesen wie dieses zu unterhalten ist teuer und zeitintensiv.«

»Lassen Sie mich Ihnen die Bibliothek zeigen«, sagt er.

Wir wenden uns nach links in den von Büchern gesäumten Raum. Zwei lederne Ohrensessel rahmen einen kleinen Tisch ein. Aber abgesehen von den Büchern wirkt die Bibliothek leer.

»Hat er die Möbel abgestoßen? Und die Gemälde? Es scheint einiges zu fehlen.«

»Ich glaube, in Vorbereitung auf den Verkauf hat er etliche Möbel und Kunstwerke Familienmitgliedern gegeben.«

Ob das stimmt, weiß ich nicht recht. Vielleicht hat der Earl sie verkauft, um das Anwesen zu halten.

»Decken die Einnahmen aus den Gartenbesichtigungen die Haltungskosten des Anwesens?«, erkundige ich mich.

»Hätten Sie denn vor, die Teestube weiter zu betreiben?«, fragt er. »Und den Gartenpark für Besucher offen zu halten?«

»Das habe ich noch nicht entschieden«, erwidere ich. Er hat meine Frage nicht beantwortet, was heißt, dass die Teestube und die Gartenbesichtigungen die Haltungskosten des Anwesens *nicht* decken. Und er weiß das. Was bedeutet, der Earl hat es ihm gesagt, was wiederum bedeutet, den beiden ist bewusst, dass sie in einer schwachen Verhandlungsposition sind.

Natürlich werde ich den Gartenpark auf keinen Fall weiter öffentlich zugänglich halten. Wenn ich dieses verfallende alte Gebäude in ein Fünf-Sterne-Hotel umwandle, wird es exklusiv. Luxuriös. Es wird kein Gartencafé mit lauter Karottenkuchen und keine Busladungen von herumspazierenden Senioren geben.

Brian holt Luft. »Wenn Sie alles schließen, könnte das Genehmigungsverfahren wegen der wegfallenden Arbeitsplätze ein Kampf werden. Manche arbeiten schon seit Generationen hier auf dem Anwesen.«

»Es ist ein Wagnis«, räume ich ein. Selbstverständlich habe ich mich bereits über das Genehmigungsverfahren informiert. Es gibt ein Team von Leuten, das mich bei Entscheidungen berät, und auch wenn es riskant ist, ein solches Anwesen ohne Baugenehmigung zu kaufen, hatte ich schon riskantere Projekte. Den Behörden ist klar, wenn solchen großen Herrensitzen kein neues Leben eingehaucht wird, verfallen sie. Menschen werden arbeitslos und Gemeinden zerbröckeln durch das Loch im Herzen. Aber das alles braucht Brian nicht zu wissen.

»Absolut«, sagt er. »Und Sie sind heute aus London hergekommen?«, fragt er. »Oder leben Sie in den USA?« Ich weiß nicht recht, ob Brian bewusst ist, wie schlecht es ihm gelingt, nicht durchblicken zu lassen, dass der Earl die Immobilie dringend verkaufen will.

»Ich übernachte im Dorf«, sage ich. »In dem Pub am Rand des Anwesens.«

»Ah, im *Golden Hare*? Schönes Lokal. Hab gehört, die Zimmer sollen toll sein.«

Ich nicke. Da ich noch nicht eingecheckt habe, weiß ich nicht, wie die Zimmer sind, aber dass ich dort übernachten werde, stimmt. »Mir ist zu Ohren gekommen, dass der Earl schon seit einer ganzen Weile verkaufen will.«

Brian zieht die Stirn kraus. »Seit dem Tod der Countess gehen so einige Gerüchte um.«

Wir tänzeln beide um das eigentliche Thema herum – nämlich, ob der Earl bereit ist, mir einen attraktiven Preis zu machen.

Wenn nicht, lasse ich es, aber ich gebe zu, dass mir das Anwesen gefällt. Ich brauche eine neue Herausforderung. New

York übt nicht mehr dieselbe Anziehungskraft auf mich aus wie damals, als ich hingezogen bin. Dass ich in einen anderen Stadtteil umgezogen bin, hat auch nichts an meiner Langeweile geändert. Ich brauche mehr als nur einen Tapetenwechsel, und Crompton Estate könnte dafür genau das Richtige sein.

»Kann ich mir vorstellen. Wohin geht's als Nächstes?«

»Die Bibliothek führt in den Morgensalon.«

Dieser Raum wirkt wie aus einem Kostümfilm, an der Decke hängt ein riesiger Kronleuchter und hinter opulenten lavendelfarbenen Sofas stehen Konsolentische mit goldenen Intarsien. An allen Wänden hängen Gemälde – Porträts von gut gekleideten Männern und Frauen der Vergangenheit und Landschaftsbilder, die in Museen zu gehören scheinen. Die Teppiche sind dick, und alles wirkt gepflegt.

»Netter Raum«, bemerke ich.

»Der Earl nutzt ihn als sein Wohnzimmer. Er wird tagtäglich genutzt. Aber der formelle Empfangsraum ist ziemlich schön.«

Er führt mich wieder in die Eingangshalle und diesmal in den rückwärtigen Teil des Gebäudes.

»Das ist mein Lieblingsraum«, sagt er. »Die Galerie.«

Drei Flügeltüren gehen auf einen Garten im Innenhof hinaus und davor hängen drei Kronleuchter von der Decke. Auf beiden Seiten des Raums gibt es einen Kamin mit fein gemeißelten Verzierungen, die nach Tiermotiven aussehen, doch dafür müsste ich näher heran.

Abblätternde Farbe an den Fenstern wurde grob durch einen neuen Anstrich überdeckt, doch man hat sich nicht die Zeit genommen, die alten Schichten abzuschleifen. Oberflächliche Kosmetik – und nicht mal gut gemacht.

»Sie könnte sehr gut als Veranstaltungs- oder Speisesaal genutzt werden, wenn man hier ein Hotel eröffnen wollte«, befindet Brian in leise fragendem Ton.

Ich lächle ohne jede Absicht, darauf zu antworten. Er braucht nichts von meinen Plänen zu wissen.

»Ein schöner Raum.«

Wir gehen in einen weiteren, kleineren Wohnraum, den er als den Salon bezeichnet, und noch durch einen, den er das Esszimmer nennt, obwohl kein Tisch darin steht.

»Sollen wir dann als Nächstes ins Obergeschoss?«

Ich deute mit dem Kopf zu dem Bereich hinter dem Esszimmer. »Ich würde zuerst gern die Runde durchs Erdgeschoss beenden. Was ist mit dem Teil, durch den wir hereingekommen sind?«

Er verzieht die Lippen zu einer straffen, dünnen Linie. »Sehr gern.«

Als wir dorthin zurückkehren, wo wir anfangs durchgekommen sind, wird klar, warum er mich nicht hier haben wollte. In dem Labyrinth aus vier oder fünf Räumen, zu dem ein Billardzimmer und vielleicht noch ein weiterer Salon zu gehören scheinen, stehen die Wände praktisch kurz vor dem Einsturz. Alles wirkt verlassen.

»Hier ist natürlich einiges an Arbeit nötig«, sagt er.

»Natürlich«, entgegne ich, und er führt mich wieder zurück in die Eingangshalle. »Gab es denn großes Interesse an der Immobilie?«

Wir gehen die Treppe hoch, die sich effektvoll hinaufwindet, wie man es eben in einem herrschaftlichen Anwesen erwartet. Sie nimmt viel Platz ein, was suboptimal ist, aber dass wir die Genehmigung bekommen werden, sie zu entfernen, ist unwahrscheinlich.

»Wir bieten das Anwesen nur einem sehr begrenzten Interessentenkreis an«, sagt er.

Ich breche fast in Gelächter aus. Nicht weil er witzig ist, sondern weil er meine Frage ganz offensichtlich unbeantwortet lässt. Wäre er etwas offener, bekäme ich vielleicht das Gefühl, in keiner ganz so starken Verhandlungsposition zu sein, aber da er nicht bereit ist, überhaupt irgendetwas preiszugeben, kann ich nur das Schlimmste vermuten.

Es hat keinen Sinn, weitere Fragen zu stellen. Eine kurze Zeit lang spazieren wir von einem Raum zum nächsten und besichtigen die Schlafzimmer, die aussehen, als hätte sie seit mindestens sechzig Jahren keiner mehr modernisiert. Im zweiten Stock ist es genauso.

Das Gebäude verfällt. Der Earl will dringend verkaufen.

Und ich brauche eine neue Herausforderung.

Die Sterne über Crompton Estate stehen gut.

4. KAPITEL

KATE

Ich binde mir die grüne Schürze um die Taille und stütze die Hände in die Hüften. »Fertig, ich glaube, wir können aufsperren«, rufe ich mit einem Blick über die Tische, auf denen jeweils ein kleiner Zinkeimer mit in Servietten eingerolltem Besteck und eine Gewürzmenage stehen. Obwohl sie sauber waren, habe ich alle Tische mit Desinfektionsreiniger abgewischt.

George, der Besitzer des *Golden Hare*, erscheint im Türrahmen. »Gut, wir sperren jetzt nämlich so oder so auf.«

Ich grinse ihn breit an, obwohl mir klar ist, dass er es nicht witzig meinte. Bloß seine Übellaunigkeit ist einfach zum Lachen. »Kümmere du dich um die Getränke, George. Ich übernehme die Speisen.«

Er grummelt vor sich hin. Ich weiß, er ist dankbar, dass ich es heute Abend hergeschafft habe. Es geht ein Virus um, und Meghan, die eigentlich für die Schicht eingeteilt war, hat sich krankgemeldet. Wir sind eine Servicekraft zu wenig, aber damit komme ich klar. Es ist Montag. Montags ist nie was los. Auch wenn heute der große, megaattraktive Amerikaner in der Teestube war. Er sah zum Anbeißen gut aus, aber der eigentliche Bringer war sein Selbstvertrauen. Er hatte einfach etwas an sich, wodurch ich am liebsten direkt meinen Schlüpfer loswerden wollte.

Ich gehe die Speisekarten neben der Kasse durch, ob auch alle mit der Vorderseite nach oben liegen, und drehe die um, die falsch herum zurückgepackt wurden. Dann nehme ich mir einen Notizblock und Stift und stecke sie in die Tasche meiner Schürze. Noch einmal sehe ich mich prüfend um, ob ich auch nichts vergessen habe, da fällt mir etwas auf dem Eichenregal auf, das etwa dreißig Zentimeter unterhalb der Decke rund um den ganzen Gastraum verläuft. Es steht voller kleiner Fotos und Krimskrams von Crompton Estate – ein Hufeisen, eine Messingschatulle, Keramikvasen mit Trockenblumen, die nur Staubfänger sind. Ab und zu, wenn nichts los ist, hole ich alles herunter und staube es ab, deshalb weiß ich ganz genau, was da oben steht. Aber nun hat sich anscheinend ein gelber Teller in das Sammelsurium geschlichen.

»George«, rufe ich. »Was hat es mit dem gelben Teller auf dem Regal auf sich?« Es ist nicht weiter wichtig und geht mich eigentlich nichts an. Nur ist in den fünf Jahren, seit ich diesen Job habe, noch nie einfach so etwas Neues da oben *aufgetaucht*.

Von George kommt keine Antwort, deshalb ziehe ich einen Stuhl heran und stelle ihn unter das Regal. Ich will mir das genauer ansehen.

Es sieht nach einem schlichten gelben Teller aus. Was hat der da zu suchen? Er hebt sich von den altersgrauen Gegenständen ab, die schon Ewigkeiten da stehen. Wieso sollte George den dorthin stellen? Die Balkendecke ist niedrig, und ich gelange gerade so an die Rückseite des Regals heran, wenn ich mich auf die Zehenspitzen stelle.

Ich greife nach dem Teller, und genau als ich das tue, dröhnt eine Stimme hinter mir: »Sie schon wieder.«

Meine Instinkte sind im Widerstreit. Ich will mich umdrehen, um zu sehen, wer da mit mir redet, aber gleichzeitig das Gleichgewicht halten und sichergehen, dass ich den Teller nicht fallen lasse.

Doch meine Instinkte lassen mich im Stich und mir gelingt nichts von alledem.

Mir verschwimmt die Sicht vor Augen, und ich verliere das Gleichgewicht, während genau im selben Moment meine Finger nachgeben und mir der Teller aus der Hand rutscht. Die Zeit verlangsamt sich und im Nach-hinten-Fallen versuche ich mir vorzustellen, worauf ich landen werde und ob ich am Ende für die heutige Schicht ausfalle, weil ich mit einer Kopfverletzung oder einem gebrochenen Bein ins Krankenhaus muss. Ich frage mich, ob ich trotzdem meine morgige Schicht in der Teestube absolvieren kann und ob es Sandra schaffen wird, ohne mich die Stellung zu halten. Dienstags ist viel los. Da kommen immer mindestens zwei Busreisegruppen zu uns.

Stürzen ist so umständlich. Aber ich schließe die Augen und wappne mich für den Aufprall.

Anders als erwartet, lande ich nicht auf dem Boden. Es ist, als hätte jemand auf Pause gedrückt, und ich stoppe mitten in der Luft ab.

Ich brauche einen Augenblick, um zu merken, dass jemand mich aufgefangen hat.

Als ich die Augen öffne, geht mir auf, dass ich wohl in Ohnmacht gefallen sein muss und von dem gut aussehenden Amerikaner aus der Teestube träume – dem Mann, der bei mir eine spontane Höschenallergie auslöste. Ich mache die Augen wieder zu, woraufhin mir klar wird, dass ich vermutlich doch nicht bewusstlos bin, wenn ich bewusst die Augen öffnen und schließen kann.

Hitze erfasst meinen Körper, und ich schlage auf der Stelle die Augen auf.

»Sie haben mich aufgefangen«, sage ich.

»Stimmt.« Er hat eine tiefe, sonore Stimme, die ich zwischen meinen Schenkeln vibrieren spüre. »Machen Sie jetzt ein Nickerchen, oder können Sie stehen?«, fragt er.

»Ein Nickerchen würde mir gefallen«, erwidere ich, während ich hoch in seine Augen blicke. »Leider kann ich erst nach der Arbeit eins machen. Schätze also, ich sollte mich hinstellen.« Ich bin mir seiner Hände auf meinem Körper überaus bewusst – knapp vor dem Oberschenkel und auf meinem Rücken. Er ist groß, wie eine Wiege in Erwachsenengröße. Fast ist es, als sei er dafür geschaffen, mich zu fangen.

»Wir können ein paar Minuten so bleiben, wenn Sie sich gern ausruhen möchten.« Er grinst mich an.

»Ooooh, danke. Vielleicht bloß so lange, bis der erste Gast reinkommt. Sie sind mega…« Ich suche nach dem richtigen Wort. Sexy? Ja, das wäre passend, ginge aber einen Tick zu weit, schließlich ist er ein Fremder und jemand, dem ich wahrscheinlich binnen der nächsten Stunde einen Burger servieren werde.

»Sie meinen, bis der zweite Gast hereinkommt«, sagt er.

»Ah, stimmt wohl, wenn Sie sich selbst mitzählen.«

»Ich will doch hoffen, hier Gast zu sein, aber ich warte damit gern noch bis nach Ihrem Nickerchen.«

Die Situation ist so schon schräg und wird nicht besser werden, bevor er mich abgesetzt hat – auch wenn ich das echte Bedürfnis habe, ein Nickerchen in seinen Armen zu machen. Oder sonst was, ehrlich gesagt.

»Tatsächlich fühle ich mich jetzt schon ausgeruhter. Vielen Dank.« Als ich zu zappeln anfange, lässt er mich herunter.

»Jederzeit.«

Ich verziehe das Gesicht. »Das sollten Sie nicht sagen, wenn Sie es nicht ernst meinen. Ich mache sehr gern ein Nickerchen – vor und nach Feierabend.«

»Oh, ich meine es ernst«, sagt er und sieht mich wie schon zuvor an, als wäre er hungrig und ich die Spezialität des Pubs. »Wenn Sie sich ausruhen möchten, lassen Sie es mich jederzeit wissen.«

Ich glaube, eventuell flirten wir. Ich habe ein dermaßen schlechtes Gespür dafür, dass es sich schwer sagen lässt. Es scheint ihn jedenfalls nicht zu stören, dass ich auf ihm gelandet bin. Keine Ahnung, ob das bedeutet, dass er flirtet oder den Kavalier gibt oder nichts von beidem. Oder beides.

»Werde ich«, gebe ich mit einem Lächeln zurück, das seines spiegelt. »Möchten Sie in der Zwischenzeit gern einen Tisch? Und werden Nathan und die anderen auch zu Ihnen stoßen?«

Diesmal lacht er aus vollem Hals. »Nein, ich bin allein. Meine Familie ist wieder zurück nach …« Er bricht ab und macht eine vage Handbewegung. »Ich übernachte hier.« Mit dem Kopf deutet er hoch zu den Zimmern, die George vermietet.

»Ah«, sage ich. »Großartig. Ein verlängerter Aufenthalt.« Es ist tatsächlich großartig. Aber auch ein bisschen seltsam. Meistens sind die Übernachtungsgäste hier Familien, die in makellos sauberen Range Rovern aus London angefahren kommen, oder Paare, die ebenfalls in blitzsauberen Range Rovern ankommen. Im Grunde genommen sind wir für eine Zielgruppe da, die sich für Landmenschen hält, aber in der Stadt lebt.

Dieser Mann hier ist ein Stadtmensch. Er gibt gar nicht vor, etwas anderes zu sein.

»Sind Sie mit einem Range Rover hier?«, frage ich, während ich ihn zu meinem Lieblingstisch führe, dem unter dem Aquarell von der Mathematikerbrücke in Cambridge.

»Nein. Ist das Bedingung?«

»Natürlich nicht«, sage ich. Nur wäre es schlüssiger. Wobei, er würde auch dann nicht ins Bild passen. Er bräuchte eine

Ehefrau oder Freundin an seiner Seite. Wieso sollte er allein herkommen?»Wird noch jemand zu Ihnen stoßen?«

»Nein, es sei denn, Sie würden sich gern zu mir setzen«, antwortet er.»Sie sind ja schon den ganzen langen Tag auf den Beinen.«

Ich lege den Kopf schief, während ich versuche, mir seine Wangenknochen einzuprägen. Könnte ich das mit Contouring auch hinbekommen? Was denke ich mir bloß? Die paar Male, die ich es mit Contouring versucht habe, sah ich am Ende aus wie ein Affe von hinten.»Montage sind eigentlich die ruhigsten Tage für mich, was Gäste angeht. Ab dienstags geht es heiß her.«

Als er mir fest in die Augen schaut, ist es, als hätte er ein Feuer in mir entfacht. Man könnte Marshmallows auf mir rösten.

»Heiß her? Verraten Sie mir mehr.«

Dieser Mann bringt Trouble. Und damit will ich nichts zu schaffen haben. Nein, vergesst das. Ich will *so was von* damit zu schaffen haben, allerdings bin ich bei der Arbeit und muss seine Bestellung aufnehmen, bevor George rauskommt und mich anranzt. Was er so oder so tun wird, aber ich will mir lieber nichts zuschulden kommen lassen, was einen Anranzer rechtfertigt.»Na, wegen der Busreisegruppen«, verderbe ich ihm die Flirttour.»Ich kann Ihnen alles über die Spezialitäten des Hauses verraten, wenn Sie möchten?«

»Ich hatte mir zwar etwas anderes erhofft, aber das passt auch«, erwidert er.

»Der Lachs mit hausgemachter Sauce hollandaise ist fantastisch. Und natürlich ein fettreicher Fisch, der versorgt Sie also mit Omega-3-Fettsäuren. Ansonsten gibt's einen Buttermilch-Chicken-Burger.« Ich verziehe das Gesicht.»Deutlich weniger Omega-3, aber ehrlich, der schmeckt köstlich und enthält eine ordentliche Dosis Tryptophan.«

Als er mir geradewegs in die Augen sieht, ist es, als hätte er mich in ein Brioche-Bun gesteckt und gerade eine Portion Mayonnaise draufgegeben. Ich könnte schwören, dass der Mann mich verschlingen will. Und ich weiß gar nicht mal, ob ich etwas dagegen hätte. »Ich nehme irgendwas, das lecker schmeckt.«

Mit zusammengekniffenen Augen schaue ich auf meinen Bestellblock und sage beim Schreiben gedehnt: »Einmal Buttermilch-Chicken. Darf es etwas zu trinken sein? Und Beilagen? Brokkoli, um einen leichten Herzinfarkt abzuwenden?«

Er lacht leise. »Tragen Sie die Speisekarte immer zusammen mit Ihren Ernährungsempfehlungen vor?«

»Nein, nicht immer. Aber Sie sind Amerikaner. Vielleicht wissen Sie nicht, wie es hier in Großbritannien läuft.«

»Weil Lachs in den USA keine Omega-3-Fettsäuren enthält?«

Ich zucke mit den Schultern. »Vermutlich nicht. Aber nicht dass ich's wüsste, ich war noch nie dort.« Ich unterbreche mich, denn mein ganzer Körper erschaudert bei dem Gedanken, nach Amerika zu reisen. Oder generell ins Ausland oder ... weiter weg. »Ich gehe lieber auf Nummer sicher. Brokkoli?«

»Klar«, sagt er. »Ich nehme an, Tequila haben Sie keinen, oder?« Er sagt es, als wüsste er, dass es unwahrscheinlich ist.

»Ich könnte Sie knutschen.« Es rutscht mir heraus, bevor mein Hirn meinen Mund abschalten kann.

»Weil ich Tequila bestellt habe? Oder hat sich mein Getränkewunsch nur zufällig mit Ihrem plötzlichen Bedürfnis, mich zu küssen, überschnitten?«

»Beides«, sage ich, bevor ich rufe: »George! Gerade wurde ein Tequila bestellt.« Ich drehe mich wieder um zu ... Nicht zu fassen, dass ich seinen Namen gar nicht kenne. »Letzten Monat habe ich ihn überredet, Tequila zu kaufen. Er meint, den wird nie jemand bestellen.«

Boah! Es wird immer noch besser mit diesem Mann. Er hat mich vor einem Besuch im Krankenhaus bewahrt, und dank ihm kann ich zu meinem knurrigen Chef sagen:»Siehst du wohl!« Dazu noch das Geflirte? Er gibt mir das Gefühl, ich wäre Adriana Lima, bloß ohne Engelsflügel. Ich sollte ihn überreden, einen Lottoschein für mich auszufüllen.

»Freut mich, dass ich behilflich sein konnte.«

»Ich bringe Ihnen ein Mineralwasser dazu«, sage ich.»Aufs Haus. Weil Sie mir das Leben gerettet, mir angeboten haben, ein Nickerchen zu machen, und auch noch dafür sorgen, dass ich George übertrumpfe.«

Die Tür geht auf, und die Radcliffes kommen einer nach dem anderen herein. Heute ist der vierzehnte Geburtstag ihrer Tochter.

Ich schaue noch einmal zu dem Amerikaner.»Ich bringe Ihnen gleich Ihre Getränke.«

Im Näherkommen winke ich Carly Radcliffe zu.»Ich habe euren Tisch für euch. Happy Birthday, Ilana!« Ilana wird vor Scham puterrot.

Ich bringe die Radcliffes zu ihrem Tisch und hole Speisekarten für sie. Die müssen sie inzwischen in- und auswendig kennen und werden ohnehin das Gleiche bestellen wie letzten Mittwoch. Wir ändern die Speisekarte nur zweimal im Jahr, vom Sommer- zum Winterangebot. Etwa alle anderthalb Jahre dann setzt George ein neues Gericht darauf und streicht ein anderes dafür, woraufhin Meghan, Peter und ich mindestens sechs Wochen lang in einer Tour herummosern, bis wir uns daran gewöhnt haben. Gerade erst ist ein gemischter Salat hinzugekommen, den nie jemand bestellt. Ich frage mich schon, warum George uns nicht erst zu Rate zieht, bevor er so was macht.

Als ich zum Amerikaner herüberschaue, spüre ich meinen Schlüpfer rutschen, als wollte er sich von allein unter meiner

Schürze freimachen. Der Mann ist so was von umwerfend. Und diese Hände? Diese Schultern? Sogar seine Augenbrauen sind sexy. Geht das überhaupt? Außerdem ist er ein netter Gesprächspartner. Entspannt. Nimmt sich selbst nicht zu ernst. Hat nichts dagegen, wenn ich in seine Arme kippe und einfach ein Weilchen so verharre.

»Na, wie geht's euch heute?«, frage ich die Radcliffes. »Soll ich euch einen Krug Leitungswasser bringen und zum Knabbern Käse-Knoblauch-Brot?« Das mache ich immer für die Radcliffes. Garantiert wird George mich anschnauzen, weil ich das Brot bringe, bevor sie ihre Bestellung aufgegeben haben, denn er ist der Meinung, dass die Leute hungrig sein müssen, sonst bestellen sie weniger, allerdings weiß ich, dass das bei den Radcliffes Quatsch ist. Selbst wenn ich jedem einzelnen von ihnen ein Käse-Knoblauch-Brot bringen würde, wäre das egal. Ich weiß, dass Carly das Hühnchen und Dave das Ribeye-Steak medium rare bestellen wird. Joe wird die Lasagne oder die Pizza nehmen und Ilana den Chicken-Burger und davon nur zweimal abbeißen.

»Danke, Kate«, sagt Carly, woraufhin ich zur Kasse gehe, um die Bestellung aufzugeben.

Nachdem ich schließlich dem Amerikaner einen Tequila eingeschenkt habe, weil George sich weigert, trage ich das Tablett mit dem Tumblerglas und dem Mineralwasser hinüber.

»Ein Tequila und ein Mineralwasser«, sage ich, wobei ich die Getränke auf den Tisch stelle. »Sie wollten ihn pur, oder?«

»Genau«, sagt er. »Danke.«

»Sehr gern geschehen«, erwidere ich.

Er zieht die Augenbrauen hoch. »Ja?«

Eine Welle der Lust läuft mir über die Wirbelsäule, sodass ich ein Schaudern unterdrücken muss, doch ich halte seinen Blick. »Ja.«

»Gefällt mir«, gibt er zurück.

Ich drehe mich um und gehe wieder in die Küche, bevor mein Mund meinem Kopf erneut zuvorkommen kann. Ich laufe Gefahr, ihm zu sagen, dass ich mich total zu ihm hingezogen fühle und für alles zu haben bin, was immer er mit seinem Schmollmund und seinen großen, starken Händen mit mir anstellen möchte.

5. KAPITEL

VINCENT

Ich hatte nicht erwartet, dass ich das Abendessen im *Golden Hare* dermaßen genießen würde. Kate hier anzutreffen, war eine Überraschung. Sie ist witzig. Und in Flirtlaune. Und der frische Wind, nach dem ich mich gerade so dringend sehne. Ich beobachte sie die ganze Zeit, wie sie von Tisch zu Tisch schwirrt, Bestellungen aufnimmt, Small Talk macht, Essen und Getränke bringt und noch mehr Essen und noch mehr Getränke.

»Oh nein!«, sagt Kate, als sie sich meinem Tisch nähert. »Hat Ihnen das Buttermilch-Chicken nicht geschmeckt? Ich hab noch nie erlebt, dass jemand es nicht mochte.«

»Es war hervorragend«, erwidere ich.

Sie blickt von meinem Teller hoch zu mir und dann wieder hinunter auf den Teller. »Es sieht nicht so aus, als hätte es Ihnen hervorragend geschmeckt. Was ist mit dem ganzen Tryptophan, das Ihnen entgeht?«

Ich frage mich, ob sie alle Gäste derart ausfragt, die nicht aufgegessen haben, oder ob das mir vorbehalten ist. »Ich überlege, nachher noch laufen zu gehen. Da will ich keinen zu vollen Bauch haben.«

Sie sieht mich aus zusammengekniffenen Augen an, wie um festzustellen, ob ich die Wahrheit sage oder nicht.

Ich will sehen, wie Crompton House im Dunkeln aussieht,

und mir bestätigen, was ich bereits weiß: Ich werde ein Angebot für das Anwesen abgeben. Ich muss einen Architekten, einen Bauleiter und ein ganzes Team von Experten hinzuziehen, die sich die Immobilie ansehen, aber ich bin positiv gestimmt, dass daraus etwas werden kann.

Beim richtigen Kaufpreis.

»Laufen?«, fragt sie, als müsste sie sich wohl verhört haben.

»Das ist wie Gehen, nur schneller«, erkläre ich.

Sie lächelt nicht über meinen Witz. Vielmehr wirkt sie immer noch irritiert. »Wie um einen Bus zu erwischen?«

»Keine Ahnung. Hab ich noch nie gemacht.«

»Weil Sie keine Busse mögen?«

»Die gehören jedenfalls nicht zu den Top Ten meiner allerliebsten Dinge auf der Welt.«

»Hmmm.« Als sie nachdenklich den Zeigefinger an die Lippen legt, kann ich den Blick nicht losreißen. Es fühlt sich an, als lägen ihre Lippen auf meinem Schwanz und der Laut würde durch meinen Schritt vibrieren. »Sie haben eine Top-Ten-Liste?«, fragt sie.

»Sie etwa nicht?«

»Nein, aber ich könnte ruckzuck eine aufstellen.«

»Ich mag es, vorbereitet zu sein«, sage ich grinsend.

»Ich mag Sie«, sagt sie und ihre Lippen biegen sich zu einem Lächeln.

»Ich Sie auch. Wollen Sie mit mir laufen kommen?« Ich trinke einen Schluck Tequila, während ich mich frage, ob sie wohl Interesse daran hat, dieses Geplänkel in ihrer Freizeit fortzusetzen.

»Auf keinen Fall.« Enttäuschung schleicht sich in meine Brust. Es macht Spaß mit ihr, und davon brauche ich mehr in meinem Leben. »Aber wenn du nach meiner Schicht noch hier bist, will ich Sex mit dir.«

Ich lache und verschlucke mich halb und keuche am Ende wie ein Hund.

Cool, Vincent. *Echt* cool.

»Also, wenn du vom Laufen zurück bist«, fügt sie hinzu. »Ich muss noch ein paar Bilder auf den Instagram-Account von Crompton Estate hochladen, den betreue ich nämlich, abgesehen davon habe ich nichts vor. Möchtest du ein Dessert?« Sie hält mir die Speisekarte hin, die sie in der Hand hat, und zieht sie dann wieder weg. »Nein. Du sollst nicht träge werden. Noch ein Getränk?«

Eigentlich nehme ich Kates Vorschlag, Sex zu haben, nicht ausdrücklich an, aber sie ist selbstbewusst genug, um keine Zusage zu brauchen. Froh über die kleinen Ausschankmengen in Großbritannien bestelle ich noch einen Tequila und widme meine Aufmerksamkeit dann halb meinem Handy und halb Kate. Sie scheint viele der Gäste zu kennen. Entweder arbeitet sie schon lange hier oder sie haben viele Stammgäste oder beides. Im Kopf rechne ich durch, was ein Lokal wie dieses einbringt. Es kann nicht viel sein. Ich habe mal überlegt, eine Pub-Kette in Norfolk zu kaufen, aber die Zahlen haben nicht gepasst, auch wenn mir die Idee gefiel.

Kate schaut ab und an zu mir herüber, und vielleicht bilde ich es mir nur ein, aber zwischen uns scheint es mit jeder Minute mehr zu knistern.

Mein Handy brummt und ich beantworte eine Nachricht von meinem Assistenten bezüglich der Zeitplanung, wann mein Team in Crompton sein soll. Ich lege das Handy umgedreht auf den Tisch, da fällt mir ein, dass Kate einen Instagram-Account erwähnt hat.

Ich rufe die App auf. Vor einer Weile habe ich mir von meinem Assistenten ein Profil anlegen lassen. Es ist natürlich komplett anonym und hat keine Follower, erlaubt es mir aber,

Kates Crompton-Estate-Account zu suchen. Der überrascht mich. Das Gebäude und der Gartenpark sehen wunderschön aus. Nicht dass sie es nicht wären, aber Kates Fotos scheinen sie aus dem *allerschönsten* Blickwinkel zu zeigen. Vielleicht liegt es an der Tageszeit – an dem Licht, das sie einfängt. Oder daran, dass es ihr gelingt, das Besondere zu zeigen, während sie die abblätternde Farbe und die Risse in den Wänden gekonnt ausspart. Ich bin mir eigentlich sicher, dass sie keine Profifotografin ist, aber es lässt sich schwer sagen.

Als das Telefon in meiner Hand klingelt, gehe ich schnellstens nach draußen, um den Anruf anzunehmen. In den USA ist noch Bürozeit, und ich will sichergehen, dass mein Assistent ein Team zusammenstellt, das in den nächsten Tagen nach Großbritannien kommt und sich Crompton House ansieht. Wenn die Gelegenheit passt, will ich in der Lage sein, schnell zu handeln. Ich bin zwar bereit zum Risiko, weiß es aber kalkuliert einzugehen.

Sobald ich den Pub wieder betrete, fange ich Kates Blick auf. Ich setze mich zurück auf meinen Platz, und als sich das nächste Mal eine Pause ergibt, kommt Kate zu mir.

»Ich dachte, du wärst gegangen.«

»Nein.«

»Wo warst du?«, fragt sie.

Ich lache. Den meisten Menschen in meinem Leben wäre das Nein genug. Sie würden keine weitere Erklärung erwarten. Für meine Familie gilt das nicht. Und anscheinend auch nicht für Kate.»Ich bin rausgegangen, um einen Anruf anzunehmen. In den USA wird noch gearbeitet.«

»Und du arbeitest in den USA?«

»Viel meiner Arbeit spielt sich in den USA ab, ja.«

»Verstehe«, sagt sie. »Du bist nicht gegangen.«

»Und mir den Sex mit dir entgehen lassen? Definitiv nicht.«

Jetzt ist sie diejenige, die lachen muss. »Du brauchst hier nicht rumsitzen und warten, wenn du noch was zu tun hast. Laufen gehen oder was auch immer. Ich kann auf dein Zimmer kommen, wenn ich Feierabend habe.«

Ich hab den Gedanken, laufen zu gehen, verworfen. Ich kann mir Crompton House ein andermal bei Nacht ansehen – außerdem glaube ich, mich könnte nach Kates Schicht ein sehr viel angenehmeres Sportprogramm erwarten. »Es gefällt mir, dir zuzuschauen.« Ich habe den ganzen Abend ihre Wege im Restaurant verfolgt. Sie ist entspannt, als wäre das hier ihr Zuhause. Und sie begrüßt jeden, als wäre er ein alter Freund, auch wenn sie manche Leute eindeutig noch gar nicht kennt. Sie sucht Körperkontakt, legt Gästen beim Unterhalten die Hand auf den Oberarm oder tätschelt ihnen die Schulter, wenn sie gehen.

Sie geht gern auf Tuchfühlung. Aber seit ich sie vorhin wieder auf die Füße gestellt habe, hat sie mich nicht berührt. Noch nicht.

»Mir gefällt, dass du mir zuschaust«, erwidert sie. Die Luft zwischen uns verdichtet sich, und zum ersten Mal, seit ich sie heute Morgen kennengelernt habe, verlagert Kate das Gewicht von einem Fuß auf den anderen, als wäre der Gedanke, dass sie meine Aufmerksamkeit genießt, ihr unangenehm.

Als sie sich umdreht, ruft sie sofort jemand zu sich. Es sind nur noch zwei Tische besetzt, und die Gäste des einen haben gerade um die Rechnung gebeten. Ich sehe auf die Uhr. Ich nehme an, wir gehen bald. Und dann kann ich meinen Spaß mit ihr haben.

Ich beobachte sie weiter, während sie die letzten Gäste hinausbegleitet, hinter ihnen die Tür absperrt und anfängt, die kleinen Blecheimer aufzufüllen, die auf den Tischen stehen und als Besteckhalter dienen. Gelegentlich redet sie mit dem

Mann hinter dem Tresen oder dem Koch oder wer da auch um die Ecke ist, den ich nicht sehen kann. Ich sehe zu, wie sie gewissenhaft sämtliche Tische abwischt, ohne einen Quadratzentimeter auszulassen, dann alle Stühle heranrückt und hinter dem Tresen verschwindet.

Als sie eine Minute später wieder auftaucht, hat sie die Hände hinter dem Rücken und löst ihre Schürze.

»Ich bin fertig«, sagt sie, faltet die Schürze zusammen und legt sie neben die Kasse.

Ich kann mir ein Lächeln nicht verkneifen. »Bin ich der nächste Punkt auf deiner Liste?«

Sie lacht. »Meine Liste ist abgearbeitet. Der Rest des Abends gehört ...«

»Mir?«

»Ich wollte sagen *mir*. Aber du kannst vielleicht auch etwas davon abhaben.«

So langsam fange ich an zu denken, ich hätte ganz gern den ganzen.

6. KAPITEL

VINCENT

Als wir das Zimmer betreten, wirbelt sie herum, sodass ich für einen Moment glaube, sie fängt gleich zu singen an.

»Ich will mich ja nicht beschweren, aber ich war etwas enttäuscht, dass heute Abend ganz die Musicalhits fehlten. Sind die strikt nur was für tagsüber?«

Sie legt sich aufs Bett, stützt einen Ellbogen auf und den Kopf auf die Hand. »Wohl schon. George hasst es, wenn in Pubs Musik läuft, deshalb habe ich nichts zum Mitsingen.«

»Dann gibt es also eine Tages-Kate. Und eine Abend-Kate. Und jetzt bekomme ich die Feierabend-Kate zu Gesicht.« Ich trete ans Bett und ziehe sie auf die Füße.

»Feierabend-Kate singt definitiv nicht.«

Ich neige meinen Kopf leicht nach links. »Aber schreit sie denn? Meinen Namen, um genau zu sein.«

Sie lacht. »An Selbstvertrauen mangelt es dir nicht – aber um ihn zu schreien, müsste ich deinen Namen kennen.« Sie legt den Zeigefinger an meine Lippen. »Verrat ihn mir nicht. Ich will raten. Brad?«

Ich nehme ihre Hände und verschränke die Finger mit ihren. »Vincent.«

Als sie den Kopf schief legt und mich betrachtet, wird mir von innen her ganz warm. »Okay, ja, passt.«

»Freut mich, dass du einverstanden bist.«

Sie zieht eine Hand weg und fährt mit dem Finger an meiner Kinnpartie entlang. Ich muss ein Schaudern unterdrücken. Unter ihrer Berührung fühle ich mich wie ein Kater, der sich ausstrecken und von ihr am ganzen Körper kraulen lassen will. »Ja, bin ich«, flüstert sie.

Ich lege ihr die Hand in den Nacken und halte inne, meine Lippen berühren beinahe ihre. Ich möchte diesen Augenblick so lange ausdehnen wie möglich – den Augenblick, bevor wir einen Gang höher schalten. Ich habe unser Hin und Her genossen, ihre Herzlichkeit, ihren Humor, und die nächste Minute soll nicht dahinter zurückstehen. Es ist ungewöhnlich für mich, dass ich gar nicht zum nächsten Etappenziel vorpreschen will. Stillstand kann ich nicht leiden, aber jetzt gerade empfinde ich keinerlei Eile, irgendwo anders als genau hier zu sein.

Die Atemluft zwischen uns wird heißer, und mein Puls prescht wie ein zerrender Hund, der von der Leine gelassen werden will. Ihre Lippen sind reife Erdbeeren, und bei dem Gedanken, dass ich mich gleich ihrem Geschmack hingeben werde, muss ich schlucken.

Sie hebt einen Finger, um über meinen Adamsapfel zu streicheln. »Sogar dein Hals«, sagt sie.

Ich verenge die Augen. »Mein Hals?«

Sie hebt eine Schulter zu einem einseitigen Achselzucken. »Es dringt dir aus jeder Pore.« Das sagt sie, als wäre es eine Erklärung, die ich verstehen soll. Als sie den Blick von meinem Hals losreißt und hochschaut, muss mir die Verwirrung vom Gesicht abzulesen sein. Sie setzt hinzu: »Selbstvertrauen. Charisma. Wie auch immer man es nennt, du hast es.«

»Du genauso«, gebe ich zurück. Ich bin in meinem Leben schon vielen Menschen begegnet, und nichts ist anziehender als jemand, der sich absolut wohl in seiner Haut fühlt. So wie Kate.

Sie stellt sich auf die Zehenspitzen, und wir prallen zusammen. Unsere Münder passen zueinander wie Schlüssel und Schloss, und ich stöhne vor Erleichterung, dass dieser Augenblick keine Enttäuschung war. Sie fühlt sich besser an, als ich erwartet hatte, und schmeckt noch süßer. Ich lege einen Arm um ihre Taille, um sie enger an mich zu ziehen, sodass sich ihr Körper an meinen schmiegt. Er fühlt sich so an wie vorhin, als ich sie aufgefangen habe, damit sie nicht hinfällt: weich an genau den richtigen Stellen.

Sie küsst mich, als bräuchte sie es, als hätte sie den ganzen Abend darauf gewartet, mich zu schmecken. Ich erwidere den Kuss auf genau dieselbe Weise.

Sie streichelt an meinen Seiten hinab, zieht mir das Hemd aus der Hose, lässt die Finger darunter gleiten und über meine Haut. Mich überkommt ein Schwall Gefühle, der schwer einzusortieren ist. Verlangen, ja. Lust, ja. Aber auch das tiefe Empfinden, dass ich genau da bin, wo ich hingehöre. Es ist zehnmal befriedigender als gut, aber zugleich auch leicht verunsichernd, denn ich kann mich nicht erinnern, mich schon jemals so gefühlt zu haben.

Ich verdränge es, fahre mit den Fingern in ihr Haar und vertiefe unseren Kuss. Als sie an meinem Hosenknopf herumfummelt, schiebe ich ihre Hände weg und drücke gegen ihr Kreuz, um sie an mich zu pressen. Sie wird mich nicht ausziehen. Noch nicht.

»Ich will dich spüren.« Sie legt eine Hand auf mein Hinterteil und sieht mich flehend an.

Ich will das hier genießen.

Ich trete nach hinten und setze mich aufs Bett. »Ich will dir zusehen.«

Ich streife die Schuhe ab und strecke mich entspannt aus. Einige Augenblicke rührt sie sich nicht, so als überlegte sie, was sie nun machen soll. Nach einem für sie typischen einseitigen Schulterzucken wandern ihre Finger zu den Knöpfen ihrer weißen Bluse. »Also, du hast mir ja den ganzen Abend zugesehen«, sagt sie. »Ab wann fingst du an zu denken, dass es hierauf hinauslaufen würde?«

»Ich schätze, der Moment, als du zu mir sagtest, dass du Sex mit mir willst, war ein Wendepunkt.«

Sie sieht mir in die Augen und lächelt. »Na ja, hattest du mich nicht indirekt danach gefragt?«

»Vielleicht?«

»Dann hab ich es bloß auf den Punkt gebracht.« Mit einer Schulterbewegung schlüpft sie aus der Bluse und enthüllt perfekte, makellose Haut.

»Hast du definitiv.«

»Dir müssen doch ständig Frauen Angebote machen«, sagt sie, während sie sich aus der Jeans schält. Sie gibt sich keinerlei Mühe, mich zu reizen oder zu verführen. Da es keine Frage war, gebe ich keine Antwort. Ich nehme an, wir haben nur begrenzt Zeit, und ich will mir lieber nicht die Gelegenheit entgehen lassen, sie stumm zu betrachten.

Ich grinse, als sie auf einem Bein hüpft, um ihre Hose auszuziehen.

»Es gibt keine sexy Art, die Kellnerinnenuniform auszuziehen«, lässt sie mich wissen, als sie ihre Jeans über den Stuhl hinter sich wirft und in Unterwäsche dasteht. Sie ist unbefangen, aber nicht auf naive Art. Vielmehr weiß sie genau, wer sie ist, und wichtiger noch: wer sie nicht ist. Das ist fesselnd, wie ein Film, bei dem man nicht wegsehen kann, oder ein Musikstück, das man immer wieder abspielen will.

»Oh, da bin ich ganz anderer Meinung. So einen sexy Striptease habe ich noch nie gesehen.«

Sie schließt die Lider unter einem langen Blinzeln und schüttelt leicht den Kopf, bevor sie zu mir kommt und sich rittlings auf mich hockt, die Knie zu beiden Seiten meiner Hüften. »Na, wenn das so ist, werde ich dich heute Abend um den Verstand bringen, mach dich drauf gefasst.«

Lachend setze ich mich auf, sodass wir uns von Angesicht zu Angesicht befinden. Ich fasse auf ihren Rücken und öffne mit einem Fingerschnippen ihren BH. Als sie die Arme hochstreckt, heben sich ihre Brüste auf die perfekte Höhe, damit ich eine ihrer Brustwarzen mit dem Mund umfangen kann. Ich lasse meine Zunge spielen, schnalzend und kreisend, kratze sanft mit den Zähnen, versenke mich in ihrem Duft nach frischen Blumen. Sie vergräbt die Finger in meinen Haaren und biegt sich mir entgegen. Dann wechsle ich zur anderen Brust, während ich zukneife und an der Brustwarze ziehe, die von meinem Mund vorgewärmt wurde.

Oh Mann, ich liebe Brüste. Und ich liebe es, dass die meisten Frauen gar nicht wissen, wie reizempfänglich sie sind. Ich meine, sie wissen es schon, aber nicht so *richtig*. Sie fängt an, leicht die Hüften zu heben, und versucht, meinen Kopf wegzudrücken, aber ich lasse nicht ab.

Wir haben die ganze Nacht für uns. Es gibt keinen Grund zur Eile. Sie ist in der Annahme mit aufs Zimmer gekommen, es würde ein schneller Fick und eine Dreiviertelstunde später befände sie sich auf dem Weg nach Hause, um dort ihren Vibrator rauszuholen und es selbst zu Ende zu bringen, weil ich ein erbärmlicher Schlappschwanz bin, der es nicht schafft, es einer Frau zu besorgen.

»Vincent«, sagt sie mit einem Seufzen. »Ich will dich spüren.«

Zur Antwort drehe ich sie auf den Rücken, lege mich neben sie und setze meine Erkundung fort.

»Hast. Du. Einen. Ahhh. Oh Gott. Einen. Busenfetisch?« Sie drückt den Rücken durch, als ich meine Zähne um sie schließe.

Ich lasse eine Hand an ihrem Bauch hinab und in ihr Höschen gleiten, tief, tief und tiefer in ihre feuchte Wärme. Nicht mich törnt das an, was ich mit meinem Mund anstelle. Okay, *doch* schon. Es gefällt mir, wenn ich es schaffe, eine Frau total feucht zu machen, ohne dass ich ihre Mitte überhaupt berühre. Es gefällt mir, eine Frau dermaßen heiß zu machen, dass sie bereit wäre, alles für mich zu tun. Wirklich alles.

Aber ich brauche nichts zu beweisen, deshalb fahre ich mit einem Finger über ihre Mitte, ohne den Mund von ihrer Brust zu lösen.

Sie windet die Hüften, als wollte sie entkommen.

»Vincent.«

Ich lege ein Bein über ihre, um sie in Position zu halten, und gleite mit zwei Fingern in sie, kreisend und vor und zurück, während ich die Zunge spielen lasse, schnalze und knabbere.

Sie bäumt sich unter mir auf wie ein Pferd, das nicht mit dem Sattel gerechnet hat. Das hier war ihr Vorschlag. Aber *hiermit* hat sie nicht gerechnet.

Bei dem Gedanken drückt mein Schwanz gegen meinen Hosenstall in dem dringenden Bedürfnis, befreit zu werden.

Sie stößt ein leises Wimmern aus, worauf meiner Kehle ein Stöhnen entweicht, das klingt, als hätte es jahrelang festgesessen. Sie ist so warm und weich und feucht und perfekt.

Ihre Finger schließen sich um mein Handgelenk und sie presst hervor: »Du musst sofort aufhören, sonst komme ich.«

Aber ich werde jetzt nicht aufhören.

Vielleicht niemals, so wie ich mich gerade fühle.

Ich schiebe die Finger tief vor, nehme ihre Brustwarze zwischen die Zähne und beiße zu. Fest.

Als sie aufschreit, mit zitternden Beinen, habe ich keine Ahnung, ob es ihre Laute sind, ihre Bewegungen oder ihr Orgasmus, der *mir* ein Beben über den Rücken jagt. Ihre Lust und meine sind untrennbar verbunden, legen sich um uns und hüllen uns ein, verbinden uns miteinander.

Ich schaue hoch, da hält sie sich das Gesicht zu, und ich ziehe an ihren Handgelenken. Sie dreht den Kopf von mir weg. Nacheinander drücke ich einen Kuss auf ihre Brustwarzen, woraufhin ihre Finger wieder an meinem Hinterkopf landen und sie seufzt.

»Alles okay bei dir?«, frage ich, als sich unsere Blicke treffen. Zwischen ihren Brauen erscheint eine kleine Falte. »Ich weiß nicht genau.«

Ich küsse sie auf die Schläfe. »Damit hast du heute Nacht nicht gerechnet.«

»Nein«, erwidert sie.

Es vergeht eine Minute, sie verschränkt die Finger mit meinen und setzt sich auf. »Du bist gut.«

Ich muss lachen, nicke aber. Wenn Kate keine falsche Bescheidenheit aufsetzt, werde ich es auch nicht.

»Ich dreh ein bisschen am Rad«, sagt sie. »Bin aber auch …«

Kurz glaube ich, sie gesteht mir gleich, dass sie Gott gesehen hat oder so was, doch ich sollte es besser wissen. »Geil.«

Ich lache auf.

Sie zieht mich über sich, als sie sich wieder aufs Bett fallen lässt. »Du riechst so gut. Was ist das?«, fragt sie zwischen zwei Küssen.

»Ich rieche nach dir«, antworte ich. Nur das nehme ich wahr. Frische Sommerblumen.

Ich knie mich hin und streife mein Hemd ab, ehe ich vom Bett rutsche, um die Hose auszuziehen. Ich nehme ein Kondom aus meiner Geldbörse.

»Gut, lass uns ein Thema einfach aus dem Weg räumen«, sagt sie. Ich habe keine Ahnung, was sie gleich sagen wird. Es könnte alles sein: das Geständnis, dass sie noch Jungfrau ist –

wobei, das ist unwahrscheinlich –, oder die Ansage, dass sie anal auf keinen Fall macht.

Ich ziehe erwartungsvoll die Augenbrauen hoch.

»Dein Körper ist der Hammer«, sagt sie. »Wow.«

Ein Lächeln zupft an meinen Mundwinkeln. Ich knie mich zwischen ihre Beine, lege die Hände um ihre Hüften und ziehe sie zu mir, damit ich besser an ihre Mitte herankomme. »Du bist perfekt.« Ich tauche den Daumen in sie, wo sie eng und feucht und herrlich ist, ziehe ihn zurück und umkreise ihre Klitoris. Erneut versucht sie, sich zu entwinden, und ich weiß nicht recht, warum.

»Warum machst du das? Wieso versuchst du zu entkommen, wenn dir was richtig gefällt?« Ich stecke den mit ihr benetzten Daumen in den Mund und lecke ihn ab, bringe mich dann mit dem ganzen Körper über sie, stütze die Hände zu beiden Seiten ihres Kopfs auf und warte eine Antwort ab.

»Ich weiß nicht«, sagt sie. »Was du machst … kommt irgendwie überraschend.«

»Und Überraschungen magst du nicht?«, frage ich, wobei ich meinen Schwanz über ihren Slip gleiten lasse.

»Ich hab nicht groß drüber nachgedacht. Ich glaube, es fühlt sich … anders an. Und mein Instinkt sagt mir, mich zu schützen, wenn etwas anders ist als sonst.«

Ist das eine normale instinktive Reaktion? Mir bleibt keine Zeit, eine Antwort auf meine Frage zu finden, denn sie schlingt die Beine um meine Hüften und reibt sich an meiner Erektion.

Ich grinse sie an. »Damit habe jetzt ich nicht gerechnet, aber ich kann nicht behaupten, ich würde wollen, dass du aufhörst.«

Ich lege mich auf die Seite und ziehe ihr den Slip aus, dann greife ich nach dem Kondom. Sie versucht, sich aufzusetzen. Als sich unsere Blicke treffen, schüttele ich den Kopf.

»Ich darf nicht oben sein?«, fragt sie mit einem leichten Schmollmund, der verdammt süß ist.

»Noch nicht.«

»Wann denn?«

»Wenn ich es sage«, erwidere ich.

»Willst du keinen Blowjob? Um hart zu werden?«

»Sehe ich etwa aus, als bräuchte ich einen Blowjob, um hart zu werden?« Mein Schwanz zeigt Richtung Zimmerdecke, hart und nach Erlösung strebend. Sie sieht zu, wie ich das Kondom überstreife. »Alles gut bei dir?«

Mit leicht besorgter Miene stößt sie den Atem aus. »Ja.«

»Sicher?«

»Sicher.«

»Du brauchst dir keine Sorgen zu machen. Es wird gut.« Ich bringe mich wieder über sie und gebe ihr einen Kuss auf den Hals.

»Zu gut«, meint sie.

Mit zusammengebissenen Zähnen dringe ich in sie, beobachte dabei, wie sie sich auf die Unterlippe beißt und ihre Augen zufallen. Ich bewege mich langsam, woraufhin sie die Arme auf meine Schultern legt.

Sie öffnet die Augen. »Siehst du? Zu gut.«

Sie hat recht. Sie fühlt sich unglaublich unter mir an. Es ist ein Gefühl reiner, konzentrierter Lust, und mir schießen Gedanken durch den Kopf wie: Kann ich noch ein bisschen länger hier bleiben? In Crompton, aber auch genau hier. Weil ich nämlich niemals wieder aufhören will, diese Frau unter mir zu vögeln.

Als sich ihre Fingernägel in meine Schultern bohren, werden meine wirren Gedankengänge unterbrochen, und sie hebt die Knie an meine Hüften, sodass ich tiefer gelange, oh, richtig tief.

»Fuck«, stoße ich hervor.

Ihre Atmung geht schwer, halb keucht, halb stöhnt sie bei jeder meiner Bewegungen. Ein ängstlicher Ausdruck huscht über ihr Gesicht, so als ob sie fliehen wollte. Ich beuge mich runter und küsse sie auf die Lippen. Sie kann das unmöglich nicht wollen. Denn es fühlt sich megagut an.

Ich fasse unter sie, um ihr linkes Bein anzuheben und auf meine Schulter zu legen, und in dieser neuen Stellung ist sie irgendwie enger. Als ich hinunterschaue und meinen Schwanz von ihrer Feuchtigkeit glänzen sehe, muss ich die Augen schließen, weil das so verdammt heiß ist, dass ich gleich komme, und dann alles viel zu schnell vorbei ist.

»Vincent!«, ruft sie.

Ich halte inne. Ich will nicht, dass es für einen von uns vorbei ist. Noch nicht.

Sie schaut zu mir hoch. Verzweifelt.

»Atmen«, sage ich. »Tief durchatmen.« Unser beider Haut ist heiß und glatt vom Schweiß, und obwohl es sich anfühlt, als sei ich erst wenige Minuten in ihr, kommt es mir gleichzeitig vor, als gehe es schon seit Stunden so.

Ihr Brustkorb hebt und senkt sich, und ich beuge den Kopf hinab, um über ihre Brustwarzen zu lecken, sachte, denn sie dürften davon gereizt sein, dass ich ihnen vorhin so viel Aufmerksamkeit geschenkt habe.

Meine Atmung normalisiert sich, doch da simmert ein Kribbeln unter meiner Haut, das nicht weggeht.

»Bist du bereit?«, frage ich.

»Ich weiß nicht genau«, sagt sie, »aber hör nicht auf.«

Stöhnend beginne ich, mich wieder in ihr zu bewegen, das Kribbeln bricht sich Bahn, und ich höre nichts als das *Bumm, Bumm, Bumm* in meinen Adern. Sie bringt mir ihre Hüften entgegen, und wir prallen aneinander, beide begierig und verzweifelt. Als etwas in meiner Brust explodiert, wird mir klar, dass ich etwa drei Sekunden davor stehe zu kommen.

Ich kann es nicht aufhalten.

Will ich auch nicht.

Doch gleichzeitig will ich, dass diese drei Sekunden so lange wie nur menschenmöglich dauern.

Ich bringe mich so heftig in sie, dass sie auf dem Bett nach oben rutscht. Ihr Körper bebt und windet sich, während sie unter mir zergeht, und ich stoße zu, stoße zu, stoße zu und *fuuuck.*

Ich sehe nur gleißendes weißes Licht. Und Sommerblumen. Minuten-, stunden-, vielleicht ganze Tage lang schaffe ich es nicht, die Augen zu öffnen. Ich habe jegliches Zeitgefühl verloren.

»Ich muss mal«, sagt sie schließlich unter mir. Sie hält mich bei den Hüften und ich bin immer noch in ihr.

Also rühre ich mich und entferne das Kondom, während sie ins Bad geht. Ich bin erschöpft, halb tot sogar, aber das hält mich nicht davon ab, ihrem Hintern nachzuschauen, als sie das Zimmer durchquert.

Sie macht die Tür nicht zu, und ich kann sie zwar nicht sehen, höre aber, wie sie pinkelt. Lachend reibe ich mir übers Gesicht. Ich glaube, es hat noch nie eine Frau bei offener Tür vor mir gepinkelt. Das war mir bis eben nicht klar.

Ich höre den Wasserhahn laufen, dann kommt sie zurück. Sie geht zur Minibar und nimmt zwei Flaschen Wasser heraus.

»Möchtest du eine?«

Ich setze mich auf und nicke. Nachdem sie mir eine der Flaschen gereicht hat, ziehe ich sie wieder zu mir aufs Bett. Komplett nackt setzt sie sich im Schneidersitz mir gegenüber, woraufhin ich aufs Neue lachen muss, denn der Blick, den ich geboten bekomme, gefällt mir total.

»Was denn?«, fragt sie, bevor sie einen kräftigen Schluck Wasser nimmt.

»Du hast einen unfassbaren Körper.«

»Danke«, sagt sie, während sie die Flasche wieder zudreht. Sie ist so was von süß.

Ich trinke einen großen Schluck, drehe die Flasche wieder zu und stelle sie auf den Boden. Dann nehme ich ihr ihr Wasser ab, stelle es zu meinem und ziehe sie auf mich, sodass sie rittlings über mir ist, während ich liege.

»Jetzt ist es also okay, dass ich oben bin?«, fragt sie.

»Schon, für eine Weile.«

Als sie leicht ihre Position verändert und ich ihre glatte Wärme spüre, erwacht mein Schwanz augenblicklich. Du meine Güte, vor fünf Sekunden war ich noch so kaputt, dass ich nicht wusste, ob ich je wieder laufen kann. Wie kann es sein, dass ich so schnell wieder bereit bin?

Ich lege die Hände um ihre Taille, wobei meine Daumen in der Kuhle unterhalb ihrer Hüftknochen landen.

Sie hebt ihre Brüste an. »Meine Brustwarzen sind ein bisschen wund«, sagt sie.

»Die werden noch ein paar Tage empfindlich sein.«

»Mir war nicht klar, dass ich das mag.« Sie hat begonnen, sich auf mir zu bewegen, lässt sich an meinem Schwanz auf und ab gleiten, während wir reden.

Ich nicke. »Du bist sehr empfänglich.«

»So wie jetzt?« Sie legt den Kopf in den Nacken, steigert ihr Tempo und schnappt nach Luft. »Ich bin schon wieder ganz feucht. Ich will dich unbedingt in mir haben.«

Verdammt, diese Frau weiß genau, was sie zu mir sagen muss.

»Ja?«, frage ich. »So tief wie vorhin?« Ich spüre das Kribbeln unter ihrer Haut, während sie sich an mir bewegt.

»Ganz tief«, flüstert sie. »Ganz, ganz tief.«

»Wie hat es sich angefühlt, Kate?« Ich kriege die Wörter kaum heraus. Meine Kehle ist ein einziges Tequilakratzen, und ich möchte diese Frau so dringend vögeln, dass ich kaum Luft bekomme.

Sie wimmert und fasst sich an die Klitoris, doch ich schiebe ihre Hand weg. Sie wird es sich nicht selbst besorgen. Nicht, wenn ich dabei bin.

Aber ich muss in ihr sein. Ich rutsche mit ihr an die Bettkante, sodass ich die Füße auf dem Boden aufstellen kann, und greife nach einem Kondom. Benommen vor Verlangen nach mir legt Kate schlapp die Arme um meinen Hals. Ich reiße die Folie mit den Zähnen auf und streife binnen einer Sekunde das Kondom über. »Ich bin bereit für dich.«

Bei den Hüften hebe ich sie hoch und ziehe sie auf meinen Schwanz, wobei ich die tiefen, verzweifelten Atemzüge genieße. »Vincent«, ruft sie halb seufzend, halb stöhnend aus.

In dieser Stellung nimmt sie mich tief auf, hockt auf meinem beinahe schon zu harten Schwanz. Ihre Haare sind wild verwuschelt, und es gefällt mir, dass ich heute ihre verschiedenen Seiten aufdecken konnte: von der Kellnerin mit einer Vorliebe für Zöpfe und Musicalhits zur ungezügelten Verführerin, die mich dringend in sich haben will.

Ich drücke sie ein wenig hoch und wir beginnen, uns zusammen zu bewegen, wobei ihr Körper total geschmeidig und perfekt ist. Als wären wir Rädchen, die schon ewig in derselben Spur laufen. Sie schmiegt die Hände um meinen Nacken, und wir legen die Köpfe aneinander.

»Kate.« Meine Stimme ist kehlig und rau. Ich ziehe sie jetzt entschlossener auf mich, in dem Bedürfnis zu wissen, ob es sich genauso gut für sie anfühlt wie für mich.

»Ja, genau so«, keucht sie. »Oh ja. Oh ja. Oh ja.«

Das Tempo ist perfekt, ihre Haut ist perfekt, jeder Schwur, den sie in meinen Mund stöhnt, ist absolut perfekt. Es ist intensiv auf diese Weise. Berührend. Unser Atem vermischt sich, während wir geben und nehmen, hin und her, so als versuchten wir beide, an einen verborgenen Schatz zu gelangen. Wir sind beide auf das gleiche Ziel aus: Glückseligkeit. Goldüberzogene, verdammte Glückseligkeit.

Sie verspannt sich, und ich erkenne ihren Instinkt zu flüchten nun wieder – sie ist kurz davor. Ganz kurz. Als ihre Beine zu zittern beginnen, verstärke ich meinen Griff, während ihr Rhythmus fahrig wird und sie die Schultern hochzieht.

Alles spannt sich an, und tief in mir rumort ein warnendes Donnergrollen.

Du kannst mich nicht aufhalten, grummelt es.

Diesmal versucht sie nicht, sich mir zu entwinden, und der Gedanke, dass sie sich ihrem Orgasmus hingibt, ihrer Lust, mir – der ist schlicht zu viel.

Das Donnern beschleunigt, und ich bin komplett geliefert. Ich höre nur noch das Blut durch meine Adern pulsieren und möchte einzig und allein näher sein. Ich will es länger, schneller, mehr davon.

Ich vereine ihren Mund unter einem wilden Kuss mit meinem, als die Orgasmen uns wie ein Blitzschlag durchfahren.

7. KAPITEL

KATE

Alles tut weh. Selbst Muskeln, von denen ich gar nicht wusste, dass ich sie besitze. Aber es ist ein guter Schmerz. Er stellt die äußerst individuelle Art von Tattoo dar, die Amerikaner namens Vincent auf deinem Körper hinterlassen. Zum Glück kann ich mich die nächste halbe Stunde während meiner Pause hinsetzen. Das sollte ich eigentlich nicht. Ich sollte stehen bleiben und dem Adrenalin keine Chance geben nachzulassen, aber meine Beine können gleich nicht mehr, also lasse ich mich auf eine Bank draußen vor der Küche der Teestube fallen. Hier können mich die Gartenbesucher nicht sehen, aber ich habe Ausblick auf die weiten Rasenflächen vor Crompton House, bis hinunter zu den Bäumen auf der gegenüberliegenden Seite der Zufahrt.

Ich nehme mein Handy heraus und sehe, dass ich eine Nachricht von Granny habe. Sie lautet nur *Milch*. Lächelnd antworte ich, dass ich welche mitbringe. Sie bewohnt ein Cottage direkt neben meinem, und das schon die vergangenen vierzig Jahre über, lange bevor ich im Alter von sieben ihr zweites Schlafzimmer bezog. Und auch all die Jahre, seit ich in das Cottage nebenan gezogen bin.

Als ich mich strecke, höre ich es knacken. Ungelogen. Ich frage mich, ob Vincent sich auch so fühlt wie ich. Wahrscheinlich nicht. Der Mann war purer Stahl. Jedenfalls hat er sich so angefühlt. Solchen Sex hatte ich noch nie. Es kommt mir fast so vor, als wäre der Sex, den ich davor hatte, nur amateurhaftes Aufwärmen für Vincent gewesen. Das mit ihm war unverkrampft und angenehm, aber auch das Maximum, was ich seit Langem *empfunden* habe.

Alles war einfach … intensiver. Sein Duft, das Spiel seiner Muskeln unter seiner Haut, wie er mit meinem Körper vertraut schien, so als würden wir uns schon das ganze Leben lang kennen. Wie er meinen Orgasmus kontrollieren zu können schien, wie er entschieden hat, *wann* ich empfinde. Alles war intensiver, als ich es je mit einem Mann erlebt habe. Ich bezweifle, dass es je wieder so sein wird. Der Gedanke sitzt als dumpfer Schmerz hinter meinem Brustbein. Ich drücke kurz die Faust auf die Brust, um ihn loszuwerden, ohne Erfolg.

Ich bin nicht dazu gekommen, Vincent zu fragen, warum er eigentlich hier war. Ich kenne nicht mal seinen Nachnamen. Aber ich kenne jeden Zentimeter seines Körpers. Mein Gott, er war eine Pracht.

Sandra streckt den Kopf zur Tür heraus. »Hier. Gerade wurde die Schokoladentorte angebrochen«, sagt sie und hält mir einen Teller Kuchen hin.

»Ich kann jetzt keinen Kuchen essen. Es ist praktisch noch Frühstückszeit.«

»Es ist nach halb elf. So wie du aussiehst, brauchst du eine Dosis Zucker.«

»Es geht mir gut«, erwidere ich, nehme den Teller und die Gabel aber dennoch. Zucker *könnte* helfen. Ich habe Sandra nichts von Vincent erzählt. Natürlich nicht. Nicht weil sie mich verurteilen würde. Sie wäre begeistert. Sie, genauso wie der Rest der Belegschaft von Crompton, sagt mir immer, dass ich mich vergnügen soll, fragt nach, ob ich jemanden date – beziehungsweise einen »festen Freund« habe, wie es die Älteren nennen. Sie glauben mir nicht, dass ich mich auch vergnügen kann, ohne Dates zu haben, Ehemannsuche zu betreiben oder auch nur ins Kino in Cambridge zu gehen. Ich habe jede Menge Spaß auf Crompton.

Beispiel gefällig? Letzte Nacht. Ohne ein Date. Vincent und sein magischer Penis dürften inzwischen längst abgereist sein, so als wäre er nie hier gewesen. Passt mir prima.

Ich hätte es nicht schlecht gefunden, wenn er noch eine Nacht länger geblieben wäre, aber wahrscheinlich ist es besser so, dass er es gelassen hat – ich habe nachgeschaut –, denn hätte es eine Wiederholung gegeben, wäre mein Körper danach womöglich komplett alle gewesen.

Ich öffne den Instagram-Account von Crompton und checke zuerst die Benachrichtigungen. Einige Besucher von gestern haben uns auf ihren Fotos getaggt. Es gibt eines von der Magnolie vor der Teestube, das aufgenommen worden sein muss, nachdem wir gerade aufgemacht hatten, denn die Person, die für die Aufnahme unter den Blüten stand, wirft einen langen Schatten.

Mein Magen gerät ins Schlingern, als ich mich einen Moment lang frage, ob Vincent es gepostet hat. Ich checke das Handle – nur das Bild von einem Berg. Das passt nicht zu ihm, oder? Er ist nicht der Typ Mann, der Fotos von schönen Blumen macht und sie auf Instagram postet. Eher der Typ Mann, der dich ansieht, als wärst du ein Stück Torte, und dich auf eine Weise küsst, dass augenblicklich Sommer ist. Obwohl ich weiß, dass es sich definitiv nicht um Vincent handelt, gehe ich trotzdem auf das Profil, denn sollte es doch seins sein, möchte ich es gern sehen. Wie sieht wohl der Instagram-Account von einem Mann wie Vincent aus?

Aber es ist nicht seiner. Als ich durch die Kacheln scrolle, komme ich zu dem Schluss, dass es wahrscheinlich dem Pärchen aus Harrogate gehört, das kurz nach Vincents Cousin Nathan hereinkam. Ich reposte das Foto auf unserem Account, wobei ich noch ein Hashtag für Cromptons Gartenpark ergänze.

Nathan war derjenige, dessen Frau oder Freundin ihn nicht begleitet hat. Aber auch er sah nicht wie der typische Crompton-Besucher aus. Ich nehme an, sie hatten irgendein Familientreffen, aber das erklärt trotzdem immer noch nicht, warum Vincent hier übernachtet hat. Hätte er nicht zurück nach London fahren können, als der Rest der Familie sich verabschiedet hat?

Ich mache mir zu viele Gedanken. Warum er hier war, spielt keine Rolle.

Das Knirschen von Kies erregt meine Aufmerksamkeit, und ich schaue hoch. Meghan kommt auf mich zu, mit einer Dose nicht kalorienreduzierte Cola in der Hand, einer Sonnenbrille auf und in einer wattierten Jacke, obwohl milde zwanzig Grad herrschen.

»Hey, sorry wegen gestern Abend.« Sie hält mir einen Freddo hin – einen Schokoladenfrosch. »Nimm den. Ich hatte heute schon zwei Stück.«

»Ein Zwei-Freddo-Vormittag. Muss ja schlimm sein. Was macht deine Migräne?«

»Ist ganz okay. Ich hab gleich bei den ersten Anzeichen Tabletten genommen, deshalb wurde es nicht so schlimm. Tut mir leid, dass du gestern Abend einspringen musstest.« Sie setzt sich neben mich auf die Bank.

Bei der Vorstellung, dass ich Vincent beinahe verpasst hätte, geht ein Ruck durch meinen Bauch. Wären Meghan und ihre Migräne nicht gewesen, hätten sich unsere Wege nur einmal kurz gekreuzt. »Es war nicht viel Betrieb.«

»Ilana hatte doch Geburtstag, oder? Gab's irgendwas Interessantes?«

»Was soll groß Interessantes los gewesen sein?«, frage ich und merke dann, dass ich völlig unbegründet abwehrend reagiere.

»Hat Taylor Swift vorbeigeschaut?«

»Wenn, dann habe ich sie nicht erkannt«, erwidere ich. »George hatte schlechte Laune. Wir … wir hatten einen Gast, der oben übernachtet hat.«

»Allein?«

»Ja, dass er allein war, kann ich definitiv sagen.«

»Aus London?«, fragt sie.

»Nehme ich an.« Hat er gesagt, ob er in London lebt, wenn er in Großbritannien ist? Bei seiner Familie kann er nicht wohnen, denn die ist ohne ihn abgefahren. »Er war sehr attraktiv. Hat gutes Trinkgeld gegeben. War supergut im Bett.«

Ich seufze versonnen, als Meghan losprustet und sich an ihrer Cola verschluckt.

Sie sieht mich an, wie um zu fragen, ob das mein Ernst ist. Ich zucke nur mit den Schultern.

»Jetzt wünsche ich mir echt, ich hätte es zur Arbeit geschafft«, sagt sie. »Ist er heute früh abgereist?«

Erneut zucke ich mit den Schultern. Sie soll nicht wissen, dass ich im Reservierungsbuch nachgesehen habe, bevor ich gegangen bin. Als ich heute Morgen gehen wollte, hat er mich noch mal zu einem letzten Kuss aufs Bett gezogen, bevor ich meinte, dass ich losmuss.

Er konnte supergut küssen. Am liebsten möchte ich meinen Job aufgeben und ihn den lieben langen Tag küssen. Ich kann seine Bartstoppeln noch auf meinen Wangen spüren und seine Finger in meinen Haaren, sein leises Stöhnen hören, das mir durch und durch ging.

Er konnte alles supergut.

»Irgendwas scheint mit dem Mond los zu sein«, sagt sie.

»Dem Mond?«

»Ja. Na … du hast Sex, Basil erzählt mir, dass das Anwesen zum Verkauf steht, ich mampfe Freddos, als wären es Edamame-Bohnen. Veränderungen stehen bevor.«

Basil ist einer der älteren Gärtner und ein allseits bekannter Griesgram. Jedes Jahr meint er, die Magnolie würde nicht blühen, der Rasen würde sich nie und nimmer vom Getrampel der Besucher erholen und mindestens eine der alten Eichen in dem Hain am anderen Ende des Anwesens würde absterben.

In den zwanzig Jahren, die ich auf Crompton lebe, lag er noch nie richtig, dennoch geht immer Verunsicherung durch die Mitarbeiterschaft, wenn Basil anfängt, über einen Verkauf des Anwesens zu unken, was er von Zeit zu Zeit tut.

»Weil du eine Überdosis Zucker zu dir nimmst? Und nur fürs Protokoll: Es ist nicht so, als hätte ich nie Sex.«

»Ach stimmt, ich hab ganz vergessen, dass du ja regelmäßig Dates hast. Deine Eroberungen ziehen sich regelrecht durch ganz Cambridgeshire.«

Ich zucke bei ihrem Worten leicht zusammen. Nicht, weil es nicht stimmt oder weil ich beleidigt wäre … sondern eher, weil mein Mangel an sozialen Kontakten offenbar auffälliger ist, als ich dachte. Aber mal ehrlich: Ich brauche keine Dates. Ich habe alles, was ich mir für mein Leben nur wünschen kann. Ich brauche keinen Mann. »Ich hab nicht behauptet, ich hätte regelmäßig welchen, aber die Tatsache, dass ich gestern Nacht Sex hatte, ist kein Anlass zu denken, dass der Mond aus seiner Umlaufbahn geraten wäre oder so.«

»Mag sein. Aber meinst du, Crompton wird verkauft?«

Ich versuche, ein unbeschwertes Lachen von mir zu geben,

schnaube am Ende aber. »Nein«, sage ich mit einer wegwerfenden Handbewegung. »Natürlich nicht. Das Gerücht geht doch ständig um.«

»Ja, weil sich der Earl das Anwesen eindeutig nicht leisten kann. Rio sagt, letzte Woche musste er Plastiktüten auf dem Dach der Orangerie befestigen, weil es reingeregnet hat.«

»Na und?« Das klingt doch nach einer zweckmäßigen Problemlösung. »Ist bestimmt nur vorübergehend, bis jemand kommt und das Dach repariert. Rio ist Hausmeister und kein Spezialist für Orangerien.«

Meghan macht ihre Jacke auf. »Wenn es doch verkauft wird, wäre der Pub doch außen vor, oder? Ich hab gehört, es besteht ein langer Pachtvertrag.«

»Crompton steht nicht zum Verkauf. Der Earl würde es niemals aufgeben.«

»Er wird nicht ewig leben. Selbst wenn sich Basil diesmal irrt, irgendwann wird das Anwesen verkauft werden. Es gibt keine Erben. Keine Kinder, die es übernehmen könnten.«

Bei dem Gedanken gefriert mir das Blut in den Adern. Ich kann die Vorstellung nicht ertragen, dass Crompton jemand anderem gehört als dem Earl. Crompton ist mein Zuhause. Mein Leben. Der Gipfel all meiner Kindheitsträume. Mir gefällt alles genau so, wie es ist.

Basil ist eben einfach Basil.

Crompton hat sich nicht verändert, seit meine Großeltern hier vor vierzig Jahren zu arbeiten angefangen haben. Selbst die Jahreszeiten sind nur ein leichter und erwartbarer Wandel, verschwimmen ineinander wie die Wasserfarben eines Aquarells. Der Alltag auf Crompton ist ein unverrückbarer Fels, der jede Veränderung, jedes Hindernis übersteht und hinterher genauso aussieht wie vorher. Das ist mit ein Grund, warum ich es hier so liebe – wegen der verlässlichen Beständigkeit, des allseits Erwartbaren, der Unveränderlichkeit. Basil kann so viele düstere Prophezeiungen von sich geben, wie er will, Crompton Estate ist und bleibt, wie es ist.

8. KAPITEL

VINCENT

Remote zu arbeiten, mit allen Teilnehmern des Meetings auf dem Bildschirm vor mir, habe ich nicht erst während der Pandemie angefangen. Ich habe schon immer so gearbeitet. Ja, ich habe ein Büro in New York mit einigen Angestellten dort. Aber ich arbeite, wo ich gerade bin. Und im Moment bin ich in London. Was bedeutet, auch mein Büro ist in London.

Aus meiner bevorzugten Penthouse-Suite im *Four Seasons* in der Park Lane habe ich Ausblick auf den Hyde Park, der auch den perfekten Hintergrund für jedes Meeting abgibt. Das ist ein bisschen was anderes als mein Zimmer im *Golden Hare* in Crompton. Schlaglichtartige Erinnerungen an meine Nacht mit Kate dort schießen mir durch den Kopf. Sie war wunderschön.

»Ziel dieses Meetings ist erstens zu klären, ob Crompton finanziell rentabel ist. Und wenn ja, will ich wissen, wie unser Eröffnungsangebot lautet«, sage ich zu Jason, meinem Finanzchef. Aus Erfahrung weiß ich, dass er am Konferenztisch im New Yorker Büro sitzt und sein Team um sich versammelt hat, damit wir schnell eine Entscheidung treffen können. Ihm ist klar, dass ich nicht erst abwarten müssen will, bis er X, Y und Z mit seinen Mitarbeitern abgeklärt hat. Ich will noch im Lauf dieses Meetings eine Antwort haben.

»Wir haben über Nacht die Kalkulationen hereinbekommen«, sagt er. »Allerdings hat das Architekturbüro eine große Kostenspanne genannt, je nachdem, welche Vorgaben wir machen. Gleiches gilt für den Bausachverständigen und das Generalbauunternehmen.«

»Verstehe«, sage ich. »Mach einfach eine Sensitivitätsanalyse, damit wir das Best-Case- und Worst-Case-Szenario für uns kennen.«

Jason schweigt, das macht er immer, wenn er meint, ich würde nicht verstehen, was er sagt. Doch das tue ich.

»Mir ist klar, dass der Profit von der Anzahl der Zimmer abhängt. Und die wiederum wirkt sich auf die Baukosten aus.«

»Ja«, sagt er. »Du musst heute eine Entscheidung treffen, wie viele Zimmer es werden sollen. Ohne die fertigen Pläne des Architekturbüros gesehen zu haben.«

»Aber wir brauchen die Quadratmeterzahl der Räume, bevor wir das entscheiden können«, antworte ich. »Außerdem haben wir absolute Profis an der Hand. Sie haben mit sämtlichen Fünf-Sterne-Hotelketten der Welt zusammengearbeitet. Holen wir sie mal dazu. Ich will hören, was sie dazu sagen. Die Innendesigner und das Bauunternehmen sollen auch dazukommen.«

Während mein Assistent weitere Teilnehmer in unsere Besprechung holt, rufe ich Instagram auf und gehe auf den Account von Crompton. Als ich eine neue Fotokachel sehe, fängt mein Herz an, gegen meinen Brustkorb zu wummern.

Warum denn? Es ist bloß ein Foto.

Aber ich weiß, wer es gemacht hat. Noch dazu sieht es wunderschön aus, der rote Backsteinbau ist im Dunkeln erleuchtet und im Hintergrund werfen Bäume Schatten. Kate hat ein Händchen dafür, ob sie sich dessen bewusst ist oder nicht.

Ich tippe auf Kommentieren und schreibe: *wunderschön.* Ein

Teil von mir hofft, sie wird lächeln, wenn sie das liest. Ein anderer Teil will, dass sie weiß, ich habe das gepostet.

Noch ehe ich aufschaue, bekomme ich eine Benachrichtigung. Sie hat meinen Kommentar gelikt.

Kate ist gerade online. Ich frage mich, ob sie im Café ist, im Hintergrund Musicalhits, und zwischen dem Bedienen der Kundschaft ihr Handy checkt. Ich stelle mir ihre rosa gestreifte Uniform vor und wie ich die Hände unter den Rock gleiten lasse, meine Haut auf ihrer.

Da kommt eine weitere Mitteilung. Ich habe eine Nachricht. Die muss von ihr sein. Oder? Mit schneller klopfendem Herzen tippe ich darauf.

Yep. Genau wie vermutet.

Freut mich sehr, dass dir die Bilder von Crompton gefallen. Warst du schon mal hier?

Es ist, als wäre Adrenalin in meine Adern ausgeschüttet worden, und ich spüre förmlich, wie es zu meinem Herzen rast.

Schreibt sie jedem, der ihre Fotos kommentiert?

Ich schaue hoch auf den Computerbildschirm. Alle sind stumm geschaltet, während wir auf die zusätzlichen Teilnehmer warten. Ich stehe auf und gehe beiseite. Ich weiß nicht genau, ob ich mich verstecke oder ob es mir um Privatsphäre geht. Wieso denn? Werde ich ihr zurückschreiben?

Na klar, antworte ich. *Ich fand's toll.*

Sogar so toll, dass ich es kaufen werde, unterlasse ich zu schreiben.

Es ist ein ganz besonderes Fleckchen, erwidert sie. *Ich wohne auf dem Anwesen, seit ich sieben bin. Ich würde keinen anderen Ort lieber mein Zuhause nennen.*

Das Adrenalin wird zu Eis, und ich drücke die Seitentaste meines Handys, um das Display auszuschalten. Sie wohnt auf dem Anwesen? Bestimmt in einem der Cottages der Angestellten. Denen, die ich in zusätzliche Gästeunterkünfte umwandeln will, wenn ich das Anwesen kaufe. Sie wird gezwungen sein, einen anderen Ort ihr Zuhause zu nennen.

Ich schließe die Augen und versuche, das vertraute Angstgefühl niederzukämpfen, das sich gelegentlich in meinem Bauch breitmacht. Sie wird schon klarkommen. Wir überlegen uns was. Finden etwas, das genauso gut ist wie ihre derzeitige Wohnung. Dafür werde ich sorgen.

Ich setze mich. Zurück zum Geschäftlichen.

»Also«, sage ich, »wenn die Standardzimmer jeweils mindestens vierzig Quadratmeter haben sollen, wo kommen wir dann raus?«

Peter, den ich als Berater für das Hotelgewerbe mit an Bord geholt habe, schaltet sich ein. »Wir wollen, dass fünfzehn bis siebzehn Prozent der Zimmer Suites werden, mit einer Fläche zwischen neunzig und einhundertdreißig Quadratmetern. Mit Ausnahme der Royal Suite, die um die zweihundertzwanzig Quadratmeter haben soll. Wenn wir die Suiten rauslassen, wie viele Standardzimmer haben wir dann?«, fragt er die Architektin, die daraufhin zu den vor ihr liegenden Plänen greift.

»Abzüglich der Suiten blieben einhundertzweiundzwanzig Standard- und Superiorzimmer. Dazu noch die Zimmer in den umgebauten Cottages der Angestellten.«

Das ist die Antwort, die Jason und ich uns erhofft haben. Er verrät sich dadurch, dass er keinerlei Reaktion zeigt, wenn er die Antwort bekommt, die er hören will. Das hat er von mir gelernt.

»Also insgesamt einhundertdreiunddreißig Zimmer«, sagt Jason.

Ich weiß, dass er es durchgerechnet hat, und bei dieser Zimmerzahl ist Crompton Estate ein rentables Geschäft. Wir müssen nur noch herausfinden, was ich dem Earl anbieten kann, und das hängt wiederum von den Umbau- und Renovierungskosten ab.

Jason spricht weiter. »Preston und Frank, jetzt wo Sie die Zimmerzahl kennen, können Sie uns ihre Kosten nennen, richtig?«

»Ich kann Ihnen eine Kostenspanne nennen«, erwidert Preston, der Innendesigner.

»Ich möchte keine Spanne hören«, unterbreche ich ihn. »Sie kennen die Zimmerzahl. Sie wissen, wie viele Betten angeschafft werden müssen. Ich möchte, dass Sie mir sagen, welches Budget dafür zu veranschlagen ist.«

Meiner Meinung nach können Menschen selbst Dinge leisten, die sie selbst nicht für möglich halten. Man muss sie fordern, damit sie ihre wahren Grenzen ausloten. Wer nicht muss, wird bei der Arbeit nicht an sein Limit oder darüber hinaus gehen.

Nach weiteren Diskussionen bekommen Jason und ich unsere Zahlen und einer nach dem anderen verlässt das Meeting, bis nur noch er und ich auf dem Bildschirm verbleiben.

»Das ist ein großes Investment«, sagt Jason. »Eines deiner größten. Es geht um eine neunstellige Summe.«

»Aber es funktioniert. Die Mindestrendite beträgt mehr als zwölf Prozent?«

»Ja.«

Ich höre das Zögern in seiner Stimme. Er arbeitet schon viel zu lange für mich, als dass ich darüber hinweggehen könnte. »Verrate mir, wie ich aussteigen kann«, sage ich. Diese Option brauche ich immer. Bei all meinen Investments achte ich darauf, dass es eine offene Hintertür für mich gibt, falls ich abspringen will. Ich bin zu nichts verpflichtet.

»Wir können das Projekt auf unterschiedliche Weisen konzipieren. Wenn du die Verbindlichkeiten gering halten möch-

73

test, dann verpachte das Objekt, bevor es mit den Renovierungsarbeiten losgeht. Biete dem *Four Seasons* oder so einen Pachtvertrag über zwanzig Jahre.«

»Sodass ich nur der Grundstückseigentümer bin?«

»Ja. Oder du verkaufst und pachtest selbst wieder, wenn du das Kapital freisetzen möchtest. Oder aber du fremdfinanzierst das ganze Projekt.«

»So komme ich aber nicht raus.«

»Nein, du kämst nur an dein Geld.«

»Schätze, das ist immerhin ein Anfang. Wann geht die Rechnung nicht mehr auf?«

»Du kannst dem Earl nicht zu viel bezahlen. Und du brauchst die Baugenehmigung.«

»Die kriege ich.« Ich habe bereits inoffizielle Gespräche mit dem Bauamt geführt. Um stark risikobehaftete Angelegenheiten kümmere ich mich lieber persönlich. Die Verantwortlichen, mit denen ich gesprochen habe, wussten, dass der Earl verkaufen will, und auch, dass das Anwesen sich derzeit nicht trägt.

»Es ist ein Risiko«, sagt Jason.

Das Risiko an sich macht mir keine Sorgen. »Ich finde, nach allem, was du mir sagst, gibt es kaum Nachteile.«

Jason lacht. »Ich finde, es ist ein großes Projekt, das viel Zeit und Aufwand kosten wird. Und … ich weiß nicht recht, ob es zu dir passt.«

»Es passt zu mir, weil es mir Geld einbringen wird. Keine Sorge. Ich habe nicht vor, der neue Earl zu werden. Ich übertrage das Projekt jemandem, dem ich vertraue, so wie immer. Es ist nicht so, als hätte ich vor zu bleiben, um persönlich Gäste am Empfang einzuchecken. Es geht um ein Investment. Ich werde einige Wochen selbst vor Ort sein müssen und die weitere Arbeit dann dem Team überlassen. Genau wie bei allen anderen ähnlichen Projekten.«

»Die Mindestrendite beträgt 14,2 Prozent, vorausgesetzt, du zahlst weniger als zehn Millionen und bekommst die Baugenehmigung«, sagt Jason. »Das ist das absolute Best-Case-Szenario, wenn man das Projekt grob durchkalkuliert. Und wie lange schätzt du, wird der Earl brauchen, um zu verkaufen?«

»Er ist eindeutig gewillt«, sage ich. »Ich glaube, alles hängt davon ab, ob er noch weitere Kaufinteressenten hat.« Mein Bauchgefühl sagt mir, dass wir die einzigen sind. Außerdem vermute ich, der Earl mag mich und würde gern an mich verkaufen. Diese Woche ist es mir gelungen, bei einer Wohltätigkeitsveranstaltung mit ihm in Kontakt zu kommen, kurz nachdem ich das Anwesen besichtigt hatte.

»Geh nicht über neun Millionen«, beschließe ich. »Ruf mich an, wenn die Sache durch ist.«

Ich klicke auf »Meeting verlassen« und nehme mein Handy heraus. Der Instagram-Account von Crompton ist noch geöffnet, Kates Nachricht ohne eine Antwort von mir geblieben.

Ich tippe los: *Es war bestimmt ein schöner Ort zum Aufwachsen.*

Es ist auch ein tolles Investment. Eines, das ich mir nicht entgehen lassen will.

9. KAPITEL

KATE

Die Angestellten von Crompton Estate werden selten zu einer Versammlung mit dem Earl gebeten. Genau genommen kann ich mich nicht erinnern, dass es schon jemals eine gegeben hätte, aber gerade strömen von allen Seiten Leute zum Haupthaus, wo wir uns in der Galerie versammeln sollen. Der Gartenpark ist erst seit einer Viertelstunde geschlossen, aber in der Zwischenzeit habe ich es geschafft, in der Teestube aufzuräumen und nach Hause zu rennen, um Granny abzuholen.

»Mach langsam«, sage ich zu ihr, die unter der Junisonne voranstürmt. »Wir haben genug Zeit.«

»Ich weiß«, erwidert sie. »Ich möchte bloß einen Platz ganz vorn.«

»Du meinst, die haben Stühle in der Galerie aufgestellt?«, frage ich. »Scheint mir ein Riesenaufwand.« Granny presst auf eine Art die Lippen zusammen, die darauf schließen lässt, dass sie mir etwas vorenthält. »Meinst du, die Leute werden sich aufregen und müssen sich hinsetzen? Denkst du, der Earl ist krank?«

Sie wedelt mit der Hand, als würde sie Hühner verscheuchen. »Der Mann wird noch hundertundzehn. Ihm geht's prima.«

»Meinst du, er wird Entlassungen verkünden?«, frage ich. Das ist eins der Gerüchte, die Sandra angebracht hat. Ein anderes lautet, dass die Cottages der Angestellten abgerissen werden und wir wegziehen müssen. Und dann ist da natürlich noch Basils Verschwörungstheorie, dass der Earl das Anwesen verkauft.

»Liebes, schau dich doch nur um«, sagt sie. »Ein Loch im Dach der Orangerie wurde mit einer Plastiktüte abgedeckt. Unkraut wächst durch die Risse in der Fassade.«

»Stimmt gar nicht«, erwidere ich. »Das Haus sieht super aus. Aber worauf willst du hinaus?«

»Ich meine die Cottages.«

»Du übertreibst. Vielleicht verkündet der Earl, dass wir alle eine Sonderprämie kriegen.« Das halte ich zwar nicht wirklich für wahrscheinlich, aber auch nicht für unwahrscheinlicher als all die anderen Mutmaßungen, die mir heute zu Ohren gekommen sind.

»Glaub mir, ich habe es selbst gesehen. Letzte Woche hat bei Basil direkt oberhalb der Fußleiste ein Gänseblümchen geblüht.«

»Du hättest was sagen sollen. Dann hätte ich es liebend gern …« Ich verstumme. Ich weiß nicht genau, wie man richtig gegen durchwuchernde Gänseblümchen vorgeht. »… gepflückt. Und ich bin sicher, dass Rio etwaige Löcher von außen zuspachtelt.«

»Ich sage nur, dass dem Earl das Geld ausgeht.«

Es ist, als hätte mich jemand der Luft in den Lungen beraubt. »Das stimmt nicht. Der Earl weiß ja gar nichts davon, dass Gänseblümchen in Basils Wohnzimmer wachsen.«

»Nein?«, fragt sie.

»Basil beschwert sich gern, aber nur gegenüber Leuten, die nichts unternehmen können. Wenn er es dem Earl mitgeteilt hätte, dann würde der Abhilfe schaffen.«

»Nicht, wenn er es sich nicht leisten kann«, murmelt Granny vor sich hin.

»Er ist ein Earl«, sage ich. »Er hat … Kapital.«

»Weißt du das mit Sicherheit, hm?« Granny tätschelt mir die Schulter, während wir den Rasen überqueren und direkt auf die Flügeltüren der Galerie zusteuern. »Was auch passiert, denk nur immer daran, dass es uns gut gehen wird.«

»Was soll das heißen?«, frage ich.

Ehe sie antworten kann, sind wir von Leuten umringt, da sich alle mit uns im Raum einfinden.

Granny hat recht, sie haben vorne einige Stühle aufgestellt, und wir schlängeln uns durch die Menge, um Granny einen Platz am Ende der Reihe zu sichern, wo ich mich hinter sie stellen kann.

Ich beuge mich vor und flüstere ihr ins Ohr: »Was soll das heißen, *uns wird es gut gehen?*« Weiß sie etwas Konkretes, oder hat sie bloß Basils albernen Gerüchten Glauben geschenkt?

Es wird still im Raum, und als ich hochschaue, sehe ich den Earl durch die nördliche Tür hereinkommen, mit gesenktem Kopf und einem knittrigen Zettel in der Hand. Er wirkt recht rüstig. Er ist Mitte siebzig, aber soweit ich weiß, topfit. Auf mich wirkt er ganz wie immer.

Er stellt sich vorne vor die etwa zwanzig Stühle und nickt Granny zu, als er sie bemerkt. Er räuspert sich. »Vielen Dank, dass Sie alle erschienen sind«, beginnt er. »Ich wollte, dass so viele von Ihnen wie möglich es direkt von mir erfahren.«

Vor Angst schnürt es mir die Brust zu. Das klingt nicht gut.

»Ich weiß, dass es die letzten Jahre Gerüchte und Spekulationen über die Zukunft von Crompton Estate gegeben hat. Ich habe keine Erben und, wie Sie alle wissen, bedeutet es großen Aufwand, das Anwesen instand zu halten. Also …« Er holt tief Luft, hebt dann gezwungen lächelnd den Kopf. »Ich habe gute Neuigkeiten für Sie alle.«

Die Angst weicht aus meiner Brust, und ich drücke Grannys Schulter, wie um zu sagen: *Siehst du.*

»Es war mir sehr daran gelegen sicherzustellen, dass die jahrzehntelange Hingabe und Arbeit, die Crompton zu dem gemacht haben, was es ist, für zukünftige Generationen erhalten bleiben. Mit Überzeugung kann ich sagen, dass die Zukunft jetzt gesichert ist.«

Ich wusste, dass es keine schlechten Neuigkeiten geben würde. Ich wusste es einfach. Lächelnd blicke ich mich im Raum um, ob alle anderen genauso erleichtert sind wie ich. Den Mienen nach zu urteilen, reagieren die anderen anscheinend nicht so auf die Ansprache des Earls wie ich. Dass Basil verdrießlich dreinguckt, erwarte ich. Er macht selbst an seinem Geburtstag ein Gesicht, als hätte ihm jemand seine Lieblingskappe geklaut, aber warum sehen alle anderen so aus, als hätte der Earl verkündet, dass er das Anwesen abfackeln wird? Er sagt doch das genaue Gegenteil.

Ich bemerke, dass jemand am nördlichen Ende des Saals an der Wand lehnt, doch derjenige wird von einigen der jüngeren Gärtner verdeckt. Ich senke den Kopf und probiere, zwischen ihren muskulösen Armen hindurchzuschauen, denn für eine Sekunde dachte ich, es sei Vincent.

Dieser Mann verfolgt mich immer noch, selbst Wochen nach unserer gemeinsamen Nacht.

Der Earl fährt fort: »Ich habe das Anwesen an einen äußerst charismatischen Mann verkauft, der dieses wunderbare Haus in eine glänzende Zukunft führen wird.«

Die Angst kracht wieder in meine Brust und explodiert. Hitze breitet sich darin aus, und Erinnerungen fliegen wie Konfetti durch meinen Kopf: Ich, wie ich mir selbst etwas zum Mittagessen machte, weil Mum nach einer langen Nacht noch im Bett lag.

Ich, allein in der Schule, nachdem alle anderen schon gegangen waren, außer Miss Jamie, die mit mir wartete, bis meine Mutter anderthalb Stunden zu spät auftauchte.

Ich, wie ich in einem schwarzen Mantel bei der Beerdigung meiner Mutter auf einer Kirchenbank sitze und nicht weiß, was ich empfinden soll.

Verkauft?

Crompton verkauft?

Das ist schlicht unmöglich.

»Nein!« Ich glaube, ich schreie es heraus, doch dann wird mir klar, dass ich keinen Mucks von mir gegeben habe. Ich bekomme das Wort nicht heraus. Es steckt in meiner Kehle, als wäre es mit fetten Strichen daraufgemalt worden.

Granny nimmt meine Hand von ihrer Schulter und drückt meine Finger. »Alles wird gut, mein Mädchen. Jetzt beginnt bloß ein neues Kapitel.«

Ich will kein neues Kapitel. Ich möchte auf ewig im jetzigen Kapitel bleiben. Mein Leben ist ein Märchen – perfekt so, wie es ist. Ich will kein alternatives Ende, keine neue Wendung und auch keine neuen Zukunftsaussichten oder welche beschönigenden Umschreibungen es sonst für diese vernichtende Bekanntmachung gibt. Ich möchte die Zeit zehn Minuten zurückdrehen und einfach meinen Tag fortsetzen.

»Guten Abend, alle miteinander«, sagt eine mir bekannte Stimme.

Als ich aufschaue, sehe ich meinen attraktiven One-Night-Stand aus Amerika vorn im Raum stehen.

10. KAPITEL

KATE

Das kann nicht wahr sein. Vincent ist der neue Eigentümer von Crompton Estate. Vincent. Der Kerl mit dem muskulösen Körper und dem Busenfetisch. Dass ihm Crompton gehört, kann unmöglich sein. *Unmöglich.*

»Vielen Dank, dass Sie alle gekommen sind«, sagt er. Meine Knie kribbeln, und ich klammere mich an die Lehne von Grannys Stuhl, denn sonst tragen mich meine Beine nicht mehr.

Das. Kann. Nicht. Wahr. Sein.

Ich kann nicht hochschauen. Sonst explodiere ich womöglich oder übergebe mich vor seinen Füßen.

»Ich möchte möglichst offen Ihnen gegenüber sein. Heute werden mein Team und ich Baupläne einreichen, um Crompton in ein Hotel umzuwandeln.«

Es ist, als hätte jemand mir ein Loch in die Brust geboxt. Ich bin hohl.

Ein Hotel?

Gemurmel erfüllt den Raum. Irgendwie finde ich die Kraft, ein wenig den Kopf zu heben, um die Menschen zu betrachten, die ich schon mein ganzes Leben lang kenne. Sie müssen genauso durcheinander sein wie ich. Das ist ein totaler Umbruch.

»Ich möchte so viel von Cromptons Geschichte bewahren, wie es nur geht«, fährt Vincent fort. Ich starre ihn an, konzentriere mich auf seinen Mund und dessen Bewegungen, darauf, wie er schneller zu reden scheint, als die Worte herauskommen – oder vielleicht schafft es mein Hirn bloß nicht, die Worte in einem Tempo zu verarbeiten, bei dem ein Zusammenhang ersichtlich ist. »Das Anwesen ist wunderschön, und ich möchte, dass weiterhin Besucher kommen. Aber der Betrieb muss sich rentieren, deshalb werden Veränderungen notwendig sein.«

»Welche Art von Hotel denn?«, ruft jemand von hinten. Ich glaube, es ist Jamie, einer der Gärtner.

Gute Frage. Welche Art von Hotel? Und *muss* es denn zwingend ein Hotel sein? Könnte er nicht einfach selbst hier wohnen? Den Earl ersetzen, aber abgesehen davon alles ganz genau so lassen, wie es ist?

Seit ich ein kleines Mädchen war, finde ich Frieden auf Crompton. Freude. Eine Ruhe, die ich nirgendwo sonst hatte. Es war das gemächlich schwingende Pendel, auf das ich mich in dem verrückten Chaosleben mit meiner Mutter konzentrieren konnte. Während meiner Kindheit, bevor meine Mutter starb, ähnelte kein Tag je dem anderen, es sei denn, ich war bei Granny auf Crompton. Manchmal brachte mich meine Mutter zur Schule, manchmal nahm mich jemand mit. Manchmal blieb ich einfach zu Hause, weil sie schlief oder mit irgendwas beschäftigt war. Einmal bin ich zu Fuß gegangen. Es dauerte fast eine Stunde, und obwohl ich den Weg kannte und beim Straßeüberqueren ganz vorsichtig war, bekam Mum meinetwegen schrecklichen Ärger und nahm mir das Versprechen ab, nie wieder allein zur Schule zu laufen. Danach fehlte ich eben an den Tagen, an denen sie nicht aus dem Bett kam.

Andere Male waren wir unterwegs. In Liverpool bei ihrer

Freundin, weil sie in drei Tagen Geburtstag hatte und Hilfe bei der Vorbereitung ihrer Party brauchte. Oder ein andermal, als sie eines Sonntagnachmittags beschloss, Kenilworth Castle besichtigen zu fahren. Wir kamen erst spät dort an, und es hatte längst geschlossen. In dieser Nacht schliefen wir im Auto, weil sie zu müde für die Rückfahrt war. Aber Crompton war immer gleich. Ich genoss Grannys feste Angewohnheiten und die aller um sie herum. Dass die Sonne immer auf einer Seite des Hauses auf- und auf der anderen unterging. Dass Granny jeden Morgen um Punkt acht Uhr ein gekochtes Ei zum Frühstück aß, komme, was wolle. Dass ich bei ihr jeden Abend zur gleichen Zeit ins Bett ging, nachdem ich gelauscht hatte, wie sie mir stets dasselbe leise Schlaflied vorsang. Kleinigkeiten, die die meisten heranwachsenden Kinder langweilig und beschränkend finden, faszinierten mich und trösteten mich unheimlich.

Vincents tiefe Stimme durchschneidet meine Erinnerungen. »Es wird ein Fünf-Sterne-Hotel. Crompton ist keine zwei Stunden von London entfernt. Ich möchte es in ein Wochenend- oder auch Tagesausflugziel für Londoner verwandeln. Sie haben keine allzu weite Anreise, kommen aber raus in die schöne britische Natur. Viele Menschen hätten gern ein Haus auf dem Land. Doch das ist teuer und der Aufwand, es zu unterhalten, groß. Ich möchte, dass Crompton ihr Landhaus wird – ein zweites Zuhause –, nur ohne die Nachteile der Kosten und Instandhaltung.«

»Was ist mit dem Ziergarten?«, fragt Basil. »Werden Sie ihn erhalten?«

Zum ersten Mal schaue ich hoch und direkt Vincent an. Ich möchte seinen Gesichtsausdruck sehen, wenn er antwortet. Crompton und ich sind seit Ewigkeiten untrennbar miteinander verbunden. Hier bin ich aufgewachsen. Hatte meinen ersten Kuss. Hier lebe ich, seit meine Mutter gestorben ist. Ich ertrage es nicht mitzuerleben, wie dem Anwesen etwas getan wird.

Vincent schiebt die Hände in die Hosentaschen und blickt zu Boden, bevor er Basil in die Augen sieht. »Es gibt zwei Antworten auf diese Frage. Das Außengelände des Anwesens ist und bleibt sehr wichtig für das Hotel. Nichtsdestotrotz ... muss der derzeit für Besucher zugängliche Ziergarten verkleinert werden und künftig ausschließlich den Hotelgästen vorbehalten bleiben. Er ist herrlich, seine Pflege aber sehr kostenintensiv. Zudem habe ich vor, einen Wellnessbereich mit einem Innen- und Außenpool zu ergänzen, der Teile der jetzigen Gartenfläche in Anspruch nehmen wird.«

In meinen Ohren fängt es an zu schellen. *Dang. Dang. Dang.* Es ist, als wäre ich physiologisch nicht dafür gerüstet zu hören, was gerade gesagt wird. Mein Körper ist an seiner Kapazitätsgrenze und strömt über.

Ich versuche zu schlucken, aber mein Hals ist dick von lauter Tränen, die ich mich weigere, vor aller Augen herauszulassen.

»Es geht um eine große Veränderung«, erklärt Vincent. Ich spüre, wie sich sein Blick in mich bohrt, und schaue ihn an, unfähig seiner Aufmerksamkeit zu widerstehen. »Ich weiß, dass viele von Ihnen schon lange auf dem Anwesen arbeiten und es Ihnen sehr am Herzen liegt. Das respektiere ich. Und würdigen möchte ich es auch.«

»Was soll das denn heißen, junger Mann?«, fragt Granny, und ich drücke ihre Hand. »Was wird aus den Arbeitsplätzen und den Wohnungen, den Lebensgrundlagen der Leute?«

Vincent nickt. »Ich lasse mein Team Meetings mit Ihnen vereinbaren, um die Einzelheiten durchzugehen. Aber die Kurzfassung lautet, dass ich allen, die derzeit auf dem Anwesen arbeiten, einen Job anbieten werde, sofern sie einen wollen.

Also, das kann bedeuten, dass wir Leute weiterbilden oder umschulen müssen, aber wenn Sie bleiben wollen, möchte ich Sie behalten. Wir benötigen künftig nicht mehr so viele Gärtner, denn wie schon gesagt, schließen wir den Ziergarten, aber das Hotel wird sehr viel mehr Mitarbeiter haben als Crompton Estate aktuell. Es werden neue Positionen zu besetzen sein, und ich bin zuversichtlich, dass wir für eine und einen jeden von Ihnen eine neue Aufgabe finden werden. Ich hoffe, das beantwortet Ihre Frage, Ma'am.« Er sieht Granny an.

»Nicht ganz«, sagt sie. »Ich wohne auf dem Anwesen. Ebenso wie meine Enkelin und noch andere Angestellte. Was wird aus uns?«

Vincent nickt, als habe er mit der Frage gerechnet. »Wir arbeiten immer noch an den Bauplänen, und mein Team wird sich melden, sobald diese Gestalt annehmen, aber alle Angestellten, die auf dem Anwesen leben, werden anderweitig untergebracht. Es wird eine lange Kündigungsfrist geben, und bevor wir nichts Passendes für Sie gefunden haben, geschieht nichts.«

Das Gemurmel im Raum schwillt an, doch Vincent hebt die Stimme. »Ich habe einige der Gebäude gesehen, in denen Sie wohnen, und sie sind dringend sanierungsbedürftig, da stimmen mir sicher alle zu.«

Dringend. Da übertreibt er natürlich. Es ist überhaupt nicht dringend. Gut, hier und da wächst Unkraut durch, gelegentlich ist etwas undicht, und auf die Zentralheizung kann man sich natürlich nicht wirklich verlassen, aber wir leben schließlich in jahrhundertealten Gebäuden. Da muss es ja Schwierigkeiten geben.

Der Lärm verebbt, und die Leute hören zu, was Vincent sagt. »Wir haben einen Bauunternehmer an der Hand, der auf dem Gelände hinter dem Parkplatz im Dorf baut. Wir hoffen, wir werden Wohnungen dort anbieten können.«

»Vielen Dank, junger Mann«, sagt Granny. »Ich freue mich darauf, mehr darüber zu erfahren.«

Ich runzele die Stirn. Das war's? Sie lässt ihn einfach so vom Haken?

»Sonst noch irgendwelche Fragen?«, erkundigt Vincent sich.

»Werden in den neuen Wohnungen Haustiere erlaubt sein?«, fragt Sacha.

Vincent grinst. »Die Einzelheiten klären wir noch.« Er wendet sich an einen kleineren Mann, den ich noch nicht bemerkt hatte und der seitlich ein Stück hinter Vincent steht. »Ich vermerke das, damit sichergestellt ist, dass die Frage geklärt wird.« Er murmelt seinem Lakaien noch etwas zu.

Vincent wendet sich wieder an seine Zuhörer. »Ich werde mein Büro ins Haupthaus verlegen.«

Er wird von hier aus arbeiten? Wird er auch hier schlafen?

»Sie sollen wissen, dass Ihnen meine Tür stets offen steht, wenn Sie ein Anliegen haben. Falls ich in einer Besprechung bin, wird Ihnen mein Assistent Michael«, er nickt zu dem Mann neben sich, »weiterhelfen und dafür sorgen, dass ich informiert werde.«

Michael tritt einen Schritt vor und winkt kurz. Er wirkt nett, allerdings ist er im Begriff, mein Leben zu ruinieren, ich sollte also nicht nach dem Äußeren urteilen.

»Geplant ist, dass sich mein Team in regelmäßigen Abständen mit Ihnen zusammensetzt, um Sie über die Entwicklungen auf dem Laufenden zu halten. Sobald wir die Stellenausschreibungen ausgearbeitet haben, werden wir sie an einem schwarzen Brett im Café aushängen.« Er wendet sich an mich. »Einverstanden damit, Kate?«

»Ist Ihr Laden«, sage ich kurz angebunden.

Meine fast schon unhöfliche Antwort ändert nichts an seinem freundlichen Auftreten. »Wir hängen dort ein schwarzes

Brett auf, und wenn Sie meinen, dass Sie auf eine Stelle passen könnten, auch wenn Sie keine Vorerfahrung mitbringen, lassen Sie es jemanden aus meinem Team wissen. Wir werden dann sehen, was möglich ist.«

»Wann soll das denn alles losgehen?«, frage ich. »Wann schließen die Teestube und der Ziergarten?«

Als Vincent mich ansieht, verschwindet der restliche Raum für mindestens drei Sekunden; es ist, als wären wir allein in seinem Hotelzimmer, so wie vor ein paar Wochen. »Noch nicht«, sagt er zu mir und hebt dann die Stimme, damit alle es hören können: »Soweit ich weiß, sind bis Ende August Gartenbesichtigungstouren von Busreiseunternehmen vorgebucht, diese werden wir also durchführen. Wir haben keinen festen Starttermin für die Arbeiten, da die Baugenehmigung noch nicht erteilt wurde, aber wir gehen davon aus, dass der Umbau in etwa einem Monat beginnen kann. Wie gesagt, während der Umbauarbeiten und nach der Eröffnung des Hotels wird weiterhin ein Großteil des Außengeländes gepflegt werden müssen.«

Aber die Teestube wird schließen.

Granny und ich müssen umziehen.

Mein Leben wird sich ein für alle Mal ändern.

11. KAPITEL

VINCENT

Michael quasselt darüber, wie gut der Termin gelaufen ist, aber ich habe nichts anderes im Kopf als Kates erschütterten Gesichtsausdruck. Es war, als hätte ich ihr Leben ruiniert. Das ist kein gutes Gefühl. Ich möchte unbedingt unter vier Augen mit ihr sprechen, habe allerdings keine Ahnung, wo sie sein könnte. In ihrem Cottage vielleicht. Bloß ist es nicht so, als ob ich einfach an ihre Tür klopfen könnte. Ich bin jetzt ihr Chef. Das wäre eine ziemliche Verletzung der Privatsphäre. Vielleicht erwische ich sie morgen in der Teestube.

Als ich durch Instagram scrolle, fällt mir auf, dass Kate zu verschiedenen Tageszeiten ein Foto an ungefähr der gleichen Stelle macht. Am Rand des Anwesens, unten beim See, wo der Blick übers Wasser rüber zu dem Wäldchen geht.

»Einverstanden, Vincent?«, fragt Michael.

»Ich gehe mal frische Luft schnappen«, übergehe ich seine Frage, weil ich nicht mitbekommen habe, was er wissen wollte. Ich stakse nach draußen. Ich brauche frische Luft, um einen klaren Kopf zu bekommen ... oder so. Auch wenn Kate nicht da unten beim See sein sollte, hilft mir der Spaziergang vielleicht, ihre offenkundige Enttäuschung aufzulösen. Ich weiß, wie es ist, ein Zuhause verlassen zu müssen, mit dem man sich verbunden fühlt. Es ist zwar schon lange her, aber die Erinnerung daran verblasst nie. Ich mag Motivation aus meiner Not gezogen haben, aber der Schmerz ist noch da, wie eine lodernde Glut, die meinen Tatendrang und Ehrgeiz befeuert.

»Du hast gleich das Meeting mit dem Büro in den Staaten«, ruft mir Michael nach.

»Ich komme später dazu«, sage ich, während ich die ausladende, aus Eichenholz gefertigte Treppe hinunter in die zukünftige Lobby des Hotels gehe.

Die Flügeltür am Eingang ist beeindruckend. Wenn sie sich restaurieren lässt, sollten wir das machen. Ich nehme mein Smartphone heraus und schicke Michael eine Sprachnachricht, damit ich das später nicht zu erwähnen vergesse.

Im Türrahmen drehe ich mich zur Eingangshalle um. Ich betrachte den Kronleuchter, die Treppe, die Holzpaneele und die Gemälde, die ich verhandelt habe, alle mitzukaufen. Wenn ich mich mit meinem zehnjährigen Ich unterhalten könnte, würde ich mir selbst sagen: Mach dir keine Sorgen, das wird schon alles. Ich würde sogar dem Jungen, der sich fürs Medizinstudium beworben hat, weil er genau wie seine Cousins sein wollte, sagen, dass alles in Ordnung kommt. Dass er nicht wie sie sein wird, aber dass das auch okay ist.

Ich verlasse das Gebäude und schaue nach oben.

Mir gehört ein verdammter Landsitz.

Wer hätte das gedacht. Ich werde zwar nicht hier wohnen, aber ich könnte, wenn ich wollte. Ich könnte ein Earl sein, bloß ohne Titel.

Beinahe ungläubig schüttele ich den Kopf, überquere die Einfahrt und laufe in die Dämmerung.

Kate ist genau dort, wo ich sie vermutet habe.

Als ich auf sie zugehe, möchte ich fast ein Foto machen. Es sähe aus wie ihre ganzen anderen von hier, nur besser, denn sie wäre mit darauf.

»Kate«, rufe ich im Näherkommen. Ich will sie nicht erschrecken.

Sie dreht sich um und erstarrt. »Was machen Sie hier?« Sie sieht verwirrt und gefrustet aus.

»Lass uns doch beim Du bleiben. Ich hab bloß einen Spaziergang gemacht und dich gesehen.«

Sie seufzt. »Darf ich nicht hier sein, ist das unerlaubtes Betreten?«

Ich lege den Kopf schief. »Kate. Komm schon.«

»Kate was? Dir gehört jetzt das Anwesen. Der Earl hatte nie was dagegen, wenn wir hier herumlaufen. Du vielleicht schon.«

Sie verschränkt die Arme, als brächte sie einen Schild zwischen uns, dabei will ich sie gar nicht angehen. »Nicht dass wir noch lange hierbleiben werden, wenn du deinen Willen kriegst.«

»Das Anwesen wäre so oder so verkauft worden, Kate. Der Earl konnte es sich nicht mehr leisten. Das muss dir klar sein. Du bist klug. Man sieht doch, dass hier nicht alles so in Schuss gehalten wurde, wie es sollte.«

»An einem Anwesen wie diesem ist immerzu etwas zu machen.«

»Genau«, sage ich. »Es ist ausgesprochen kostenintensiv. Und der Earl hat kein Geld. Die meisten anderen Anwesen dieser Art wurden entweder verkauft oder in Safariparks oder Museen umgewandelt. Vom britischen Adel ist nicht viel übrig.«

»Du könntest das Haupthaus sanieren und Besuchern zugänglich machen. Quasi als Erweiterung der Gartentour.« Sie sieht flehend zu mir hoch, und ich finde es schrecklich, dass sie ganz offensichtlich leidet. Die Frau, die mir anfangs begegnet ist, war lustig und sorglos und begeisterungsfähig. Jetzt sieht sie mich an, als hätte ich all das ausradiert.

Ich schüttele den Kopf. »Das hat keinen Sinn. Das Haus ist

schon zu sehr verfallen. Es zu sanieren, würde Millionen kosten ...«

»Genauso wie der Umbau in ein Hotel. Also warum nicht den Weg des geringsten Widerstands wählen? Dann kann der Gartenpark unverändert bleiben, und wir behalten unser Zuhause.« Beim letzten Wort überschlägt sich ihre Stimme. Es ist, als hätte mir jemand einen Dolch in die Eingeweide gestoßen.

Ich schlucke in der Hoffnung, dass dadurch der Weg für meine Worte frei wird. »Ich versteh's ja, Kate. Glaub mir, ich weiß, wie es ist, sein Zuhause zu verlieren, wirklich, aber wir werden viel, viel bessere Unterkünfte für euch alle finden als eure jetzigen. Mit dreifach verglasten Fenstern und funktionierender Zentralheizung –«

»Ich will aber nicht umziehen. Und die anderen auch nicht. Ich will auf Crompton bleiben.«

Ihre Worte rühren etwas in mir auf. Ich erinnere mich daran, genau dasselbe zu meiner Mom gesagt zu haben, als sie mit zehn Umzugskartons nach Hause kam, nachdem mein Dad uns verlassen hatte. Unsere neue Wohnung war viel kleiner, deshalb mussten wir so viel wie möglich in diese Kartons quetschen. Wir brachten Müllsack um Müllsack unserer Habseligkeiten zum Sozialkaufhaus, darunter Spielzeug, für das ich zu groß geworden war, das ich aber trotzdem noch nicht bereit war wegzugeben. Heute ist mir klar, dass diese Tage das Ende meiner Kindheit bedeuteten. Sobald wir in die neue Wohnung mit den grellweißen Wänden zogen – mit Erinnerungen an eine glückliche Kindheit und meinen Vater, die beide Geschichte waren –, schwor ich mir, dass ich mein Herz nie wieder an irgendwas hängen würde. An kein Haus, an kein Besitztum und an keinen Menschen.

»Die neue Wohnung wird größer sein«, sage ich. »Du wirst

weiterhin in Crompton arbeiten. Es gibt jede Menge Aufgaben, von denen ich mir vorstellen kann, dass du hervorragend dafür geeignet wärst –«

Sie dreht sich von mir weg zum See. »Ich will keinen anderen Job. Ich mag den, den ich habe.«

Ich atme tief durch. Vielleicht hätte ich ihr nicht nachgehen sollen. Sie braucht Zeit, um zu verarbeiten, was sie vorhin erfahren hat. Es war offensichtlich ein totaler Schock für sie – aber nicht für alle. Den Mienen etlicher Angestellten nach zu urteilen wussten sie, was kommen würde, oder hatten zumindest mit einer maßgeblichen Veränderung gerechnet. Schließlich wird der Earl nicht jünger und Kinder, denen er Crompton vererben könnte, hat er auch keine. Vielleicht lag es an unserer körperlichen Bindung, aber Kates Reaktion schien die heftigste von allen gewesen zu sein.

»Ich hätte nie gedacht, dass es so weit kommt«, sagt sie. »Der Ziergarten ist so wunderschön.«

»Ja, ist er«, stimme ich ihr zu.

Sie dreht sich wieder zu mir um. »Dann behalte ihn. Lass ihn für Besucher geöffnet. Behalte die Teestube. Du könntest die Cottages der Angestellten lassen, wie sie sind. Du musst nicht alles ändern.«

Sie braucht Zeit, um sich an den Gedanken zu gewöhnen. Sie soll sich auf die Veränderungen freuen. Oder sie zumindest akzeptieren.

»Ich würde dir gern die Pläne zeigen, die ich habe erstellen lassen. Ich kann dir das Spa zeigen, Bilder von den Gästezimmern und von einigen der öffentlichen Bereiche. Ich habe vor, sie allen zu einem späteren Zeitpunkt vorzustellen, aber wie wär's, wenn du morgen vorbeikommst und sie dir ansiehst? Dann kriegst du ein Gefühl dafür, wie toll das Hotel werden wird.«

Sie schluckt, das Gesicht gequält. Ich kämpfe den Drang nieder, nach ihr zu fassen und sie an mich zu ziehen. Ich weiß, wie gut sich ihr Körper an meinen schmiegt, und möchte ihr Trost spenden. Aber ich bin der letzte Mensch, von dem sie gerade berührt werden will. »Wenn ich mir deine Pläne ansehe, siehst du dir dann meine an?«

Ich runzele die Stirn. »Welche Pläne?«

»Wenn ich Pläne erstelle. Zum Beispiel Rentabilitätsprognosen für den Fall, dass der Gartenpark geöffnet bleibt, siehst du sie dir an?«

Ich schiebe die Hände in die Hosentaschen. »Ich möchte dich nicht anlügen, Kate. Der Ziergarten reicht zu dicht ans Gebäude. Ich will nicht, dass die Hotelgäste das Gefühl haben, sie würden von Busladungen von Besuchern angegafft. Und der Poolbereich liegt genau bei den roten und blauen Rabatten.«

»Was, wenn wir die Teestube versetzen?«, fragt sie. »Dann könntest du den Pool dorthin bauen.«

»Komm und sieh dir die Pläne an.« Dann dürfte sie selbst feststellen, dass alles auf eine bestimmte Art und Weise geplant ist, weil es so am sinnvollsten ist.

»Ich komme sie mir ansehen, wenn *du* versprichst, dir alle meine Vorschläge objektiv und unvoreingenommen anzuschauen.«

Sie beharrlich zu nennen ist gar kein Ausdruck. Ich kann mir nicht helfen, ich finde das anziehend.

»Ich schaue mir alle deine Vorschläge an.«

Als sie zu lächeln anfängt, muss ich wegschauen, um nicht den Faden zu verlieren.

»Ich sage nicht, dass ich irgendetwas abändern werde. Ich habe ein ganzes Team von Leuten, die alles durchdacht haben, und die Pläne wurden schon zur Genehmigung eingereicht. Es ist also sehr unwahrscheinlich, dass sich etwas ändern wird.«

»Aber du siehst es dir an?« Sie blickt forschend in meine Augen, als wollte sie das Versprechen darin lesen. Ich bin bestimmt so einiges, aber kein Lügner.

»Ja, werde ich.«

Wir schauen uns eine Sekunde lang in die Augen, dann zwei, dann drei. Ich bin derjenige, der zuerst wegguckt. Ich blicke auf den See. »Es gefällt dir hier«, sage ich.

»Wem würde es hier nicht gefallen?«

Sie hat recht. Es ist wunderschön. Ganz anders als Pittsburgh, wo ich aufgewachsen bin.

»Kann ich dich den Weg zurück begleiten?«

»Mach es nicht kaputt«, flüstert sie.

Obwohl die Frau vor mir beinahe eine Fremde ist, sackt mir mein Verantwortungsgefühl mit einem Mal in meinen Bauch, und ich schüttele den Kopf. »Mach ich nicht.«

12. KAPITEL

KATE

Die Teilnahme an meinem Treffen ist größer, als ich mir erhofft hatte. Granny konnte nicht kommen, hat mir aber viel Glück gewünscht. Das brauche ich auch, als ich nämlich die Buchhaltungszahlen der Teestube durchging, auf die ich zugreifen konnte, und die vom Ziergarten, die ich mir mit Druckmachen verschafft hatte, wurde klar, dass der Earl ein beträchtliches Minusgeschäft macht. Aber das Glück ist wieder auf meiner Seite, denn es haben sich an die fünfzig Leute hier in den *Golden Hare* gequetscht. Das beweist, dass die Leute nicht glücklich über Vincents Pläne sind. Er kriegt es mit Widerstand zu tun.

George freut es nicht gerade, dass ich den Laden die nächste Stunde in Beschlag nehme. Ich bot an, die restliche Schicht umsonst zu arbeiten, aber wirklich überzeugt von dem Plan habe ich ihn damit, dass er unfreiwillige Publikumsgäste haben werde, die Geld dazulassen bereit sind, sobald das Treffen zu Ende ist – was ich zeitlich so gelegt habe, dass es mit der Öffnung des Pubs und meinem eigentlichen Schichtbeginn zusammenfällt.

Ich stelle mich auf den Tresen, nehme ein Weinglas und klopfe mit dem Messer, das ich sonst zum Zitronenschneiden benutze, dagegen, um die allgemeine Aufmerksamkeit zu bekommen.

99

»Danke, dass ihr alle hergekommen seid«, sage ich, als sämtliche Blicke auf mich gerichtet sind. »Ich fand, wir brauchen ein Treffen, um Vincent Coves Pläne für Crompton House zu diskutieren.« Ich ignoriere das Gemurmel aus der Menge. »Wie ihr wisst, hat er seine Baupläne eingereicht, aber es wurde noch keine Genehmigung erteilt. Die Einspruchsfrist endet am Freitag. Somit bleibt uns nicht viel Zeit, um einen Plan zu fassen.«

»Was stellst du dir denn vor?«, fragt Basil.

»Nun, ich dachte mir, wir sollten alle ein ähnliches Argument vorbringen. Dann werden uns die lokalen Behörden eher ernst nehmen. Wenn wir lauter versprengte Eingaben machen, kann man uns leichter ignorieren. Wir müssen uns zusammentun. Zuerst mal müssen wir, denke ich, den Verlust von Arbeitsplätzen ansprechen.«

»Aber er wird einige Gärtner behalten und alle anderen können sich auf Stellen im Hotel bewerben«, wendet Rupe ein.

»Eben«, erwidere ich. »Gartenbau ist nicht irgendeine ungelernte Tätigkeit. Sondern eine Berufung. Eine Leidenschaft. Dafür braucht es Erfahrung und Herzblut und –«

»Ganz ehrlich, ich hätte nichts gegen eine Veränderung«, sagt Amarjit. »Wenn er mich vom Gärtnern abzieht und stattdessen Gepäck ausladen und herumschieben lässt, freu ich mich wie ein Schneekönig. Ich hab gehört, zum Lohn kriegt man gutes Trinkgeld obendrauf.«

»Okay, aber das ist nur deine Sicht«, sage ich in etwas schärferem Ton als beabsichtigt. »Es geht uns nicht allen so.«

»Er hat mir gesagt, wenn ich bereit bin, mich über das neue Klimaanlagensystem schulen zu lassen, werde ich wahrscheinlich übernommen«, sagt Rio so begeistert, dass man meinen könnte, er hätte im Lotto gewonnen.

»Ich sehe das so«, fährt Rio fort, »beim Earl wusste man nie, ob man am Zahltag seinen Lohn kriegt. Entweder würde er ins Gras beißen oder ihm die Kohle ausgehen.« Bei der Erwähnung des Tods des Earls wird kollektiv nach Luft geschnappt. »Der ganze Laden ist die reinste Katastrophe. Meine Göttergattin war vor ein paar Monaten im Haus, um ihm einen selbst gebackenen Pie vorbeizubringen, und sie meinte, drinnen war alles leer. So als wär er schon ausgezogen. Ich nehme an, er hat bereits etliche Möbel verkauft, um den Laden am Laufen zu halten. Jetzt wissen wir immerhin, dass wir am Monatsende bezahlt werden. Nach allem, was man so hört, ist dieser Vincent-Typ Millionär.«

»Ich hab gehört, er sei Amerikas erster Trillionär«, ruft Mindy dazwischen.

»So was gibt's gar nicht«, sagt Rio, und alle fangen an durcheinanderzureden.

Ich versuche, wieder die Oberhand zu gewinnen, aber keiner achtet darauf, wie ich gegen das Weinglas klopfe.

»Hey, beruhigt euch mal alle miteinander«, rufe ich. »Dieses Treffen ist wichtig. Es werden Leute ihre Jobs und das Dach über ihrem Kopf verlieren.«

»Mann, ich kann's kaum erwarten«, sagt mein Nachbar Chris. »Hoffentlich hat die neue Wohnung eine funktionierende Zentralheizung.«

»Und es sind Haustiere erlaubt«, meint Sacha. »Das ergibt doch keinen Sinn, dass der Efeu bei mir durchs Küchenfenster wuchert, ich aber keinen Dackel haben darf.«

»Wegen der Haufen, Sacha«, erwidere ich. »Die wollte der Earl auf keinen Fall in seinem Gartenpark.«

»Na, der Earl ist jetzt weg«, sagt Rio.

Tränen sammeln sich in meiner Kehle. Wie können die nur alle so unbekümmert sein? Sie scheinen bloß an ihr eigenes Wohl zu denken, statt das große Ganze zu sehen. Crompton steht für eine jahrhundertelange Geschichte. Die muss erhalten werden.

»Kate, erzähl uns doch, wie deine Vorschläge aussehen, wenn Vincent keine Genehmigung bekommt«, bittet Basil.

»Freut mich, dass du fragst, danke. Also, wie du schon sagtest, Mindy, ist Vincent sehr, sehr reich. Er hat Familie in ...« Wo meinte er noch, wohnen seine Tante und sein Onkel? »In der Nähe. Ich schlage vor, wir überzeugen ihn, das Anwesen zu sanieren und als Landsitz für sich selbst zu behalten.«

»Aber er hat es als Investitionsobjekt gekauft«, wirft jemand ein, ich kann jedoch nicht ausmachen, wer es war. »Er wird es nicht behalten. Besonders nicht, wenn er glaubt, das ganze Dorf sei gegen ihn.«

»Wir sind nicht gegen ihn«, sage ich. »Wir sind dagegen, dass Crompton kaputt gemacht wird. Dass es in ein Hotel umgewandelt wird.«

»Besser als ein Safaripark«, meint Amarjit.

»Oder ein Museum. Es braucht Leben im Haus«, sagt Basil.

Langsam fange ich an zu glauben, dass ich die Einzige bin, die gegen Vincents Pläne ist.

»Lasst uns per Handzeichen abstimmen. Wer ist *für* Vincent Coves Hotelpläne?«

Überall schießen Hände nach oben. Mein Herz klopft so heftig in meiner Brust, dass ich glaube, mein T-Shirt müsste sich heben und senken.

»Denkt dran: Wer sich gerade meldet, ist *dafür*, dass alle, die in den Angestelltenunterkünften wohnen, ausquartiert werden –«

»Und neue Wohnungen kriegen«, ruft jemand.

»Und dass Leute ihre Arbeit verlieren«, sage ich.

»Und für andere Tätigkeiten umgeschult werden«, sagt Rio.

Hände bleiben in der Luft. Eindeutig sind die meisten für Vincents Vorhaben. Aber ich will wissen, wer auf meiner Seite steht. »Handzeichen, wer dagegen ist, dass Vincent Crompton kaputt macht.« Ich hebe die Hand und sehe Sandra ihre heben. Als ich mich umschaue, wird klar, dass wir die einzigen beiden sind, die Vincents Charme nicht aufgesessen sind. »Kommt schon, Leute, hat er euch etwa bestochen, oder was?«

»Wir sind bloß realistisch, Süße«, sagt Mindy. »Es gibt keine Alternative. Besser mitspielen und das Beste draus machen.«

Mein Herz plumpst nach unten und knallt im Fallen gegen meinen Brustkorb. Das war's? Alle geben einfach auf? Die Beständigkeit der letzten zwanzig Jahre ist von einem Augenblick auf den anderen vorbei?

»Das Beste draus machen?«, wiederholt Rio. »Das ist eine Chance. Wir kriegen alle neue Mietverträge nahe Crompton House.«

Mein Blick landet auf dem Boden. Ich ertrage es einfach nicht, das zu hören.

»Du wirst am Ende wahrscheinlich die Hoteldirektorin«, meint Rio. »Du bist eine kluge Frau, Kate. Hättest studieren können.«

»Ich will keine Hoteldirektorin sein«, sage ich.

»Wieso nicht?«, fragt Meghan. »Du bist absolut in der Lage zu … mehr.« Sie lehnt am Tresen und sagt es leise. Die meisten im Raum werden es nicht gehört haben, aber es fühlt sich dennoch wie Verrat an.

»Oder vielleicht die Restaurantleiterin«, schlägt Basil vor. »Wenn du weniger Verantwortung möchtest.«

Warum sind alle so auf mich fixiert? Es geht mir um Crompton. Darum, dass alles bleibt, wie es ist. »Ich will nicht Restaurantleiterin sein«, sage ich. Mir gefällt alles so, wie es ist.

»Kannst du es dir nicht vorstellen?«, wirft Amarjit ein. »Vincent sagt, es wird ein Fünf-Sterne-Hotel. Ich wette, die Mitarbeiteressen werden großartig.«

»Ich bin mit einem Stück von Sandras Bakewell Tart voll und ganz zufrieden«, gebe ich zurück.

»Aber das hier könnte noch besser werden«, erwidert Amarjit.

»Ich will es nicht besser.«

»Wir aber schon«, meint Basil. »Ich habe es satt, dass Unkraut durch meine Wände wächst und es keine Zentralheizung gibt. Und wie Rio sagte: die Unsicherheit, nicht zu wissen, ob unsere Jobs sicher sind und was als Nächstes passiert. Damit wird es vorbei sein. Kate, wir alle lieben Crompton, aber so, wie es ist, kann es nicht bleiben. Mit jedem Jahr wurde es zunehmend schlimmer – keine Gehaltserhöhungen, weniger Geld für Pflanzen, Düngemittel und Gerätschaften, die Gebäude verfallen immer mehr.«

Tränen brennen in meinen Augen. Basil beschreibt das Leben auf Crompton ganz anders, als ich es sehe. Für mich ist es ein absoluter Ort des Glücks.

»Wir werden alle weiterhin hier sein, Kate«, sagt Basil. »Er wird uns doch gar nicht los. Und du gehörst genauso zu Crompton wie jeder andere von uns. Auch du wirst nicht weggehen.«

Bei ihm klingt es ganz einfach. Ganz eindeutig. Sie verstehen nicht, dass mein Leben außerhalb von Crompton eine einzige Misere war. Vor dem Tod meiner Mutter und selbst während der paar Monate an der Uni – nichts außerhalb von Crompton hat funktioniert. Für mich zumindest nicht.

»So, die Zeit ist um«, kläfft George hinter mir. »Raus mit euch, oder bestellt was zu trinken. Kein Trübsalblasen.«

Gemurmel geht los, als natürlich überlegt wird, ob man auf ein Getränk bleibt, und ich rutsche vom Tresen, gescheitert.

Meghan kommt herüber. »Ich weiß, es ist hart. Crompton ist dein ganzes Leben, aber dies alles könnte gut für dich sein«, sagt sie.

Ich schüttele den Kopf. »Für mich nicht, aber für alle anderen vielleicht. Daran muss ich denken – dass es alle glücklich machen wird, die mir wichtig sind.«

Meghan und ich treten beiseite, damit die Leute an den Tresen können. Ich gehe zur Kasse und nehme meine Schürze. »Soll ich deine Schicht übernehmen?«, fragt sie.

Ich schüttele den Kopf. Ich will, dass dieser Teil – die Zeit, bevor mein Leben umgestülpt wird – so lange andauert wie möglich. Ich will keine Schicht auslassen.

»Hey, Schätzchen«, sagt Sandra, wobei sie eine Hand um meine Taille legt und mich drückt. »Das wird schon. Ich versprech's.«

Das kann sie unmöglich versprechen.

»Ich kenne dich, seit du ein kleines Mädchen warst, und du bist schon immer heiter und fröhlich und voller Zuversicht gewesen.«

Sandra kannte mich nicht, bevor ich zu Granny kam. Sie kennt nur, wie ich auf Crompton bin. Und hier *bin* ich heiter und fröhlich und voller Zuversicht. Aber das ist nicht dasselbe Ich wie außerhalb des Anwesens.

»Das könnte eine tolle Chance für dich werden. Basil hat recht. Du bist klug und könntest alles machen, was du willst.«

»Anscheinend denken die Leute, es wird eine tolle Chance für sie«, sage ich.

»Das kannst du ihnen nicht verdenken«, erwidert Sandra.

»Die Leute machen sich seit Jahren Sorgen. Das weißt du«, meint Meghan. »Jetzt sind sie erleichtert. Sie wissen, dass sie weder ihre Arbeit verlieren noch auf die Straße gesetzt werden.«

»Keiner weiß, was passieren wird. Das Hotel könnte ein Reinfall werden.«

Sandra seufzt. »Vielleicht. Aber dieser Vincent scheint ein guter Mann zu sein. Außerdem ist er sehr reich. Es ist wahrscheinlicher, dass er das Anwesen zum Erfolg führt als der Earl.«

Sogar Sandra ist überzeugt.

»Und ich verspreche, dass ich dir bis ans Ende meiner Tage jeden Monat eine Bakewell Tart backe. Auf die brauchst du nicht zu verzichten, das kann ich dir versichern.«

Ich lächle und drücke sie, ehe ich den Blick über die noch im Pub verbliebene Menge schweifen lasse. Die Leute lachen und scherzen, und selbst ich kann die freudig-aufgeregte Stimmung im Gastraum nicht leugnen. Keine Frage, die anderen sind an Bord von Vincents Hotel-Zug.

Sofern er die Baugenehmigung erhält und kein anderes großes Hindernis der Hoteleröffnung im Weg steht, werden die Leute die Chance bekommen, die sie sich ganz eindeutig wünschen.

Und ich? Ich werde in irgendeiner Einzimmerwohnung enden, die nicht nebenan von meiner Großmutter liegt. Sie wird wahrscheinlich ins Altenheim abgeschoben. Es wird seit meinem siebten Lebensjahr das erste Mal sein, dass ich nicht bei oder neben ihr wohne.

Die letzten zwanzig Jahre habe ich Einfachheit und Beständigkeit genossen. Ich weiß, ein gutes Leben zu haben, bedeutet, dass die Welt, *meine* Welt, unverändert bleibt. Dank Vincent ist alles davor, sich zu ändern.

Ich bin nicht bereit dafür.

Ich werde es niemals sein.

13. KAPITEL

VINCENT

Ich hatte nicht erwartet, dass es im Pub so voll sein würde. Habe ich etwas verpasst? Als ich hineingehe, sehe ich Kate, die andere Kellnerin und die ältere Kollegin aus der Teestube zusammen bei der Kasse stehen. Kate sieht umwerfend aus – die Haare am Oberkopf zum Dutt zusammengebunden, in Jeans und einem T-Shirt, das ihre ganzen Kurven betont. Wobei ich von denen eigentlich gar keine Notiz nehmen sollte.

Sowie die Tür hinter mir zufällt, drehen sich alle Köpfe zu mir, und es wird still.

Aha.

Mein Gefühl sagt mir, dass ich in ein Gemeindetreffen über mich – oder meine Pläne für Crompton – geplatzt bin.

Kate bindet sich ihre Schürze um und strafft die Schultern.

»Hallo, Chef«, sagt Sacha, als sie federnden Schritts zu mir herüberkommt. »Ich weiß, Sie haben Feierabend und so weiter, aber stört es Sie, wenn ich Sie was frage?«

»Schießen Sie los.« Ich begebe mich zu dem Tisch, an dem ich das erste Mal saß, als ich hier gegessen habe – an dem Abend, als ich hereinkam und Kate auffing, bevor sie zu Boden stürzen konnte. Ich schätze, falls ich am falschen Platz sitze, wird sie es mir schon sagen. Schüchtern ist sie nicht.

»Ich möchte echt gern einen Hund«, sagt Sacha. »Einen

Dackel. Der Earl hat in den Angestelltenunterkünften keine erlaubt. Niemand durfte Haustiere haben. Ich weiß, ich habe schon bei der Versammlung danach gefragt, aber können Sie irgendwas darüber sagen, ob in den neuen Wohnungen Haustiere erlaubt sein werden?«, fragt sie.

»Ich weiß es nicht, Sacha. Aber lassen Sie uns doch sicherstellen, dass wir etwas Dackelfreundliches finden.«

Ein Lächeln breitet sich auf Sachas Gesicht aus. »Danke, Chef. Wusste ich doch, dass Sie voll okay sind.«

Ich nicke zum Dank für das Kompliment und Sacha zieht ab. Basil, einer der schon älteren Gärtner, besucht mich als Nächster an meinem Tisch. Dieser Abend verläuft anders, als ich erwartet hatte. Wie ich gehofft hatte, ist Kate hier, ja. Doch ich wollte ein Steak, einen Tequila und eine halbe Stunde für mich allein. Daraus wird nichts, trotzdem werde ich das Gefühl nicht los, dass ich gerade zur rechten Zeit eingetroffen bin. Womöglich hätte Kate in meiner Abwesenheit alle zum Aufruhr angestiftet, wobei es ihrer trostlosen Miene nach zu schließen damit vielleicht nicht so geklappt hat, wie sie es sich dachte.

»Wie steht's?«, frage ich, lehne mich auf der Sitzbank zurück und lege den Arm ausgestreckt auf die Lehne.

»Alles prima. Nichts, worüber Sie sich Sorgen machen müssten, jedenfalls. Es droht keine Meuterei oder so.« Als er mir zuzwinkert, nicke ich zum Dank. Erneut.

»Danke, Basil«, erwidere ich. Ich sage ihm nicht, dass ich mir gar keine Sorgen gemacht habe. Was hätte Kate schon ausrichten können? Gut, sie hätte mir das Leben verkomplizieren können, aber die Menschen vergessen schnell, und bei den meisten hätte der Pragmatismus gesiegt. Ich bin nicht hier, um Crompton abzufackeln. Ich werde Jobs schaffen, die Wirtschaft im Ort ankurbeln. Von meinen Plänen wird die ganze

Gemeinde profitieren. Das begreifen die meisten schon jetzt, und der Rest wird letztlich auch dahinterkommen.

Ich beobachte, wie Kate mit der Speisekarte in der Hand herüberkommt und dabei sorgsam meinen Blick meidet. »Die Speisekarte«, sagt sie, als sie sich dem Tisch nähert. »Was darf es zu trinken sein?« Sie holt Block und Stift aus ihrer Schürzentasche und macht sich bereit für die komplizierteste Getränkebestellung, die es je im Pub gab.

»Einen Tequila.« Dann setze ich hinzu: »Bitte.« Ich weiß, dass Briten Höflichkeit lieben.

Sie sagt nichts. Sie notiert nichts auf ihrem Block, sondern dreht sich nur auf dem Absatz um und geht zurück zum Tresen. Ihr Hintern sieht mega aus in ihren Jeans.

Vielleicht fühle ich mich herausgefordert, vielleicht möchte ich sie ehrlich wissen lassen, dass sie sich keine Sorgen zu machen braucht, was aus Crompton wird, denn ich habe keinerlei Absicht, das Anwesen zu zerstören, vielleicht liegt es nur daran, dass sie so einen tollen Hintern hat, aber ich möchte mit ihr reden. Ich möchte gern, dass sie meinen Standpunkt zu verstehen versucht.

In den darauffolgenden zehn Minuten gehen die meisten Angestellten aus Crompton. Aber drüben beim Tresen gibt es ein paar Tische, um die herum Leute mit ihren Getränken stehen und leise miteinander reden. Ab und zu schaut jemand zu mir herüber, und ab und zu schaut jemand zu Kate.

Ich lache in mich hinein und vertiefe mich in die Speisekarte.

Mit einem Tequila und ihrem Block kehrt Kate an meinen Tisch zurück.

»Danke«, sage ich, als sie den Schnaps auf einen Untersetzer stellt. Noch immer sieht sie mich nicht an. »Wie war euer Treffen?«

»Was kann ich dir bringen?«, übergeht sie meine Frage.

»Ich nehme das Rib-Eye-Steak. Medium rare. Und dazu Brokkoli.«

»Das sind jede Menge Proteine. Brokkoli enthält mehr, als den Leuten bewusst ist.« Daraufhin verzieht sie das Gesicht und murmelt »Verflucht« vor sich hin, als ärgerte sie sich, dass sie mit mir geredet hat.

»Ich wusste nicht, dass Brokkoli ein großer Proteinlieferant ist«, erwidere ich und lächle sie an.

»Na, jetzt schon.« Sie zuckt mit den Schultern, zieht mir die Speisekarte aus der Hand und wirbelt zurück zum Tresen.

Ich hole mein Handy heraus, um meine E-Mails zu checken, doch ehe ich dazu komme, den Posteingang zu öffnen, nähern sich zwei der jüngeren Gärtner dem Tisch. Ich bin mir mit ihren Namen nicht sicher – der große, schlaksige heißt Amarjit, glaube ich, aber darauf würde ich nicht wetten.

»'n Abend«, sagt der, der definitiv *nicht* Amarjit heißt. Ich nehme meinen Tequila und schwenke ihn in seine Richtung.

»Nur damit Sie's wissen, die meisten von uns finden es gut, dass Sie hier sind«, sagt der mutmaßliche Amarjit. »Manche mögen es vielleicht nicht zugeben, aber es war an der Zeit, dass der Earl verkauft. Ich glaube, er ist nicht mehr mit dem Herzen dabei.«

»Mit dem Bankkonto definitiv nicht«, sagt der andere. »Ein Hotel ist eine gute Sache. Braucht allerdings 'ne Weile. Was wird in der Zwischenzeit mit uns?«

»Für eine Sanierung in dieser Größenordnung wird es schnell gehen. Für etwas anderes fehlt mir die Geduld. Zwölf Monate vom Startschuss bis zur Fertigstellung.«

»Zwölf Monate«, sagt Amarjit offenkundig überrascht. Ihm ist nicht klar, dass das ein Bruchteil der Bauzeit ist, die ein Projekt wie dieses normalerweise in Anspruch nimmt.

»Das ist gar nicht so lange. Das Gartengelände wird unterdessen gepflegt werden müssen. Es müssen Umschulungen stattfinden. Und sofern sich willige Helfer finden, wird es übergangsweise noch andere Stellen geben, die besetzt werden müssen.«

»Ich bin dabei«, sagt Nicht-Amarjit.

»Gut«, erwidere ich.

»Wie gesagt, die meisten sind dafür.«

»Das freut mich zu hören.«

»Ich habe Kate gesagt, dass Sie sich nie im Leben überzeugen lassen, Crompton bloß als Landsitz für sich und Ihre Familie zu behalten«, erklärt Amarjit.

Ich versuche, mir die Überraschung nicht anmerken zu lassen. Wieso hält sie das für eine Option? Und welche Familie überhaupt? Sie muss doch wissen, dass ich nicht verheiratet bin – wir haben miteinander geschlafen. »Stimmt. Das steht nicht zur Debatte.«

»Also, wofür Sie uns auch brauchen können, Vince, lassen Sie es uns einfach wissen.«

»Mich nicht Vince zu nennen wäre schon mal ein Anfang. Vincent passt wunderbar.«

Nicht-Amarjit lacht. »Geht klar, Vincent.«

Amarjit stupst ihn mit dem Ellbogen an. »Lassen wir den Mann in Ruhe.« Er nickt mir zu und winkt. »Genießen Sie Ihr Abendessen. Und lassen Sie sich von Kate nicht wegen der Omega-Fettsäuren nerven.«

Über die Bemerkung muss ich unwillkürlich lächeln. Offensichtlich sorgt sich Kate um jedermanns Nährstoffhaushalt.

Als hätte ich sie hergerufen, erscheint Kate mit zwei Tellern. Sie stellt sie ab, ohne mich anzusehen.

»Senf?«, fragt sie, weiterhin meinen Blick meidend.

»Wäre super.«

Als sie mit dreierlei Senf zurückkehrt, ducke ich den Kopf, um ihren Blick aufzufangen.

»Weißt du, ich fand dich charmant, als ich dich das erste Mal getroffen habe«, sage ich und greife nach dem Glas mit dem grobkörnigen Senf.

Sie hat mir keinen Löffel gebracht, aber als ich selbst aufstehen will, dreht sie sich um und geht zur Kasse, neben der zusätzliches Besteck bereitsteht. Sie kommt mit drei Teelöffeln wieder.

»Danke«, sage ich und strahle sie an.

Sie stützt die Hand in die Hüfte. »Als ich dich das erste Mal getroffen habe, warst du nicht mein Chef. Und wolltest mich nicht aus meiner Wohnung schmeißen.«

Ich kann Bitterkeit auf meiner Zunge schmecken – nicht frisch, wie es lange der Fall war, sondern dumpf abgestanden. Fast wie die Erinnerung an Bitterkeit. »Ich zerstöre doch nicht –«

»Und charmant fand ich dich auch nicht«, sagt sie. »Ich hatte Lust. Und du warst gerade zur Stelle.«

Ich kann mir ein leises Lachen nicht verkneifen. »Na, freut mich, dass ich dir weiterhelfen konnte. Stört mich überhaupt nicht, dass du mich nur benutzt hast.« Ich möchte hinzusetzen: »Kannst du gern jederzeit wieder machen«, lasse es aber. Sie ist sauer und hat außerdem recht – ich bin jetzt ihr Chef.

»Es war mein Ernst, als ich dich gebeten habe, vorbeizukommen und dir unsere Pläne für Crompton House anzusehen. Du kannst dir selbst einen Eindruck verschaffen, wie alles werden wird. Es gibt eine virtuelle Videotour. Außerdem kannst du einen Rundgang durch das Gebäude im jetzigen Zustand machen, damit du siehst, was wir in das Anwesen investieren.«

»Du versuchst mich zu überzeugen«, sagt sie und blickt dabei starr auf meine linke Schulter.

»Ja«, bestätige ich. Ist das nicht offensichtlich? »Ich möchte nicht, dass du unglücklich bist. Komm einfach vorbei und sieh es dir an. Ich merke ja, wie wichtig du der übrigen Mitarbeiterschaft von Crompton bist. Wenn du dir die Pläne ansiehst, kannst du ihnen sagen, was du davon hältst.«

Sie zögert einen Moment und verlagert das Gewicht von einem Fuß auf den anderen, den Blick auf den Senf gerichtet, auf mein Steak – alles außer auf meine Augen. »Ich schätze, ich könnte vorbeikommen und ... mir ansehen, ob stimmt, was du ...«

»Komm vorbei und überzeuge dich, dass ich euch die Wahrheit sage.«

Zum ersten Mal, seit ich hereingekommen bin, treffen sich unsere Blicke, und sie zieht die Luft ein. »Okay.«

Ich muss lächeln. Sie ist schön, ich kann die Augen nicht von ihr lassen. Sie wird schon sehen, dass ich ihr nicht das Leben schwermachen will. Dieses Hotel wird ein tolles Investitionsprojekt für mich und die Gemeinde, in der es sich befindet.

»Ach, und schau dir das mal an.« Ich ziehe die zweiseitige Stellenausschreibung hervor, die ich meinen Personalchef erstellen lassen habe.

»Was ist das?« Sie nimmt die zwei Blatt Papier.

»Eine Stellenausschreibung – Leitung des Gästemanagements im Hotel. Du wärst perfekt dafür.«

»Ich habe keine Erfahrung«, antwortet sie sichtlich nervös.

»Wir werden dich weiterbilden. Du kannst toll mit Menschen umgehen. Ich habe beobachtet, wie angenehm du es den Gästen im Pub und in der Teestube machst, dass du auch auf Kleinigkeiten achtest und dir das Wohlergehen der Gäste ehrlich am Herzen liegt. Du wärst super dafür. Aber denk in Ruhe darüber nach. Ich brauche nicht sofort eine Antwort. Komm morgen vorbei und sieh dir die Pläne an, dann können wir das weiter besprechen.«

Sie erwidert mein Lächeln nicht. »Iss dein Steak. Du wirst das Kreatin brauchen.«

Ich schaue lächelnd zu ihr hoch. »Soll das heißen, du verpasst mir noch ein Work-out?« Ich weiß, dass ich nicht mit ihr flirten sollte, aber sie ist total unwiderstehlich.

Sie wirft mir ihren bösesten Blick zu, den ich wahrscheinlich nicht annähernd so sexy finden sollte, und geht. Schon wieder.

14. KAPITEL

KATE

Ich habe Block und Stift dabei. Das findet er bestimmt weniger übergriffig, als wenn ich alles abfotografiere, aber sofern sich die Gelegenheit bietet, werde ich schnell ein paar Bilder machen. Falls ich auf etwas stoße, von dem ich meine, dass es den anderen Crompton-Mitarbeitern nicht gefallen wird, will ich Beweise haben. Auch wenn ich akzeptieren musste, dass alle wollen, dass Vincent aus dem Anwesen ein Hotel macht, betrachte ich es als meine Aufgabe sicherzustellen, dass er Wort hält. Sollte ich bei dem, was er umsetzt, irgendwelche Abweichungen von dem, was er versprochen hat, bemerken, werde ich die Erste sein, die ihn deswegen zur Rede stellt. Wenn die Angestellten von Crompton schon nicht wollen, dass ich ihre Gegenwehr gegen Vincents Pläne organisiere, kann ich wenigstens als ihre Fürsprecherin auftreten. Dabei werde ich mich hoffentlich irgendwann an die Veränderung gewöhnen, die mich erwartet. Ob das geht, weiß ich bloß nicht recht.

Ich straffe die Schultern und drücke auf die große viktorianische Klingel, die lange nach dem Bau des Hauses installiert worden sein muss, trotzdem aber vor einhundert Jahren.

Ich mache mich darauf gefasst, Vincent gegenüberzustehen, der höchstwahrscheinlich der bestaussehende Mann ist, der mir je untergekommen ist, und definitiv der beste Liebhaber, den ich je hatte.

Die Flügeltür geht auf, doch statt von Vincent werde ich von einem anderen Mann begrüßt – dem, der während der Versammlung an seiner Seite stand. Ich weiß seinen Namen nicht mehr. Michael vielleicht? Er ist Mitte zwanzig, hat braunes Haar, einen Körper, den Granny als drahtig bezeichnen würde – dünn und blass. Sie sagt immer, drahtige Menschen seien kräftiger, als sie aussehen, und überaus loyal. Ich bringe es nicht übers Herz, ihr zu sagen, dass es kaum wissenschaftliche Belege für einen Zusammenhang zwischen Körperbau und Charaktereigenschaften gibt.

»Danke fürs Kommen, Kate«, sagt er breit lächelnd. Er kennt meinen Namen. Vincent hat ihn über mich gebrieft. Wer weiß, was er gesagt hat: *Will nicht, dass das Anwesen in ein Hotel umgewandelt wird, gibt aber super Blowjobs.*

Natürlich empfängt Vincent seine Besucher nicht an der Eingangstür. Warum sollte er, wenn er jemanden einstellen kann, der das für ihn tut?

Ich lächle knapp. »Vielen Dank für die Einladung.« Ich betrete das Haus. Vor der Bekanntmachung des Earls war ich jahrelang nicht hier drin gewesen. Selbst letzte Woche haben wir nur die Galerie zu sehen bekommen.

Die Eingangshalle sieht genauso aus, wie ich sie aus meiner Kindheit in Erinnerung habe, auch wenn sie heute etwas kleiner erscheint. Die elegant geschwungene Treppe mit dem beinahe unwiderstehlichen Geländer, das ich als kleines Mädchen herunterzurutschen geträumt habe, ist noch da und macht einen prächtigen Eindruck.

»Wird er das Geländer behalten?«, frage ich. »Und die Treppe?«

»Ja«, dröhnt eine bekannte Stimme von oben. »Sie muss restauriert werden, aber an der Treppe sind keine großartigen Änderungen geplant.« Vincent kommt die Stufen herunter, die obersten Knöpfe seines weißen Hemds stehen offen und zeigen einen Hauch gebräunter Haut, die sich, wie ich weiß, total gut anfühlt. Ich muss mich auf das Geländer konzentrieren. Nicht auf seine Haut. Nicht auf *ihn*.

»Soll ich dich erst herumführen, bevor du dir die Pläne ansiehst?«, fragt Vincent, als er am Fuß der Treppe angelangt ist, wo Michael und ich stehen. »Du kannst dich noch mal frisch mit dem Grundriss vertraut machen, dadurch wird es vielleicht leichter, sich alles vorzustellen.«

Ich zucke mit den Schultern, kämpfe meine Begeisterung darüber nieder, das Gebäude einmal wieder zu sehen zu bekommen, und ignoriere das Kribbeln im Bauch, weil ich Vincent so nah bin.

»Wir kommen allein zurecht, Michael«, sagt Vincent, woraufhin sein Assistent wieder die Treppe hinaufgeht.

»Lass uns hier anfangen.« Vincent deutet mit dem Arm nach links und führt mich in einen Raum, den ich noch nie zuvor betreten habe. Ringsum ziehen sich Regale voller Bücher vom Boden bis zur sehr hohen Decke.

»Die Bibliothek«, erklärt Vincent. »Der Plan ist, sie zu behalten und als einen Speiseraum zu nutzen. Das Hotel wird kleine Snacks, Afternoon Tea und so was anbieten.«

Hier möchte Sandra arbeiten. Ich frage mich, ob ich das erwähnen sollte. Nein, beschließe ich. Dazu bleibt noch Zeit.

Ich schaue nach oben, betrachte die vielen Bücherreihen und den Lichteinfall durch die oberen Fenster. Crompton House ist ein herrschaftliches Anwesen, doch dieser Raum wirkt einladend und gemütlich.

»Das ist vielleicht mein Lieblingsraum«, sagt Vincent. »Ich glaube, wegen der Buntglasfenster.« Mit dem Kinn deutet er zu den Oberlichtern mit den bunten Glaseinsätzen. Die sind mir von außen noch nie aufgefallen. »Sie schaffen einen kirchenähnlichen Eindruck, der ganz passend ist, wenn man bedenkt, welche Bedeutung Bücher haben.« Ich kann mir ein Lächeln nicht verkneifen. »Da wirst du keinen Widerspruch von mir hören.«

Als Vincent mich ansieht, liegt ein weicher Ausdruck in seinen Augen, fast so, als wäre er stolz, eine Gemeinsamkeit mit mir gefunden zu haben. Ich schaue weg. Statt auf Vincent Coves verträumten Blick muss ich mich auf die Führung durchs Haus konzentrieren und darauf, die Menschen von Crompton zu beschützen.

»Und da durch?«, frage ich mit einem Nicken in Richtung eines eichengerahmten Türbogens.

»Da geht es in den Morgensalon. Passt perfekt, weil auch dort Afternoon Tea serviert werden wird. Michael ist ein Riesenfan davon, er wird sich also garantiert in sämtliche Details reinhängen. Er meint, Afternoon Tea sei das Allerbeste am Leben in Großbritannien. Findest du den gut?«

Kurz denke ich, er würde fragen, ob ich Michael gut finde, doch dann wird mir klar, dass er immer noch den Nachmittagstee meint. »Ich kann nicht behaupten, dass ich schon mal so einen richtigen Afternoon Tea gehabt hätte. Aber Sandra macht die weltbeste Bakewell Tart. Ein guter Kuchenklassiker ist eher nach meinem Geschmack.«

»Du magst Geschichte und Tradition. Da dachte ich, du stehst vielleicht auf so was.«

Ich zucke mit den Schultern. Er braucht nicht zu wissen, wie selten ich Crompton verlasse. Wann immer ich das jemandem gegenüber erwähne, klingt es seltsamer, als es eigentlich ist.

»Gehen wir in den nächsten Raum, einen weiteren Salon, der dann zur Galerie führt. Dort warst du ja erst kürzlich.«

Als ich seinem Blick begegne, sieht er mich an, als erwartete er eine Reaktion.

»Ach stimmt, als du als neuer Eigentümer des Anwesens wiederaufgetaucht bist. Ich hatte nicht damit gerechnet, dich wiederzusehen.«

»Muss eine Riesenenttäuschung gewesen sein«, sagt er, während wir durch die Galerie auf der Rückseite des Hauses laufen.

»Eher ein Schock. Ist ja nicht so, als hättest du mir gegenüber erwähnt, dass du überlegst, es zu kaufen.«

Er lacht. »Nein. Natürlich nicht. Hätte es irgendwas geändert, wenn ich es dir gesagt hätte?«

»Du meinst, ob ich trotzdem mit dir geschlafen hätte?«, frage ich, als er mich ansieht, eine Antwort abwartend, die ich ihm nicht geben werde. »Vor oder nach meiner Panikattacke, weil ich alles verlieren werde, was gut ist in meinem Leben?« Ich versuche, das in einem ruhigen, unbekümmerten, bloß scherzhaften Tonfall anzubringen, doch es kommt anders heraus.

Vincent bleibt stehen, und unwillkürlich tue ich es ihm gleich. »Kate«, sagt er. »Ich bin nicht hier, um dir das Leben zu vermiesen. Echt nicht.«

Ich wende mich ab und gehe weiter. »Mir ist klar, dass du nicht in der *Absicht* hergekommen bist.« Er macht seinen Job. Vom Kopf her begreife ich das. Jetzt, wo ich weiß, dass alle anderen sein Auftauchen begrüßen, erkenne ich es sogar noch deutlicher – dass es für sie passt. Es mag egoistisch sein, aber ich komme einfach nicht darüber hinweg, wie drastisch sich *mein* Leben dadurch verändern wird, obwohl ich keinerlei Veränderung möchte.

»Warum geht es dir so anders damit als den übrigen Mitarbeitern?«, fragt er.

Woher weiß er denn, wie es den übrigen Mitarbeitern damit geht? Ich nehme an, er hat sie im Pub erlebt. Als er nach dem Treffen dort war, sah ich, dass Basil, Sacha und Amarjit mit ihm gesprochen haben. Ich nehme an, die Leute haben ihm ihren Zuspruch bekundet. Und ich verstehe das. Gehaltserhöhungen und Jobsicherheit sind wichtig. Alle, die auf dem Anwesen leben, werden in brandneue Wohnungen mit modernem Standard ziehen. Allem Anschein nach profitieren alle.

Alle außer mir.

»Ich liebe Crompton eben«, antworte ich. »Ich weiß, dass du es nicht abreißen wirst, und aus dem Blickwinkel der anderen betrachtet erschließt sich dein Vorhaben … Ich verstehe, dass es aus ihrer Perspektive sinnig erscheint, aber …«

»Hier geht es nicht um Crompton«, sagt er, woraufhin ich den Kopf herumreiße.

»Es geht einzig und allein um Crompton«, erwidere ich.

Er verzieht das Gesicht, sagt jedoch nichts weiter, wofür ich dankbar bin. Ich möchte mich nicht gezwungen fühlen, zu erklären oder zu entschuldigen, warum ich so empfinde, wie ich empfinde. Vincent Cove braucht nicht zu verstehen, wie total niederschmetternd für mich die Vorstellung ist, vom Anwesen wegzuziehen. Er kann nichts von der in mir brodelnden Angst davor ahnen, was das Leben für mich in petto hat, wenn ich nicht neben Granny wohne und so weiterlebe wie die letzten zwanzig Jahre.

Vincent und ich durchqueren die Galerie und gelangen in ein Gewirr verschachtelter Räume, die aussehen, als müssten sie womöglich abgerissen werden. Es gibt keine Teppiche, nur gebeizte Dielenböden, abgerissene Tapeten und beschädigte Architrave. Es sieht aus wie in einem leer stehenden Geisterhaus. Vincent führt den Zustand der Räume nicht als zusätzliches Argument an, warum sein Vorhaben etwas Gutes ist, und ich bin dankbar dafür. »Auf den Plänen wirst du sehen, dass hieraus ein einziger Raum entstehen soll, der als Speisesaal dienen und den Übergang zum Anbau bilden wird.«

»Ein Anbau?«, sage ich und wünsche mir direkt, ich hätte meinen Schock darüber nicht preisgegeben.

»Ja, die meisten Zimmer werden in einem zweistöckigen Anbau untergebracht sein.«

»Es wird noch mehr Zimmer geben?«

»Der Platz im ursprünglichen Gebäude reicht derzeit nur für einige Suiten und ein paar der Sonderbereiche. Der Großteil der Zimmer wird im Anbau liegen.«

Ich möchte sofort die Pläne sehen. Mir schwirren bereits lauter Bilder einer riesigen, modernen Monstrosität durch den Kopf, die an die Rückseite des Hauses angeklatscht wurde.

»Können wir die Haustour fortsetzen, nachdem wir die Pläne angeguckt haben?«, frage ich.

Ich will sehen, wovon er da redet. Vincent hat sein Bestreben, Crompton zu sanieren, deutlich betont. Jetzt kommt die Wahrheit ans Licht: Er will aus Profitgründen einen hässlichen Anbau an ein wunderschönes, historisches Gebäude tackern. Die örtliche Baubehörde lässt doch sicher nicht zu, dass ein herrschaftliches Anwesen wie dieses ruiniert wird?

»Aber sicher«, sagt Vincent, als ob er kein Wässerchen trüben könnte.

Er führt mich die Treppe hinauf. Während ich ihm folge, lasse ich die Hand über das glatte, alte Eichenholz gleiten und gucke Vincent ganz und gar nicht auf den Hintern.

»Wir haben unser Büro hier drin eingerichtet«, sagt er und öffnet dabei die Tür direkt vor uns.

Der Raum ist lichtdurchflutet, woran sich meine Augen erst gewöhnen müssen. Als ich mich umblicke, sehe ich Michael an einem Schreibtisch auf der gegenüberliegenden Seite des Raums, und hinter einem der beiden anderen modernen Arbeitsplätze links und rechts sitzt eine junge blonde Frau, die nach Anfang zwanzig aussieht. In der Mitte steht ein großer Tisch voller Papiere.

»Hat der Earl gar keine Möbel dagelassen?«, frage ich, während ich mich umsehe. Sie hätten doch sicher Büromöbel finden können, die ein bisschen besser hierherpassen.

»Die meisten Räume waren leer, als ich das Gebäude das erste Mal besichtigt habe«, antwortet Vincent. »Der Earl hat einiges mitgenommen. Unten ließ er einige Stücke da, die im Hotel Verwendung finden werden, viele der Gemälde. Und natürlich die Bücher in der Bibliothek.«

Was meinte er damit, dass es keine Möbel gab? Muss es doch aber. Schließlich hat der Earl hier gewohnt. Da fällt mir ein, dass jemand im Pub etwas Ähnliches gesagt hat. Waren es so schwere Zeiten für den Earl, dass er Möbel verkaufen musste, um das Anwesen über Wasser zu halten?

»Wir zeigen dir mal das Video davon, wie es hier aussehen wird, wenn alles fertig ist«, schlägt Vincent vor. »Molly hat es auf ihrem Monitor.« Er schiebt zwei Stühle an den Schreibtisch der Blonden, und sie dreht ihren Monitor so, dass wir alle etwas sehen können.

Das Video beginnt mit einem Luftschwenk über das Gelände, der wohl mit einer Drohne aufgenommen worden sein muss. Doch die blühenden Beete sind weg und an ihrer Stelle befindet sich das, was, wie ich annehme, den Anbau darstellt: ein schönes Rotklinkergebäude, welches sich so organisch einfügt wie das Haupthaus. Es gibt einen großen Wintergarten und – auch wenn ich mich selbst dafür hasse, dass ich das denke – einen ziemlich verlockenden Pool.

Es sieht wunderschön aus. Der Großteil der Gartenanlage ist noch genauso wie jetzt. Aber trotzdem ist es nicht mehr der Ort, den ich kenne und liebe. Die Veränderungen mögen optisch ansprechend sein, doch nichtsdestotrotz krampft sich mein Inneres vor Angst fest zusammen.

»So wird es aussehen, wenn sämtliche Sanierungsarbeiten abgeschlossen sind.«

»Aber es ist nicht nur eine Sanierung, oder? Es geht um einen Anbau, und der Ziergarten kommt weg.«

»Stimmt«, sagt Vincent zu meiner Überraschung. »Sanierung umfasst es nicht. Was wäre eine passendere Bezeichnung?«

»Umstrukturierung«, wirft Molly ein, und ich versuche zu verhindern, dass mir ein Zahn abbricht, weil ich die Kiefer zusammenpresse.

»Nennen wir es einfach *Arbeiten*«, bemühe ich mich mit ruhiger Stimme zu sagen.

»Okay, einverstanden«, erwidert Vincent. »Wenn alle Arbeiten abgeschlossen sind, wird es so aussehen. Die Klinkerfassade des Hauses wird natürlich abgestrahlt. Die Experten sagten uns, dass das noch nie gemacht wurde, seit das Gebäude in den 1730er-Jahren errichtet worden ist.«

»1728«, berichtige ich ihn.

»Ja, seitdem wurde die Fassade nie gereinigt. Man sagte uns, dass sie in Anbetracht der mangelnden Instandhaltung erstaunlich gut erhalten ist.«

Muss man Klinker instand halten?

»Alles wird frisch gestrichen. Die Fenster müssen restauriert werden. Viele sind marode und undicht, deshalb planen wir, neue, individuell angefertigte Fenster mit Dreifachverglasung in Auftrag zu geben, damit es sich auch nach einem Luxushotel anfühlt, aber zugleich energieeffizient ist.«

Das *klingt* gut, außerdem hat Rio schon mehrmals erwähnt, dass die Fenster reparaturbedürftig sind. »Werden die Fenster genauso aussehen?«

»Genau so wie im Video. Man wird eigentlich keinen Unterschied bemerken.«

Als sich unsere Blicke treffen, erstickt das wütende Feuer in meinem Inneren, das ich weiter anzufachen versucht habe. Ich weiß nicht, ob es daran liegt, dass er mir so viel Zeit widmet, oder daran, dass er so klingt, als sei ihm das alles wirklich wichtig. Egal warum, ich spüre, wie ich weich werde.

Die Kamera fährt durch die Eingangstür – unwillkürlich fällt mir auf, dass es die aufgearbeitete Originaltür in ihrem ursprünglichen Glanz ist – und in die Eingangshalle, die in eine Hotellobby umgewandelt wurde. In diesem Video wurde nicht das kleinste Detail vergessen: Frische Blumen zieren einen runden Tisch am Fuß der Treppe, und ein Mann und eine Frau in zueinanderpassendem marineblauem Jackett und Blazer stehen hinter der Rezeption.

Die Kamera schwenkt nach links in die Bibliothek und zoomt auf die Buntglasfenster, die mir Vincent vorhin gezeigt hat.

»Das Buntglas wird restauriert, ebenso wie die Bücherregale. Die Böden müssen wahrscheinlich ausgetauscht werden, wobei das noch genauer abgeklärt werden muss. Wir versuchen, so vieles original zu erhalten wie möglich.«

In der Bibliothek ist für den Afternoon Tea eingedeckt, kleine eierschalenblaue Sofas und Polsterstühle sind um runde Tische mit blütenweißen Tischdecken und glänzendem Besteck gruppiert.

Die Regale voller Bücher wirken einladend und gemütlich. Kein Zweifel: Es sieht wunderschön aus. Granny, Sandra, Basil, Meghan – alle werden hingerissen sein, wenn es später so aussieht.

Die frisch restaurierte Treppe scheint zu strahlen, als wäre sie stolz auf den neuen moosgrünen Läufer und die farbintensiven Porträts an den Wänden.

Ein Teil von mir hat gehofft, es würde katastrophal – dass Vincent unbedingt alles in Weiß und modern haben wollen würde, doch das sanierte Gebäude macht einen traditionellen und vertrauten Eindruck.

Einen bezaubernden noch dazu.

Trotzdem bleibt es ein Hotel. Trotzdem ist es nicht das Crompton, das du kennst, rufe ich mir selbst in Erinnerung. Die Warnung hat angesichts der unfassbar durchdachten Präsentation etwas an Schärfe verloren. Was jedoch nichts an Stärke eingebüßt hat, ist die mein Herz erfassende Angst, dass dies hier mehr Veränderung ist, als ich je verkraften kann.

Während das Video weiterläuft, merke ich, dass ich mir tatsächlich wünsche, die nächste Einstellung möge noch besser werden – und das ist öfter der Fall als umgekehrt. Das Spa sieht unglaublich aus – wie solche, die ich auf Instagram gesehen habe. Die beiden Pools sind phänomenal – einfach und schlicht gehalten, aber einladend und sehr luxuriös. Durch die Überdachung des Innenpools – die von außen wie ein Wintergarten aussieht – hat dieser etwas Palastartiges. Der Festsaal sieht aus wie in *Bridgerton*, und noch das kleinste Zimmer wirkt fürstlich.

Das Haus macht den Eindruck, es wurde neu belebt.

Sein früherer Zustand zurückgeholt.

Herzblut hineingesteckt.

Ich schließe die Augen, während ich gegen die Tränen ankämpfe. Die Panik.

»Kate?«, fragt Vincent mit sanfter Stimme.

Ich atme durch und öffne die Augen. Er betrachtet mich.

Einen Augenblick zu lange sieht er mich wortlos an, bevor er zu Michael und Molly schaut. »Danke, das war's.«

Kurz meine ich, das muss mir gelten, er wirft mich raus, da stehen Michael und Molly auf und gehen.

Er ist nicht laut geworden. Er war nicht rüde, als er sie rausschickte. Sein Tonfall war leise, kontrolliert und absolut bestimmt. Noch dazu total heiß.

Ich schelte mich innerlich dafür, dass ich diesen Mann immer noch attraktiv finde. Dann hat er eben einen tollen Body und ein hübsches Lächeln. Dann duftet er eben nach regennasser Kiefer und bringt einen ganzen Raum zum Schweigen, bloß indem er ihn betritt. Dann schafft er es eben, mich in einer Nacht öfter zum Orgasmus zu bringen als sämtliche Männer in den letzten zehn Jahren. Na und?

Er macht mich praktisch obdachlos, wirft mich zurück in mein Leben damals, bevor ich wusste, wie man glücklich wird. Ich darf mir auf gar keinen Fall erlauben, auf ihn zu stehen. Meine Hormone reißen sich mal lieber am Riemen.

»Wie kann ich helfen?«, fragt er.

Ich schüttele den Kopf, denn es gibt nichts, was er tun kann. »Es sieht schön aus«, schaffe ich zu krächzen und ringe dabei die Hände im Schoß. »Wirklich.«

Er legt mir eine Hand auf den Arm. »Was immer es ist – sag mir, wie ich es aus der Welt schaffen kann.«

Hätte er vor, Crompton House abzureißen und in einen Freizeitpark zu verwandeln, wäre es leichter. Dann könnte ich ihn hassen. Ich könnte mein ganzes Leid auf ihn schieben.

Aber ich hasse ihn nicht.

Nicht mal ein kleines bisschen.

15. KAPITEL

KATE

Ich balanciere die Müslidose auf der linken Hüfte, klopfe an Grannys Tür und drücke die Klinke.

»Morgen!«, rufe ich. »Ich hab dir Müslinachschub mitgebracht.«

Es klingt, als sei Granny oben, aber ihr Stöhnen kann ich trotzdem hören. Sie ist kein großer Müslifan.

»Das ist gesund für dich. Ballaststoffe. Phosphor. Dazu die Omegas und das Protein aus den Nüssen und Samen.« Ich stelle die Dose ab, nehme zwei Schalen aus dem Schrank und schalte den Wasserkocher an.

»Ich komme gleich.«

Mit einem Mal versetzt mir Traurigkeit einen Stich. Wie viele Wochen lang kann ich noch mit Granny frühstücken? Um mich abzulenken, mache ich mich daran, uns die Frühstücksflocken einzuschütten und jeder von uns eine Tasse Tee zuzubereiten. Granny trinkt dünnen schwarzen Tee und ich grünen, zu dem ich Granny auch noch irgendwann zu überreden hoffe.

»Ich hoffe mal, du hast mir nichts von dieser grünen Brühe eingeschenkt«, sagt sie, als sie in voller Gärtnerinnenmontur in die Küche kommt. »Ich möchte eine ganz normale Tasse Tee.«

»Ist schon fertig. Und deine Schale Müsli auch. Möchtest du

Milch oder griechischen Joghurt drüber? Weißt du, Joghurt ist besser für die Darmflora.«

Sie seufzt. »Ich nehme Joghurt, wenn du mich dann vorerst damit verschonst, darüber bestimmen zu wollen, was ich meinem Körper zuführe.«

»Nicht bestimmen. Darüber informieren. Ich mein's nur gut. Du musst auf dich achten.« Ich nehme einen Joghurt aus dem Kühlschrank, einen Löffel aus der Schublade und schiebe beides über den Tisch.

Granny setzt sich. »Wenn ich es wagen würde, so was zu dir zu sagen, hieße es, ich sei übergriffig.«

»Nein, überhaupt nicht. Hast du denn was Bestimmtes gelesen? Ich habe gestern gelesen, dass Kaffee jetzt doch gut für einen ist.« Ich informiere mich gern über die neuesten Studien zur gesundheitsfördernden sowie schützenden Wirkung bestimmter Lebensmittel und Lebensweisen. Ein Grund, warum Granny in ihrem Alter noch so fit ist, ist das viele Gärtnern. Wo sie auch hinkommt, bieten die Leute ihr einen Sitzplatz an, aber meistens ist sie diejenige, die ihn am wenigsten braucht. Sie ist ein Vorbild. Ich versuche nur, ihr noch mehr Hilfe zur Selbsthilfe zu geben.

»Wie war es gestern?«, erkundigt sie sich.

Ich tue so, als hätte ich die Frage nicht gehört. »In die neueste Müslimischung habe ich sogar noch mehr gesunde Vitalstoffe gegeben. Du errätst nie, was die Geheimzutat ist.«

»Ich weiß nicht recht, ob ich es überhaupt wissen will.«

»Pilzpulver.«

Den Löffel mitten in der Luft haltend, erstarrt Granny. »Psychedelische Pilze?«

»Nein, Löwenmähnenpilz. Du glaubst nicht, was der alles Tolles kann – alles Mögliche von Entzündungen hemmen bis vor Demenz schützen. Das ist ein echter Allzweckpilz.«

Sie senkt den Löffel, ohne meine neue Mischung probiert zu haben. »Pilze im Müsli kommen mir verkehrt vor. Außerdem hast du nicht auf meine Frage geantwortet. Wie war es gestern? Wie sahen die Pläne aus?«

Ich seufze, einerseits, weil ich enttäuscht bin, dass sie mein neues Müsli nicht probieren will, aber mehr noch wegen des katastrophalen Treffens. »Man schmeckt den Pilz gar nicht raus.« Das Müsli ist lecker, zum Beweis esse ich einen Löffel davon.

»Ich koste es, wenn du mir von den Plänen fürs Hotel erzählst«, sagt sie. Ich nicke und warte dann ab, während sie probiert. Wie erwartet zuckt sie mit den Schultern. »Du hast recht, ich schmecke nichts.«

Das bedeutet hoffentlich, dass sie es jeden Tag essen wird.

»Ich warte«, sagt Granny. »Magst du diesen Vincent Cove?«

»Ob ich ihn mag oder nicht, spielt keine Rolle«, erwidere ich. Granny weiß nicht, dass ich mit ihm geschlafen habe. Braucht sie auch nicht. Es ist ja gar keine große Sache, ich will bloß nicht, dass sie oder irgendwer sonst denkt, ich hätte etwas gegen ihn persönlich, wo doch so ziemlich das Gegenteil zutrifft. Ich hätte sehr gern höchstpersönlich was *mit* Vincent. Oder zumindest wäre das so, wenn er Crompton nicht gekauft hätte. Wobei, hätte er das Anwesen nicht gekauft, wäre er wiederum gar nicht hier, um meinen Tagträumereien darüber Futter zu geben, ihn noch mal nackt zu sehen – was definitiv nicht passieren wird.

»Na gut, also, wie sehen die Pläne aus?«

»Sie sind … beeindruckend. Den Ziergarten gibt es natürlich nicht mehr. Dafür einen riesigen Anbau, aber um ehrlich zu sein, sieht es echt wunderschön aus.«

Als ich aufschaue, strahlt Granny mich an.

»Das könnte der Beginn eines neuen Lebensabschnitts

für dich werden«, sagt sie. »Durch den Umzug könntest du neue Leute kennenlernen. Vielleicht findest du sogar einen Freund.«

»Ich will keinen Freund. Ich bin glücklich damit, wie alles ist.«

Sie legt die Hand auf meine. »Alles ist jetzt schon sehr lange, wie es ist.«

»Aber wenn's doch läuft, warum dann was ändern?«

Granny reibt mit dem Daumen über meinen, wie sie es schon seit siebenundzwanzig Jahren macht. »Schatz, es läuft *eben nicht.*« Ich weiß nicht genau, ob sie mich oder Crompton damit meint. Mit sanfter Stimme fährt sie fort: »Der Earl hätte das Anwesen schon vor Jahren verkaufen sollen. Er konnte die Unterhaltskosten nicht aufbringen. Ich schätze, er hat sich fast genauso heftig daran geklammert wie du.«

»Wieso sollte ich mich auch nicht an Crompton klammern? Ich bin glücklich hier. Ist es nicht ganz normal, dass man glücklich sein will?«

Granny nickt. »Natürlich. Aber es gibt nicht nur den einen Weg zum Glück. Stillstand ist nicht immer das Beste.«

Ich ziehe die Zettel hervor, die Vincent mir gestern gegeben hat, und lege sie auf den Tisch. »Er hat mir schon eine Stelle als Leitung der Gästebetreuung des Hotels angeboten.«

Als er es erwähnte, habe ich den Vorschlag abgetan, nach meiner Schicht dann aber die Jobbeschreibung durchgelesen. Keine Frage, die Stelle wäre ein Aufstieg. Und sie umfasst vieles von dem, was ich an meinem jetzigen Job mag: viel Umgang mit Menschen, den Gästen den Tag verschönern. Aber weil Hotels nun mal Durchgangsstätten sind, würde ich wahrscheinlich niemanden so gut kennenlernen wie die Stammgäste in der Teestube. Ich hatte da ein Paar, das im Juli und August jeden Tag herkommt, und das schon seit sechzig Jahren.

Die gehören inzwischen quasi schon zur Einrichtung. Im Hotel würde es so etwas nicht geben.

»Das ist wunderbar, mein Schatz«, sagt Granny. »Wann fängst du an?«

»Zugesagt habe ich nicht.«

Granny wirft mir einen enttäuschten Blick zu.

»Tut mir leid«, sage ich. »Du bist enttäuscht von mir.«

»Du meine Güte, doch nicht von dir. *Für dich*. Kannst du dich denn nicht ein winziges bisschen für den Gedanken begeistern, Leiterin der Gästebetreuung in einem Fünf-Sterne-Hotel zu werden? Ich hätte gedacht, so eine Aufgabe wäre wie für dich gemacht. Du wärst klasse darin. Weil du das Anwesen so liebst, kannst du mit echter, aufrichtiger Begeisterung davon erzählen, außerdem lebst du schon den Großteil deines Lebens hier. Es gibt niemand Besseres, der den Gästen Crompton und die Dörfer der Umgebung näherbringen kann, sodass sie einen schönen Aufenthalt haben.«

»Er bietet mir die Stelle nur an, um mich auf seine Seite zu ziehen.«

»Das bezweifle ich, und selbst wenn, wen kümmert's? Wenn sich einem im Leben so eine Gelegenheit bietet, muss man sie ergreifen. Du würdest diesen Job gut machen, und das weiß er. Wenn der Mann *dein* Potenzial erkennt, stimmt mich das ehrlich gesagt zuversichtlich, dass er generell weiß, was er tut.«

Oberflächlich betrachtet ist die Stelle in der Gästebetreuung eine Chance für mich. Aber es ist nicht die Zukunft, die ich mir selbst je vorgestellt habe. »Ich weiß nicht. Ich hoffe immer noch, dass –«

Ehe ich Gelegenheit habe, den Satz zu beenden, kommt Sacha zur Haustür hereingeplatzt. »In der Bibliothek gibt es Neues in Sachen Wohnungen.« Sie schaut von mir zu Granny. »Also, gehen wir hin, oder was?«

»Wo hingehen?«, frage ich.

»Na, in die Bibliothek. In der Villa. Sie haben … Infos ausgehängt oder so. Anscheinend ist einer dort, der Fragen beantwortet.«

»Was für Fragen?«, will Granny wissen.

»Keine Ahnung.« Sacha bebt förmlich vor Aufregung. »Aber vielleicht kriege ich meinen Dackel.«

Ich muss mich immer noch an die neue Politik der offenen Tür im Haupthaus gewöhnen. Als der Earl es bewohnte, durfte man es verständlicherweise nicht betreten. Jetzt steht die Tür stets offen, wenn ich hier vorbeikomme. Es ist wohl nicht länger ein Zuhause – sondern nur ein Büro. Ein Unternehmen. Ein Ort, an den Menschen zum Arbeiten kommen, nicht zum Leben.

Wir betreten die Eingangshalle. Darin sieht es so trist und leer aus wie bei Vincents Führung durch das Gebäude.

»Meine Güte, hier drin war ich schon ewig nicht mehr«, sagt Granny. »Sieht aus, als bräuchte alles dringend gute Zuwendung.«

»Wenigstens behält er die Treppe«, murmele ich.

»Sicher doch«, sagt Granny. »Die Villa steht unter Denkmalschutz. Man wird ihm nichts erlauben, was die Geschichte des Baus zerstört.«

Ich bemühe mich, nicht die Augen zu verdrehen.

»Da drin«, sagt Sacha und zerrt dabei förmlich an Grannys Hemdbluse.

Aus der Bibliothek dringen Stimmen in die Eingangshalle, und als wir uns nähern, schwingt die Tür auf. Wir drei stehen Vincent gegenüber.

Mein verräterisches Herz gerät bei seinem Anblick ins Flattern. Es muss an seiner Größe liegen. Und an den durch die hochgekrempelten Hemdsärmel sichtbaren, perfekten Unterarmen. Es ist, als wollte er mich foltern.

»Willkommen«, sagt er in einem herzlichen, charmanten Tonfall. Wieder stellt sich dieses benommene Gefühl ein, das ich in seiner Nähe bekomme. »Neuigkeiten verbreiten sich wie ein Lauffeuer. Nur herein, lassen Sie mich Ihnen Beck Wilde vorstellen. Er ist der Projektentwickler der Neubauten hinter dem Parkplatz im Dorf, und zu meinem Glück habe ich ihn schon vor gut zehn Jahren auf halbem Weg einen Berg hinauf getroffen. Seitdem sind wir in Kontakt geblieben.«

Wieso ist er so verdammt freundlich? Wieso kann er nicht gemeiner sein? Dann könnte ich ihn hassen.

Eine schöne blonde Frau in einem engen roten Rock und mit dazu passendem Lippenstift tritt auf uns zu, und augenblicklich komme ich mir wie ein tollpatschiges Landei vor in meinen Gummistiefeln und dem Wollpulli, den Grandpa mir gestrickt hat, bevor er starb. Garantiert ist es Vincent gewohnt, von solchen Frauen umgeben zu sein, und ich kann nicht leugnen, dass sich unwillentlich ein Splitter Eifersucht in mein Herz schiebt.

»Hallo«, sagt sie und lächelt uns drei an. »Ich bin Stella und werde mit Vincent und seinem Team an der Innenausstattung des Hotels arbeiten. Heute geh ich noch einer Nebenbeschäftigung nach und helfe meinem Mann Beck, er baut die Häuser im Dorf. Da er einen guten Eindruck machen will, braucht er eindeutig meine Unterstützung.«

Granny lacht leise, und selbst ich kann mir ein Lächeln nicht verkneifen. Sie ist echt nett. Außerdem ist sie mit jemand anderem als Vincent verheiratet. Meine Eifersucht schwindet.

»Du kaufst also einfach die neuen Häuser hinter dem Parkplatz?«, frage ich Vincent.

»Na, nicht alle«, antwortet er. »Elf davon. Um die Leute aus den elf Angestelltenunterkünften unterzubringen.«

Ist es wirklich ein derart Leichtes für ihn, elf Häuser zu kaufen? »Hast du so viel Geld einfach rumliegen, oder wie?« Er stößt ein unterdrücktes Lachen aus. »Es ist eine Investition. Ihr werdet mir Miete zahlen.«

»Ist es denn eine gute Investition?«, frage ich. »Wirst du viel Kohle durch uns scheffeln?«

»Laut meinem Finanzchef nicht.«

»Warum tust du es dann?«

»Weil ich nicht auftauche und Menschen obdachlos mache. So einer bin ich nicht.« Er sieht mich an, als gäbe es nur uns zwei im Raum. In dem Fall wäre ich ungelogen versucht, ihn zu küssen.

»Selbstverständlich nicht«, sagt Granny. »Also, was können Sie uns zeigen?«

Vincent hakt Granny unter und führt sie zu einem Stuhl an einem Schreibtisch, auf dem diverse Unterlagen liegen.

»Wie stellen Sie sich die Innenausstattung denn vor?«, frage ich Stella. »Ich habe das Präsentationsvideo gesehen.«

Ihre Augen funkeln vor Begeisterung, und sie schlägt die Hände zusammen. »Ich kann's gar nicht erwarten loszulegen. In London richte ich viele Häuser modern ein, weil Beck viele Immobilien modernisiert und neu baut, und die Leute eben diesen Stil wollen. Aber Crompton House wird etwas anderes. Ich möchte mir Vincent gern als Muse nehmen.« Sie lacht. »Ich wette, das haben schon viele Frauen vor mir gesagt. Aber im Ernst, ich möchte den englischen Landhauslook erzeugen. Also es soll genau so aussehen, wie sich ein Amerikaner ein englisches Landhaus vorstellt: luxuriöser als gewöhnlich, aber ganz klassisch und passend zur georgianischen Architektur. Ich werde Vincent drängen, den Stuck und die Architrave restaurieren zu lassen, die beschädigt oder vergammelt sind. An diesen Elementen kann ich das übrige Design ausrichten.«

Als sie innehält, lächle ich sie an. Sie sagt mir genau das, was ich hören will.

»Haben Sie schon mit Vincent zusammengearbeitet?«, frage ich.

Sie schüttelt den Kopf. »Nein, ich arbeite hauptsächlich mit Beck. So haben wir uns kennengelernt.« Sie kneift die Augen zusammen. »Na ja, quasi. Ist eine lange Geschichte.« Sie lächelt derart breit, als sie von ihrem Ehemann spricht, dass ich zu ihm herüberschaue.

»Haben Sie Kinder?«, frage ich.

»Ja, eine Tochter. Sie ist drei. Nummer zwei ist geplant. Es ist bloß viel unter einen Hut zu bringen – so viel los bei der Arbeit. Und auch in unserem Privatleben. Wobei, wahrscheinlich nicht so viel wie in Vincents.«

Ein dumpfer Schmerz erfasst mein Herz, dabei verstehe ich nicht recht, warum. Liegt es an der Erwähnung von Kindern, Vincent oder dem regen Privatleben?

»Sie sind Kate, stimmt's?«, fragt sie.

Ich bin leicht verblüfft, dass sie meinen Namen kennt. »Ja.«

»Vincent versucht, Sie zu beeindrucken«, sagt sie in verschwörerischem Ton. »Man soll wissen, dass er nicht hier ist, um etwas zu zerstören. Er wird der Bausubstanz Rechnung tragen, weil es Menschen wichtig ist, dass die alte Pracht des Hauses wiederhergestellt wird.«

»Was bringt Sie zu der Annahme, dass er mich beeindrucken will?«

Sie lächelt. »Bloß die Tatsache, dass immer ihr Name fällt, wenn wir uns besprechen.« Sie unterbricht sich. »Sind Sie Single?«

»Ja, glücklicher Single«, erwidere ich. Was meint sie damit, dass mein Name fällt? Ich möchte nachfragen, lasse es aber. »Vincent auch, nehme ich an. Ich habe probiert, ihn mit Freundinnen von mir bekannt zu machen, aber er scheint nicht interessiert.« Ich stoße ein anmutiges Mittelding aus Schnauben und Lachen aus. »Wirklich?« Vincent scheint ein vollendeter Verführer zu sein ... zumindest war er das bei mir. Oder? »Halten Sie ihn für vertrauenswürdig?«, frage ich. »Weil ... er hat mir eine Stelle angeboten. Im Hotel. Wenn es fertig ist. Denken Sie, ich sollte für ihn arbeiten?«

Ziehe ich das Stellenangebot tatsächlich in Betracht? Was bleibt mir anderes übrig, wenn alle anderen Dorfbewohner Team Vincent sind?

»Mit nicht vertrauenswürdigen Leuten arbeitet mein Mann nicht zusammen«, sagt sie. »Vincent ist ein guter Kerl. Außerdem wird er ja nicht hierbleiben und den Hoteldirektor machen, stimmt's? Der direkte Kontakt wird sich in Grenzen halten.«

Der dumpfe Schmerz in meinem Herzen nimmt zu, und ich verlagere das Gewicht von einem Fuß auf den anderen. »Stimmt wohl.«

»Wissen Sie, was ihm gar nicht liegt?«, fragt sie.

Mein Körper versteift sich beinahe wie aus Loyalität zu ihm. »Was?«

»Detailfragen. Es ist echt mühselig, ihn dazu zu bringen, Entscheidungen in Bezug auf die Innenausstattung zu treffen. Er will, dass ich einfach loslege, aber ohne ein paar Vorgaben ist das schwer. Ich versuche, Michael als Mittelsmann zu nutzen, aber der hat so viel zu tun. Ich hoffe nur, dadurch gerät nichts in Verzug.«

»Was meinen Sie?«, frage ich.

»Vincent konzentriert sich auf die Punkte, die für ihn – und seinen Projektmanager – Priorität haben. Im Moment sind das die Baugenehmigung, die Beauftragung eines Bauunternehmers, Ersatzunterkünfte für die Angestellten, die auf dem Anwesen wohnen. Das verstehe ich ja, wirklich. Aber er muss mir bestätigen, dass ich die Teppiche für die Bibliothek und den Morgensalon in Auftrag geben kann, denn die brauchen zehn Monate in der Fertigung. Dasselbe gilt für sämtliche Vorhänge im Haupthaus und im Anbau. Für die Anzahl, die wir brauchen, gibt es ihre Vorlaufzeiten.«

Ehe ich weiter nachfragen kann, nähert sich Vincent. »Kate, kann dir Beck mal die Grundrisse für die neuen Häuser zeigen?«, fragt er. »Oder noch besser: Wir gucken uns die Baustelle an. Das meinte ich eben schon zu Sacha, aber sie kann nicht, deine Großmutter auch nicht. Hast du Zeit?«

»Die neuen Häuser besichtigen?« Ich hatte überhaupt keine Zeit, mich gedanklich darauf einzurichten, das Anwesen zu verlassen. Ich bin kein Stück vorbereitet.

Beck gesellt sich zu uns. »Es ist ein bisschen matschig da drüben, aber wir haben ein Haus komplett fertig, Sie könnten sich also die Räume anschauen, statt bloß den Grundriss auf Papier. Für einige weitere wurde das Fundament gegossen.«

Vielleicht geht es mir besser, wenn ich die neuen Häuser sehe. Besser noch: Vielleicht kann ich von der Baustelle aus Crompton noch sehen. Wenn ich beim Blick aus dem Fenster das Anwesen sehen könnte, würde ich mich vielleicht nicht so … haltlos fühlen.

»Das macht Spaß«, sagt Stella. »Und Gummistiefel haben Sie ja an.«

Ich schaue runter auf meine Füße und dann wieder hoch zu Vincent. »Fährst du hin?«, frage ich.

Er zuckt mit den Schultern. »Klar.«

Es ist keine große Sache. Bloß eine kurze Autofahrt. Es ist ja nicht so, als ob ich noch nie zuvor im Dorf gewesen wäre. Bloß kann ich mich nicht mehr genau an das letzte Mal erinnern. Seit Meghans Cousin einen Lebensmittellieferservice gegründet hat, muss ich das Anwesen nicht mehr regelmäßig verlassen. So sehr ich auch überlege, ich erinnere mich nicht, *warum* ich das letzte Mal weg war, geschweige denn wann. Bald werde ich jeden Tag durchs Tor von Crompton ein- und ausgehen. Ein Übungslauf kann da nur helfen.

16. KAPITEL

VINCENT

Es ist das aufgesetzte Lächeln, das mir Kates Angstzustand verrät. Ich kenne sie noch nicht lange, aber nach allem, was ich mitbekommen habe, verstellt sie sich nie. Eigentlich. Doch jetzt gerade, während wir zu Becks Baustelle unterwegs sind, lächelt sie, als würden ihre Mundwinkel von einer unsichtbaren Klammer auseinandergezogen. Sie verstellt sich total.

»Alles okay?«, frage ich.

Seit wir durch das Zufahrtstor von Crompton gefahren sind, klammert sie sich an die Sitzkanten, als rechnete sie jede Sekunde damit, dass das Auto abhebt. »Bestens«, antwortet sie, das Lächeln immer noch fest aufgesetzt.

»Ich dachte, du meintest, die Baustelle liegt hinter dem Parkplatz«, sagt sie, als ich an der Ampel im Dorf halte. Ihre Stimme klingt höher als sonst. Angespannt.

»Tut sie auch«, erwidere ich.

»Na, wir sind gerade am Parkplatz vorbeigefahren.«

»Ich biege bloß hier links ab und dann ist es nur noch ein Stück geradeaus bis zur Baustelleneinfahrt.«

»Wie weit ist ein Stück?«, fragt sie.

Die Ampel wird grün, und beim Abbiegen nehmen Kate und ihr Unbehagen mein ganzes Gesichtsfeld ein. Wobei ich ihre Angst selbst blind noch spüren könnte. Liegt es an der Vorstellung umzuziehen oder an mir? Mag sie keine Autos?

»Wir sind fast da«, sage ich. Die Baustelleneinfahrt befindet sich etwa dreihundert Meter hinter der Kreuzung. Ich bremse herunter, um gleich abzubiegen.

»Es ist weiter weg, als ich angenommen hatte.« Sie dreht sich nach hinten um. »Ich dachte, die Baustelle wäre direkt hinter dem Parkplatz.«

»Da gibt's schon eine Häuserreihe«, erwidere ich und wünsche mir dann, ich hätte es gelassen, denn sie muss wissen, dass dort Gebäude stehen. Sie lebt schon ihr ganzes Leben lang hier.

»Ja?«, fragt sie. »Ach stimmt. Wo der Tierarzt und die Reinigung sind.«

Ich habe mir nicht gemerkt, was sich in der Gebäudezeile befindet. Nur dass Becks Baustelle dahinter beginnt.

»Da wären wir«, sage ich, als ich vor dem Baustellenbüro anhalte.

Sie duckt den Kopf, um einen guten Blick nach draußen zu haben, statt einfach auszusteigen. »Ich bin nicht sicher, ob ich von hier aus das Anwesen sehen können werde.«

Ich denke nicht, dass sie mit mir redet. Es ist, als führe sie ein Selbstgespräch.

»Gehen wir doch nachschauen.«

Als wir aus dem Wagen aussteigen, macht sie ein paar Schritte zurück in die Richtung, aus der wir gekommen sind. »Ich glaube nicht, dass ich es sehen kann«, sagt sie wieder, mit leichter Panik in der Stimme. »Kannst du es sehen?« Sie dreht den Kopf und sieht mich meine Antwort abwartend an.

»Es liegt hinter den Bäumen«, erwidere ich. Außer dem Wäldchen am unteren Rand des Anwesens kann man eigentlich nichts von Crompton sehen. »Ich glaube, einige dieser Bäume da bilden die Grundstücksgrenze.«

»Wo?« Sie kommt hastig zu mir, als hätte ich ein Fernglas dabei, das sie haben will.

Ich deute hinüber. »Dort.«

»Das ist das Anwesen, meinst du?«

Warum beschäftigt es sie so, ob sie das Anwesen sehen kann? Sie weiß doch, dass es nicht weit weg ist. Vor weniger als fünf Minuten waren wir noch dort.

»Es ist zu weit zum Laufen«, sagt sie. »Gibt es einen Schleichweg, sodass wir nicht an der Straße entlanggehen müssen? Vielleicht könnte man einen Weg anlegen? Oder eine Shuttlebusverbindung zwischen dem Anwesen und den Häusern einrichten. Keiner fährt Auto. Ich auch nicht. Es muss uns möglich sein, Crompton gut zu erreichen.«

Mit jedem Wort redet sie schneller, so als wüsste sie, dass ihr die Wörter ausgehen und sie sie so schnell wie möglich herausbringen muss.

Ich berühre ihren Arm – es geschieht instinktiv, so wie man ein weinendes Baby wiegt oder einen lieben Hund streichelt. Mein Instinkt sagt mir, dass sie Panik hat und beruhigt werden muss. Oder abgelenkt. »Wie wär's, wenn wir uns das fertige Haus ansehen?«

Sie nickt leicht übertrieben und fängt an, die Hände zu ringen. Was ist aus der selbstbewussten Frau mit Mumm geworden, der ich in der Teestube begegnet bin? Es ist, als wäre sie komplett verschwunden.

Als wir uns nähern, kommt der Baustellenleiter aus dem Bürocontainer.

»Hallo, ich bin Ziad. Kate und Vincent, nehme ich an?«

Mir läuft ein Schauer über den Rücken, weil er unser beider Namen nennt, als wären wir zusammen oder so.

»Ich habe eine unserer geschätzten Mitarbeiterinnen mitgebracht, um uns eins der Häuser anzusehen«, erkläre ich. »Beck sagte, eines habt ihr fertig.«

»Genau. Es ist nicht möbliert und so, aber wir haben gerade letzte Woche die Küche eingebaut und gestern die Wände grundiert. Kommen Sie, ich führe Sie rum.«

Er geht einen kleinen Abhang hoch, und ich wende mich an Kate. »Bereit?«

Sie schaut von mir zum Auto und zu den Bäumen in der Ferne, bevor sie nickt.

Während wir Ziad folgen, bleibt Kate einen Schritt zurück. Einmal hebt sie die Hand ans Gesicht, gut möglich, dass sie mit dem Ärmel ihres Pullis Tränen wegwischt.

»Alles gut?«, erkundige ich mich. Blöde Frage, es geht ihr eindeutig nicht gut, aber ich möchte wissen, was nicht stimmt, und es ändern.

»Bestens. Wie viele Häuser entstehen hier?«, ruft sie Ziad nach.

Er bleibt stehen und dreht sich um. »Achtundzwanzig. Eine Mischung aus Zwei-Zimmer-Maisonettewohnungen und Häusern mit drei und vier Zimmern.« Mit dem Daumen deutet er hinter sich. »Das da ist ein Drei-Zimmer-Haus. Von denen haben wir elf. Gehen wir rein.«

Vor dem ersten Haus gibt es eine große Stufe, Ziad geht als Erster hinein, dreht sich dann um und nimmt Kates Hand, um ihr hinaufzuhelfen.

Wir gehen durch den Flur ins Wohnzimmer auf der Rückseite des Hauses.

Drinnen ist es sogar hübscher, als ich erwartet hatte. Kein typischer Neubau. Kleine Details verleihen ihm Charakter.

»Weiß nicht, ob Sie den Bebauungsplan gesehen haben, aber die achtundzwanzig Häuser wurden so entworfen, dass sie von außen zusammen wie große Stallungen aussehen. Deshalb gibt es überall schwarze Eisenbeschläge und in der Küche und am Hintereingang doppelschlägige Türen wie in Ställen. Es ist ein ausgefallenes Haus, keine Null-acht-fünfzehn-Wohnschachtel.

Beck wollte auf einigen der Häuser Strohdächer, aber das hat die Baubehörde abgelehnt. Brandgefahr.«

Ich konzentriere mich auf Kate. Gefällt es ihr? Hasst sie es? Sie geht geradewegs zum Fenster. »Von hier aus kann ich das Anwesen definitiv nicht sehen«, stellt sie fest. »Die Fenster gehen zur falschen Seite raus. Kann ich mir aussuchen, welches Haus ich möchte?«

»Auf jeden Fall«, sage ich ohne Zögern. Ich will alles mir Mögliche tun, um die Bestürzung abzumildern, die sie offensichtlich bei der Aussicht darauf empfindet, aus den Mitarbeitercottages ausziehen zu müssen.

»Gibt es eins mit Blick zum Hügel?«, fragt sie.

Ich sehe Ziad an.

»Da muss ich erst überlegen«, meint er. »Bestimmt.« Er kneift die Augen zusammen. »Ich bin nicht ganz sicher. Soll ich den Bebauungsplan holen gehen?«

Kate hat angefangen, im Wohnzimmer auf und ab zu laufen.

»Ja, das wäre klasse. Geben Sie uns doch fünf Minuten, dann können wir uns auch in Ruhe umsehen.«

Ziad nickt und geht hinaus.

»Schauen wir uns doch mal oben um«, schlage ich vor.

Sie nickt, sagt jedoch nichts. Ich lasse sie voran die Treppe hochgehen. Es dauert nicht lange, sich die zwei Schlafzimmer und das Bad anzusehen, danach geht Kate ins hintere Schlafzimmer und legt ihre Hände an die Fensterscheibe. »Es gibt keinen Ausblick. Ich kann gar nichts sehen.«

Ich folge ihrem Blick. Nichts als Felder in Sicht, in der Ferne Bäume. Es gibt durchaus eine Aussicht, jedoch nicht die, die sie will. Sie kann Crompton nicht sehen.

»Wir können uns den Bebauungsplan anschauen, wenn Ziad damit wiederkommt.«

»Es ist so weit weg.« Kate legt sich eine Hand auf die Brust.

»Ich kriege keine Luft.« Sie beugt sich vor, die Hände auf die Knie gestützt. »Ich kann nicht atmen, Vincent.«

Sie hyperventiliert. Ich blicke mich um, ob ich irgend so etwas wie eine Tüte entdecke, in die sie atmen kann, doch es gibt nichts.

Als ich zu ihr trete, richtet sie sich auf, Panik im Blick. »Ich glaube, ich werde ohnmächtig.« Ihre Stimme ist höher als sonst und zittert bei jedem Wort.

»Ich bin da«, sage ich. »Du wirst nicht in Ohnmacht fallen. Setzen wir uns hin.«

Sie guckt entsetzt. Vermutlich, weil der Boden dreckig ist, aber besser das, als umzukippen.

Ich nehme ihre Hände und ziehe sie sanft zu Boden, sodass wir einander Knie an Knie gegenübersitzen. »Sieh mich an«, sage ich.

»Ich kriege keine Luft«, wiederholt sie.

»Konzentrier dich einfach auf mich«, weise ich sie an und halte dabei fest ihre Hände. Ich habe keine Ahnung, was ich hier mache, ich versuche bloß, sie aus den Gedanken zu holen, die sie ins Trudeln gebracht haben, welche auch immer das sein mögen.

»Guck auf unsere Hände«, sage ich. »Ich halte dich.«

Sie schaut darauf, dann wieder hoch zu mir und schüttelt den Kopf.

»Ich möchte, dass du tief einatmest.«

Sie macht einen abgehackten Atemzug, immerhin ein Anfang.

»Diesmal länger. Schau mir zu.«

Als sie mich ansieht, ziehe ich die Luft ein. Sie ahmt mich nach.

»Und wieder ausatmen.«

Sie macht es mir nach, und wir verfallen in einen Rhythmus,

atmen gemeinsam ein und aus. Ein und aus. Ihr Körper entspannt sich allmählich. Ihre Schultern sinken, ihre Arme auf meinen werden schwer und ihre Atemzüge länger und tiefer. »Tut mir leid«, sagt sie. »Es kommt bloß nicht oft vor, dass ich das Anwesen verlasse. Und wenn, fühle ich mich nie wie ich selbst.«

Ich hatte mir schon gedacht, dass sie nicht viel Zeit außerhalb des Anwesens verbringt – schließlich lebt und arbeitet sie dort. Aber eine Panikattacke, nachdem wir uns nur ein paar Kilometer die Straße hinunterbewegt haben? Ich muss mich schon fragen, wie oft sie überhaupt einen Fuß vom Anwesen setzt.

»Das braucht dir nicht leidzutun«, versichere ich. Wenn sie sich beruhigt hat, möchte ich mit ihr reden. Sie hat recht mit dem Shuttlebus: Wir müssen eine Transportverbindung zwischen den Häusern der Mitarbeiter und dem Anwesen einrichten. Kate bemerkt Einzelheiten, die Michael und mir nicht auffallen – nicht nur, weil sie das Anwesen kennt, sondern weil sie ein wichtiger Teil der Gemeinschaft ist, die sich um und wegen Crompton House gebildet hat.

Wenn sie möchte, würde ich sie gern als Unterstützung für Michael einstellen. Er braucht jemanden wie sie – jemanden, mit einer anderen Sichtweise, dessen Blick fürs Detail nicht durch dringlichere Aufgaben plattgemacht wird. Und Kate könnte es auch helfen. Wenn sie dabei ist, mithilft, alles zu gestalten und das Projekt voranzubringen, fängt sie vielleicht an, sich auf die Zukunft zu freuen.

Es kann Gutes geschehen, nachdem für jemanden die Welt zusammengebrochen ist. Ich bin der Beweis dafür.

17. KAPITEL

KATE

Ich sitze gerade an Grannys Küchentisch und scrolle durch Cromptons Instagram-Account, als ich sage: »Ich habe gestern Abend noch eine Stelle angeboten bekommen.« Ich lege mein Handy weg. Granny strickt. Ich weiß nicht genau, was es werden soll, wenn sie fertig ist, aber auf jeden Fall wird es bunt. »Noch eine?« Das Klappern der Stricknadeln lässt nicht nach. Es ist der tröstliche, rhythmische Begleitsoundtrack vieler unserer Gespräche und genau das, was ich jetzt brauche. Es ändert sich so vieles oder wird sich bald ändern. Zumindest Grannys Stricken bleibt stets unverändert.

»Einen Übergangsjob. Von Vincent ... Cove.« Ich setze seinen Nachnamen hinzu, weil er nicht einfach nur »Vincent« für alle ist. Für alle anderen ist er immer noch Vincent Cove. Ich frage mich, ob ich mit ihm geschlafen hätte, wenn ich gewusst hätte, wozu er hier war. Wahrscheinlich nicht, es sei denn, ich hätte erahnen können, wie gut die Nacht sein würde. Das hätte sie eigentlich nicht, schließlich sind wir Fremde, aber sie war derart ... Ich habe keine andere Beschreibung dafür als *intim*. Wir schienen zu wissen, was der andere dachte, was er brauchte, wollte. Es war, als würden wir einander schon ein Leben lang kennen. Oder vielleicht wusste ich auf irgendeiner Molekularebene, dass er mir immer vertraut sein würde. Oder ich auf ihn wartete. Oder so.

Gestern war es genauso während meiner Panikattacke – wovon Granny definitiv nichts zu wissen braucht. Sie macht sich ohnehin schon zu viele Sorgen um mich. Vincent schien genau zu wissen, wie er mich beruhigen und trösten konnte. Als wäre er der Kate-Flüsterer oder so. Die Besichtigung der neuen Häuser gestern war überfordernd. Dass die Baustelle noch ein Stück weiter außerhalb vom Dorfkern ist, als ich dachte, hat es nicht gerade besser gemacht. Ich bin überrascht, wie ruhig Vincent war. Er brachte mich durch Reden runter. Gab mir ein Gefühl von Sicherheit.

»Aha, hat das was mit der Stelle in der Gästebetreuung zu tun?«, will Granny wissen.

Die Stelle habe ich auch nicht angenommen. Noch nicht. »Ich soll seinem Assistenten Michael helfen. Er findet, ich habe einen Blick fürs Detail und bringe eine andere Perspektive ein, weil ich von hier bin, sagt, ich wäre eine Bereicherung für sein Team. Ich hatte vorgeschlagen, einen Shuttlebus vom Dorf zum Anwesen einzurichten. Er meint, ich hätte gute Ideen, und er wolle vermeiden, dass wichtige Einzelheiten untergehen, weil es so ein großes Projekt ist.«

»Toll«, staunt Granny. »Das klingt nach einem sehr verantwortungsvollen Posten. Hast du zugesagt?«

»Es ging mir mehr um die neuen Häuser. Du solltest dir auch mal die Baustelle ansehen gehen. Er sagt, du kannst dir aussuchen, in welches du ziehen möchtest.«

Seufzend legt Granny ihre Stricksachen weg. »Darüber wollte ich tatsächlich auch mit dir reden.«

Mein Puls fängt an in meinen Ohren zu wummern. Das klingt nicht gut. »Worüber?«

»Ich glaube nicht, dass ich in eins der Häuser ziehen werde, die dieser nette Beck Wilde baut.«

Mein Puls rast, und ich muss gegen den Drang ankämpfen aufzuspringen. Vom Anwesen wegzuziehen, wird schon schlimm genug. Redet Granny etwa davon, dass wir ganz aus dem Dorf wegziehen?»Wohin sollen wir denn dann?«

»Ich denke, für dich passt eines der Häuser perfekt. Aber ich brauche etwas anderes, glaube ich. Ich komme nicht mehr so gut die Treppen hoch wie früher. Ich hätte gern etwas Ebenerdiges.«

»Wie wär's mit der Maisonettewohnung?«

»Zu klein.«

»Wir könnten Beck fragen, ob es möglich wäre, dir einen Bungalow zu bauen.«

Granny lacht. »Das wird er nicht machen. Und überhaupt, ich möchte die ganzen Mühen mit einem eigenen Garten gar nicht und –«

»Ich kümmere mich um deinen Garten. Du wirst überhaupt keine Mühen damit haben.«

»Ich habe einen Besichtigungstermin für eine der Neubauwohnungen in Wayton vereinbart.«

Mein Magen sackt durch, als hätte jemand ein Loch durch die Erdkugel gestanzt und einen Amboss drangehängt. »Wayton? Das ist sechs Kilometer entfernt.«

»Die ist richtig schön. Und mit meinen Ersparnissen und der Abfindung, die mir Mr Cove netterweise angeboten hat, kann ich sie mir leisten.«

»Abfindung? Was für eine Abfindung?«

»Ich habe heute Nachmittag mit ihm gesprochen. Ihm gesagt, dass ich nicht an den Häusern interessiert bin, die Mr Wilde gezeigt hat. Ich erklärte ihm das mit Wayton, und da meinte er, er zahlt mir eine einmalige Abfindung zur Finanzierung. Eine Wohnung kaufen möchte er verständlicherweise nicht.«

Die Angst bildet einen Kloß in meinem Hals, und meine Atmung wird flach. Es passiert schon wieder. Ich atme tief durch und versuche, mich darauf zu konzentrieren, was Granny sagt. »Wann hattest du denn vor, mir davon zu erzählen?«

»Ich erzähle es dir doch gerade. Und überhaupt, es ist noch gar nichts entschieden. Ich werde mir die Wohnung erst angucken. Aber ich kenne einige Leute, die schon Anzahlungen geleistet haben –«

»Welche aus den Mitarbeitercottages?«

»Nein, nein«, sagt sie. »Freunde aus anderen Dörfern. Die Welt ist größer als Crompton, mein Schatz. Es wäre schön, näher bei ihnen zu wohnen.«

»Wirst du deine Freunde hier nicht vermissen? Wirst du es gar nicht vermissen, neben mir zu wohnen?«

»Na, ich hoffe doch, du kommst mich besuchen.« Sie grinst frech. Bisher hat mir ihr Lächeln immer Sicherheit vermittelt, so als wären wir zwei ein Team, das einen Insiderwitz hat – wir gegen den Rest der Welt. Aber jetzt frage ich mich bloß noch, ob ich dieses Lächeln noch genauso oft sehen werde.

»Wayton ist sechs Kilometer entfernt. Fährt von hier aus überhaupt ein Bus dahin?«

»Du hattest doch mal einen Führerschein. Du könntest dir ein Auto zulegen«, schlägt Granny vor.

Wenn sie das vorschlägt, habe ich ihr bisher immer versichert, dass ich überhaupt kein Auto brauche. Ich gehe nie irgendwo hin, wo ich nicht zu Fuß hinkomme. Es bestand nie Bedarf. Aber jetzt? Granny wäre eine Autofahrt entfernt. Und sie wird immer älter.

»Zu Besuch kommen ist nicht dasselbe wie nebeneinander wohnen.«

»Stimmt wohl. Ist es nicht. Sondern etwas anderes. *Möglicherweise* ist es besser. Dies ist bloß der Beginn eines neuen Lebensabschnitts, Schatz. Ich weiß, das macht einem Angst. Aber hast du dir mal überlegt, dass es an der Zeit dafür sein könnte? Crompton hat dir zu verarbeiten geholfen. Dir Sicherheit geboten. Vielleicht ist jetzt die Zeit reif für ein kleines Abenteuer. Und eventuell ist ein neuer Job der Beginn dieses Abenteuers. Zwei neue Jobs sogar.« Sie lacht.

»Veränderung sollte nach und nach vonstattengehen«, sage ich. »Und nicht so, dass ich alles auf einmal verliere: mein Zuhause, meine Arbeit und meine Granny.«

Sie greift über den Tisch und drückt meine Hand. »Du verlierst mich ja nicht. Ich werde bloß wenige Kilometer entfernt sein. Außerdem gibt es da diese neue Erfindung namens Telefon. Ich hab gehört, es soll extrem leicht zu bedienen sein.«

Ich muss Granny ganz selten mal anrufen. Aber wenn sie sechs Kilometer entfernt wohnt, kann ich nicht mehr einfach mal kurz vorbeischauen, bloß um sie wissen zu lassen, dass ich wieder zu Hause bin.

»Und wirst du dann dreimal die Woche nach Crompton kommen, um die Gartenarbeiten zu beaufsichtigen?«

Sie hält inne und schaut mich an. »Kann sein. Aber ich bin achtundsechzig Jahre alt. Vielleicht nutze ich auch die Gelegenheit, in Rente zu gehen.«

Das Pulsieren in meinen Ohren verstummt, als wäre mein Blut vor Schock erstarrt. »Rente?«

»Mein nächster Lebensabschnitt. Vielleicht betrachtest du es als Gelegenheit für dich, selbst auch ein neues Kapitel aufzuschlagen.«

»Aber mir gefällt das, in dem ich mich gerade befinde.«

»Das geht jedoch zu Ende, mein Schatz. Manchmal haben wir das selbst in der Hand. Manchmal entscheidet das Leben für uns. Weder im einen noch im anderen Fall bedeutet es, dass das nächste Kapitel nicht besser wird. Aufregender.«

»Aufregung hab ich schon genug erlebt«, murmele ich. Granny in Rente? Alles geht in die Brüche.

»Du hast *Chaos* erlebt. Und in der Zukunft mag dir einmal eine ähnliche Lebensphase bevorstehen. Garantien gibt es keine. Aber aktuell sehe ich, dass sich dir unfassbare Chancen bieten. Wenn du keine davon ergreifst oder dir nicht wenigstens darüber klar wirst, was du jetzt machen möchtest, bleibt dir am Ende nur das, was andere nicht wollten. Sich nicht zu entscheiden, ist auch eine Entscheidung. Du kannst die nächsten Wochen mit Sehnen und Wünschen verbringen, während alle anderen Pläne schmieden und sich mit den Veränderungen auf Crompton abfinden – oder du betrauerst, dass dieser Abschnitt deines Lebens vorbei ist, und fängst an, den nächsten anzugehen. Entscheide dich. Arbeite auf etwas Besseres hin.«

Alles beginnt zu verschwimmen. Die Vorstellung, dass Granny nicht mehr nebenan wohnen und in Rufweite arbeiten wird. Die Tatsache, dass ich nicht mehr von Leuten umgeben sein werde, die ich mein ganzes Leben lang kenne. Kein Mitsingen von Musicalsongs mit Sandra mehr. Genauso wenig werde ich erleben, wie der Blauregen jedes Frühjahr zu blühen beginnt.

Das fühlt sich einfach furchtbar traurig an. Als ich das vorige Kapitel meines Lebens zuschlug, war das erleichternd und ich ließ es gern hinter mir. Sich aber weiterbewegen, wenn man das gar nicht will? Wenn man gar nicht gedacht hat, dass es sein muss? Wenn man geglaubt hat, man hat sein Glück gefunden, und für immer so weiterleben wollte? Dieser Schritt ist viel schwerer als jeder zuvor.

»Ich weiß, mit dem Studieren hat es nicht geklappt. Aber das ist inzwischen lange her, und diesmal ist es etwas anderes. *Du* bist heute eine andere.«

Ich möchte nicht an meinen ersten und einzigen Weggang aus Crompton denken, nachdem ich mit sieben Jahren ganz hierhergezogen bin. Diese Erinnerung beweist nur, was ich ohnehin weiß: Ich gehöre hierher, nach Crompton.

Und wenn ich nach Crompton gehöre, dann muss ich die Chancen ergreifen, die Vincent mir bietet – die Möglichkeit, sicherzustellen, dass alles rechtzeitig und nach Plan vonstattengeht. Vielleicht kann ich sogar beeinflussen, wie es in dieser neuen Version meines Lebens läuft. Obwohl die Angst mein Herz nach wie vor eisern im Griff hält, wird eine leise innere Stimme immer schwerer zu ignorieren. Und zwar die, die flüstert: Wenn ich mutig bin, schaffe ich es vielleicht sogar, meine Verbindung zu Crompton aufrechtzuerhalten – und sicherzustellen, dass es der sichere Rückzugsort bleibt, der es immer für mich war.

18. KAPITEL

VINCENT

Obwohl ich einen Schreibtisch in dem Raum habe, in dem Michael und Molly arbeiten, verbringe ich den Großteil des Tags in dem improvisierten Konferenzraum neben dem Zimmer, in dem ich schlafe. Ich brauche bloß einen Laptop und vor allem mein Smartphone.

Mein Handy brummt, als gleichzeitig jemand an die Tür klopft.

»Herein«, sage ich, während ich parallel den Anruf annehme.

»Hallo.« Brad aus unserem New Yorker Büro ist am Telefon. In dem Moment, als er antwortet, kommt Kate durch die Tür.

Sie raubt mir wortwörtlich den Atem. Ihre Haare sind zu einem Pferdeschwanz zusammengebunden, und sie trägt Make-up – bloß etwas Rouge und Lipgloss, aber ich habe sie zuvor noch nie geschminkt gesehen. Sie hat mich kalt erwischt. Nicht ihr Besuch – mit dem habe ich gerechnet. Sondern die bloße Tatsache, dass ich mich so freue, sie zu sehen.

Sie setzt ein gezwungenes Lächeln auf.

»Ich rufe dich zurück.« Ohne eine Antwort abzuwarten, beende ich den Anruf und stehe auf. »Komm rein. Setz dich.«

Sie trägt einen blauen Blazer zu einer weißen Bluse und Jeans, und aus irgendeinem Grund stelle ich sie mir auf einem Balkon in Südfrankreich vor, wie sie lacht, mit Sonnenbrille auf der Nase, eine sanfte Brise weht ihr durchs Haar. Wie ich Fotos von ihr mache. Ich empfinde einen tiefen inneren Frieden.

Ich muss mich zusammenreißen.

»Hast du eine Minute?«, fragt sie.

»Für dich immer«, gebe ich zurück.

Wieder lächelt sie, diesmal weniger gezwungen, auch wenn ich weiß, dass sie denkt, ich rede Mist daher. Tue ich aber nicht. Ich würde ihr wirklich zu jeder Tages- und Nachtzeit eine Minute schenken. Immer wenn ich sie sehe, bringt sie mich zum Lächeln, und das nicht nur, weil ich an unser Zusammenspiel im Bett denke – wobei das schwer zu vergessen ist. Sondern wegen ihrer Loyalität, ihres Humors, der Tatsache, dass sie mit mir spricht, als wäre ich einfach nur Vincent. Nicht ihr Chef, kein Milliardär, nicht jemand, dessen Wert sich danach bemisst, wie viele Schecks er ausstellen kann.

Sie wählt einen Stuhl auf der anderen Seite des Tischs, gegenüber von mir. »Stammt der aus dem Esszimmer?« Sie betrachtet den Tisch, der den Eindruck macht, als habe er schon immer in der Villa gestanden. Er ist aus hochglänzendem Mahagoni und bietet etwa fünfunddreißig Personen Platz. Ich sollte meine Wasserflasche wohl besser auf einen Untersetzer stellen.

Ich lasse den Blick nicht von ihr. »Keine Ahnung. Michael hat ihn hier aufgebaut.«

»Wenigstens bist du ehrlich«, sagt sie.

»Ich bin immer ehrlich.« Ich will, dass sie das weiß und es sie beruhigt.

»Hast du das mit dem Job ernst gemeint, von dem du gestern sprachst?«, fragt sie.

»Absolut. Du wärst perfekt dafür.« Ich lüge nicht, habe aber definitiv Hintergedanken dabei. Das Allerletzte, was ich möchte, ist, Menschen das Gefühl zu geben, ich würde ihnen das

Zuhause wegnehmen – egal wem, aber besonders nicht Kate. Offensichtlich liebt sie Crompton, und ich will, dass sie das neue Crompton-Hotel sogar noch mehr liebt. Wenn sie Teil des Teams wird, wird ihr unser Projekt hoffentlich ans Herz wachsen und sie genauso dahinterstehen und es lieben wie das jetzige Anwesen. Sie verengt die Augen. »Weißt du, eigentlich habe ich gar keine Qualifikationen. Das Studium habe ich geschmissen und nichts von dem, was ich mal im Abitur gelernt habe, wird mir helfen … jemandes Assistentin zu sein.«

»Du kennst das Anwesen, du kannst super mit Menschen umgehen, du bist detailorientiert. Und ich weiß, dass du hart arbeitest. Das sind die erforderlichen Qualifikationen für diese Stelle. Außerdem hilft es, dass du einer der wenigen Menschen auf dieser Welt bist, die sich nicht darum scheren, dass ich …« Unsicher, wie ich den Satz beenden soll, breche ich ab. »Du redest ganz normal mit mir.«

»Wie denn sonst, bist du etwa nicht normal?«, fragt sie und legt dann den Kopf schief, als dächte sie über die Frage nach. Wenn ich mich nicht täusche, umspielt ein leises Lächeln ihre Mundwinkel.

»*Normal* ist vielleicht nicht der richtige Ausdruck. Jedenfalls scheust du nicht davor zurück, mir zu sagen, was du denkst, und hast keine Angst, ehrlich zu mir zu sein in Bezug auf … tja, egal welches Thema.«

»Und das ist ungewöhnlich?«

Ich fixiere die ausgeprägten Spitzen ihres Amorbogens, die im Kontrast zu ihren prallen, weichen Lippen stehen.

»Vincent?«, weckt sie mich aus dem Trancezustand, in den sie mich versetzt hat.

Ich räuspere mich. »Ja. Ich habe ein gewisses Maß an Wohlstand und Einfluss erlangt, und damit geht eine herausgehobene Stellung einer, durch die Leute einem Dinge vorzuenthalten versuchen – entweder weil es ihnen peinlich ist oder weil sie einen nicht damit belästigen wollen oder Angst haben, einen zu verärgern.«

»Aber Michael –«

»Michael … der ist direkter als manch andere, aber er beschönigt auch noch so einiges. Wie dem auch sei, er ist mit Arbeit überhäuft. Er braucht die Unterstützung.«

»Ich möchte Schichten in der Teestube und im Pub behalten.«

»Wie du das einrichtest, ist deine Sache«, sage ich.

»Aber mein Job ist es, Michael zu assistieren, also kommt es nicht allein auf mich an, oder? Reichen ihm zwanzig Stunden Unterstützung die Woche?«

»Werden sie«, erwidere ich. Aus Michaels Sicht werden zwanzig Stunden ihrer Zeit besser sein als nichts.

»Außerdem mache ich das nicht für das gleiche Gehalt wie in der Teestube. Vor allen Dingen ist die Stelle nur befristet, und ich kann während der Arbeit keine Musicalhits singen –«

»Im Gegenteil, ich *bestehe* darauf, dass du Musicalhits singst, wenn ich im Büro bin.«

Ein kleines Lächeln legt sich um ihren Mund. »Ich möchte den monatlichen Anteil eines Gehalts von fünfzigtausend im Jahr – umgerechnet auf zwanzig Wochenstunden«, platzt sie heraus. »Ich weiß, das ist viel, aber ihr braucht mich für dieses Projekt – das hast du selbst gesagt. Und wenn man bedenkt, wie viel du insgesamt investierst, sind fünfzigtausend gar nicht so viel –«

»Abgemacht«, sage ich.

Sie hält sich die Hand vor den Mund, als hätte sie Angst, wenn sie noch etwas sagt, könnte ich mich umentscheiden. Werde ich aber nicht. Ich hätte sogar mehr gezahlt.

Ich stehe auf. »Komm, ich zeige dir deinen Schreibtisch.«

»Meinen Schreibtisch?«, fragt sie.

»Er steht gleich neben meinem.« Ich ließ Michael und Molly gestern den Arbeitsplatz einrichten, nachdem ich Kate den Job angeboten hatte. Ich wusste, dass sie ihn letztendlich annehmen würde.

»Bin ich immer noch eine Kandidatin für die Stelle in der Gästebetreuung ab der Eröffnung des Hotels?«, fragt sie hinter mir, als ich den Konferenzraum verlasse und zurück ins Büro gehe.

»Ja. Die Stelle gehört dir, wenn du willst, vorausgesetzt, du bist bereit, die Schulungen zu absolvieren.«

»Bin ich«, sagt sie.

Keine Ahnung, was sie umgestimmt hat, und im Grunde ist es mir auch egal. Ich bin einfach froh, sie jetzt hier zu haben, mit einem Lächeln im Gesicht, statt der finsteren Miene, an die ich mich in letzter Zeit ein bisschen zu sehr gewöhnt hatte.

»Michael, Molly – Kate stößt als Michels Assistentin zu uns. Kate, dies ist dein Arbeitsplatz.«

»Der Arbeitsplatz ist schon fertig eingerichtet?«, fragt sie. »Nur für den Fall, dass … was?«

»Für den Fall, dass … es so kommt wie jetzt«, sage ich. Als sie sich zu mir dreht, kann ich ihren Gesichtsausdruck nicht deuten, spüre es jedoch im Innersten. Es ist halb Dankbarkeit, halb Unglaube, sodass ich den Impuls niederkämpfen muss, die Arme um ihre Taille zu legen und sie an mich zu ziehen.

Sie geht zum Schreibtisch, umrundet ihn, als könnte er sie beißen, wenn sie ihm zu nahe kommt. »Hier sitzt also niemand anderes?«, fragt sie.

»Wir haben ihn für dich eingerichtet«, erklärt Michael. »Vincent sagte, du würdest zum Team dazustoßen.«

Sie drückt mit dem Zeigefinger den Locher herunter und klappt den Laptop auf. »Der Laptop. Ist das meiner?«

»Ja«, bestätigt Michael. »Er ist mit unseren vernetzt, damit wir ohne Umstände gemeinsam auf Dateien zugreifen können.«

Sie nickt. »Und ich komme zum Arbeiten her. Täglich.«

»Solange du deinen Job machst, sind mir deine Arbeitszeiten egal«, sage ich. »Bedenke, dass du eventuell Meetings in London mit Stella und dem Projektmanager haben wirst.«

Sie erstarrt. »Ich würde lieber hier vor Ort bleiben.«

»Magst du London nicht?« Vielleicht war das gestern kein einmaliger Vorfall. Vielleicht kann sie Crompton wegen ihrer Angstzustände nicht verlassen.

Sie räuspert sich. »Ich glaube, es ist besser, wenn ich hier bin. Mein Hauptaugenmerk liegt auf Crompton House. Hier sollte ich auch sein.«

Sie hat nicht unrecht, aber hinter ihrer Antwort steckt mehr.

»Sieh zu, dass es funktioniert«, sage ich.

»Mach ich«, erwidert sie, und ich glaube ihr. Ihr Feuereifer für Crompton, ihre Klarheit und Detailorientiertheit sowie ihre Fähigkeit, mit mir ganz … tja, ganz klipp und klar zu reden, sind die perfekten Zutaten, um den Umbau pünktlich fertigzubekommen.

»Arbeitet jemand an einer Website?«, erkundigt sie sich. »Und dem Social-Media-Auftritt?«

»Eine Website? Schon fürs Hotel?«, fragt Michael.

»Ich weiß, es sind noch zehn Monate, aber wir müssen Interesse daran erzeugen. Mir ist aufgefallen, dass es laut Projektplanung erst sechs Monate vor der Eröffnung vorgesehen ist, PR- und Marketingkanäle live zu schalten. Es kann doch nicht schaden, schon etwas früher anzufangen, oder?«

Ich muss mir ein Lächeln verkneifen. Sie hat absolut recht.

19. KAPITEL

VINCENT

Vielleicht geht es nur mir so, aber seit Kate hier arbeitet, hat sich die Atmosphäre im Büro verändert. In den letzten Wochen herrscht mehr Elan. Mehr Energie. Das hätte ich mir nicht besser wünschen können. Was hatte die Frau nur in einem Café verloren?

Ihre Anwesenheit bedeutet auch, dass ich öfter im Konferenzraum arbeite. Je mehr Zeit ich mit Kate verbringe, desto mehr lenkt sie mich ab. Sie muss ihren Job erledigen und ich meinen, also gehe ich ihr aus dem Weg.

Ich mag sie, und das verunsichert mich.

Kurz nachdem ich den Anruf einer meiner Kontakte wegen eines potenziellen Projekts in Arizona beendet habe, wird leise an die Tür geklopft, was ich inzwischen als Kates Klopfen erkenne. Ich reagiere nicht, denn das ist nicht nötig. Wie immer öffnet Kate die Tür, ohne eine Antwort abzuwarten.

»Hallo, ich muss ein paar Sachen mit dir durchgehen.« Sie trägt einen hellrosa Pullover zu Jeans und sieht ... *verführerisch* aus, anders kann ich es nicht beschreiben. Allerdings vergeht kaum ein Tag, an dem das nicht so ist. An dem ich sie nicht an mich ziehen und ihre Hände in meinen Haaren spüren möchte. Und es vergeht kein Tag, an dem ich sie nicht total faszinierend finde.

Dass sie beim Nachdenken leicht den Kopf in den Nacken

legt, fesselt mich. Dass sie sich komplett versteift, wenn sie sich ein wenig überfordert fühlt. Dass ich an den leichten Schatten unter ihren Augen erkenne, ob sie am Vorabend eine Schicht im Pub hatte. Sie fallen kaum auf, aber ich gratuliere mir selbst dafür, das bemerkt zu haben. Es ist, als wäre sie ein Puzzle mit tausend Teilen und ich der Einzige, der es zu lösen weiß.

Sie zu lesen.

Sie zu entschlüsseln.

Es gibt mir das Gefühl, etwas Besonderes zu sein – als wäre ich auserwählt. Und es macht mich wahnsinnig. Keine Ahnung, ob irgendwas in der britischen Luft liegt, die ich atme, aber so habe ich noch nie zuvor empfunden.

Für niemanden.

Verdammt. Was hat sie in der Nacht oben im Pub mit mir angestellt? Es ist, als hätte sie mir irgendetwas ins Hirn gepflanzt, wodurch ich nur noch auf sie fixiert bin.

»Ich kriege gleich einen Anruf aus New York«, erkläre ich. »Ich komme danach rüber ins Büro.«

Im Büro fühle ich mich sicherer, denn dort sind noch andere Leute, deren Anwesenheit mich daran hindert, dem Impuls sie zu berühren nachzugeben. Wenn wir allein zu zweit sind, wird die Luft dick, und ich kann ungelogen ihr Herzklopfen hören. Ihr Parfum scheint mein Hirn mit dem Duft nach Rosen und Vanille zu vernebeln, sodass ich verdammt noch mal nicht mehr klar denken kann.

»Dann warte ich«, sagt sie und setzt sich. Sie ist weder trotzig noch gefrustet, sondern bloß sachlich und beharrlich. Sie wird sich nicht wegbewegen, ehe sie nicht bekommen hat, was sie will. Und zwar, dass ich Entscheidungen treffe.

Oh Mann, ich steh drauf.

Ich stehe auf ihre Entschlossenheit, darauf, dass sie nicht aufgibt. Ich stehe auf ihre ruhige Präsenz. Als ich sie eingestellt habe, rechnete ich fest damit, dass sie reinkommt, mit der Faust auf den Tisch haut und von mir verlangt, was nötig ist – und das wäre völlig in Ordnung gewesen, ich dachte, das will ich. Als sie erfuhr, dass ich Crompton gekauft hatte, und es darum ging, womit sie alles nicht einverstanden war, war sie definitiv nicht um Worte verlegen. Deshalb habe ich ihr den Job überhaupt erst angeboten. Aber sie hat mich überrascht. Sie ist wie ein leiser, zielstrebiger Bulldozer: Sie schreit niemanden an, dass er den Weg frei machen soll, aber wenn nicht, dann wird er plattgemacht.

Es hat keinen Sinn, sie zu überreden zu versuchen, später wiederzukommen, wenn das Telefonat vorbei ist. »Was brauchst du?«

Als sie triumphierend lächelt, blicke ich hinunter auf meinen Laptop, um mich davon abzulenken, wie ihre Haare an ihrem Ausschnitt liegen. »Die Bepflanzungspläne. Bist du mit dem jetzigen Stand zufrieden?«

»Haben die umgesetzt, was ich für den Golfplatz wollte?«

»Ja«, sagt sie.

»Dann bin ich mit den Plänen einverstanden.«

»Super.« Sie schiebt mir ein Blatt Papier hin. »Einfach auf der gepunkteten Linie unterschreiben.«

»Was unterschreibe ich denn?«, frage ich.

»Dass du mit den Bepflanzungsplänen einverstanden bist.«

»Das habe ich dir doch gerade gesagt. Wieso muss ich noch was unterschreiben?« Soll das ein Scherz sein? »Glaubst du, ich ändere meine Meinung und behaupte dann, ich hätte sie nicht freigegeben, oder was?« Ich hatte mal eine Assistentin, die alles aufnehmen wollte, was ich sagte, um jeden Austausch »genau zu dokumentieren«. Es gab sie nicht lange. So arbeite ich nicht. Wer in meinem Team ist, vertraut mir entweder oder … gehört nicht in mein Team.

Sie schüttelt den Kopf. »Nein. Das würdest du nie tun.«

Ihre Feststellung geht mir durch und durch. Ist das Erleichterung? Ich bin nicht sicher, aber es fühlt sich wie eine Offenbarung an: Sie kennt mich. »Genau, würde ich nicht. Wieso bittest du mich dann darum?«

»Weil nicht unbedingt immer alle meine Entscheidungskompetenz anerkennen.«

»Aber Stella –«

»Nicht Stella.«

»Der PM?«

Sie blickt auf ihren Schoß. »Ich glaube, unser Projektmanager empfindet es als Beleidigung, dass ich Antworten aus dir herauskriege, die er nicht bekommt.«

»Lächerlich«, erwidere ich in scharfem Ton.

Als sie den Kopf schief legt und lächelt, als wäre ich unverbesserlich, muss ich mich davon abhalten, das Lächeln zu erwidern, die Hand auszustrecken, sie um den Tisch herumzuführen und auf meinen Schoß zu ziehen.

»Du hast selbst gesagt, dass du ein einflussreicher Mann bist und die Leute dir gegenüber gehemmt sind.«

»Du aber nicht«, sage ich. Wir sehen einander in die Augen. Wir schweigen, warten ab und starren uns an, sodass ich mich frage, ob ich etwas sagen sollte, doch keiner tut es. Sie schaut als Erstes weg.

»Ich bin anders.« Sie streicht die Ecke des Blatts Papier glatt, das sie eben auf den Tisch gelegt hat.

»Definitiv.«

Sie sieht mich nicht an, doch es dauert einen Herzschlag länger, bevor sie weiterspricht, als hätte ich sie ein klein bisschen aus dem Konzept gebracht.

»Für sie bist du ihr Chef, ein Milliardär, jemand, der dafür sorgen könnte, dass sie nie wieder einen Job kriegt.«

Noch nie in meinem Leben brauchte ich Bestätigung von irgendwem, aber etwas in mir möchte fragen: *Und was bin ich für dich?* Doch ich lasse es.

»Ich weiß.« Ich nehme das Dokument und unterschreibe es.

»Danke«, sagt sie. »Außerdem habe ich eine Frau gefunden, die du vielleicht als Hoteldirektorin in Betracht ziehen solltest.«

Ich schaue sie blinzelnd an. »Du hast *was?*«

»Ich weiß, du hast diese Personalvermittlung damit beauftragt, aber die haben bisher niemanden vorgeschlagen, der dir gefiel, nicht wahr? Ich habe einfach mal angefangen, LinkedIn und Artikel auf Branchenportalen zu durchforsten, und bin auf jemanden gestoßen, der dir, denke ich, gefallen wird.«

»Wer denn? Du?«

Sie legt den Kopf in den Nacken und lacht los. Unwillkürlich muss ich lächeln, denn es ist das Fröhlichste, was mir die ganze Woche passiert ist. Ich kann mir nicht vorstellen, dass Kate leicht zum Lachen zu bringen ist, und dass ich es geschafft habe, erfüllt mich mit einem gewissen Stolz. »Nein, du Dummerchen«, sagt sie.

Hat mich schon jemals wer *Dummerchen* genannt?

»Sie hat die letzten zehn Jahre in Asien gearbeitet, ihre Ausbildung aber in einem *Four Seasons* in den USA gemacht.«

»Sprich mit der Personalvermittlungsagentur. Ich bin sicher, dass die sie schon in Betracht gezogen haben.«

»Das glaube ich nicht. Sie hat keine Managementerfahrung.«

Ich mache große Augen. »Ach komm, Kate. Ich brauch jemand *sehr* Erfahrenes.«

Sie schüttelt den Kopf. »Du hast ein einzelnes Landhotel in England. Jemanden, der Karriere bei einer der großen Hotelketten macht, wirst du nicht anwerben können.«

»Ich wüsste nicht –«

Sie hebt die Hand, streckt die Handfläche vor, um mich zu unterbrechen. Ich verstumme vor allem aus Schock. Das hat, glaube ich, in meinem ganzen Leben noch nie jemand mit mir gemacht. »Ich habe ihren Lebenslauf geprüft. Sie ist spitze. Überaus kompetent. Und sie ist Anfang vierzig. Sie möchte zurück nach Großbritannien. Sie wurde hier geboren und hat Kinder im Alter von acht und sechs; die sollen ihre Schulabschlüsse in England machen.«

Ich seufze. »Du hast schon mit ihr gesprochen? So war das aber nicht gedacht. Wir haben noch jede Menge Zeit, jemanden für die Hotelleitung zu finden. Wir müssen das Hotel erst mal bauen, bevor wir das Personal einstellen.«

Sie zuckt mit den Schultern. »Sobald wir die Baugenehmigung haben, steht der Eröffnungstermin fest. Mitarbeiter müssen geschult werden. Passende Leute eingestellt. Wir haben niemanden, der diese ganzen Vorgänge koordiniert und leitet. Du brauchst jemanden Energiegeladenes. Jemanden, der erfolgshungrig ist.«

»Jemand Erfahrenes wäre mir lieber. Jemand, der Erfolge vorzuweisen hat.«

»Das glaube ich nicht.«

Ich mache mir gar nicht die Mühe, ihr zu antworten, denn was sie da sagt, ist lächerlich.

»Wo liegt für jemanden, der schon Erfolge im Luxushotelsegment vorzuweisen hat, der Reiz, hier anzufangen? Du hast keine etablierte Marke, die sich gut in jemandes LinkedIn-Profil macht, außerdem gibt es wenig Aussicht auf eine Beförderung. Du brauchst jemanden, der eine Veränderung sucht und zugleich eine langfristige Anstellung.«

Ich sitze stumm da und verarbeite, was sie da sagt. Das hat bisher noch niemand angemerkt. Die Recruiter haben bloß genickt, als ich ihnen sagte, dass ich eine erfahrene, erfolgreiche Hotelleitung brauche. Vielleicht hat Kate recht, und ich bin das Ganze völlig falsch angegangen.

»Wen schlägst du vor?«

Sie nimmt ihr Tablet heraus und reicht es mir. »Olga hat viel Erfahrung – nur nicht in den Spitzenpositionen. Aber sie hat Mitarbeiter geführt und sehr eng mit dem leitenden Management zusammengearbeitet.«

»Und warum war sie dann bisher noch in keiner Spitzenposition? Es muss doch an etwas mangeln.«

Kate seufzt. »Sie ist eine Frau. Und sie hat Kinder. Sie passt nicht ins Muster.«

»Willst du mir sagen, dass sie noch keine Spitzenposition innehatte, weil die Hotelbranche sexistisch ist?«

»Wahrscheinlich. Oder vielleicht wollte sie bis jetzt auch keine. Du kannst sie danach fragen, wenn du das Vorstellungsgespräch mit ihr führst. Morgen um zehn. Ich habe mit Michael zusammen deinen Terminkalender gecheckt.«

Kate steht auf und greift nach ihrem iPad.

»Du bist unglaublich«, sage ich. »Du hast alles geschafft, was ich mir vorgestellt habe, und noch mehr.«

Als sich unsere Blicke treffen, knistert es zwischen uns.

Sie schluckt und sagt dann: »Danke, dass du mir diesen Job zutraust.«

»Danke, dass du ihn so gut machst.«

Nachdem sie gegangen ist, brauche ich zwanzig Minuten, bis ich mich wieder konzentrieren – und an irgendetwas anderes denken kann als an sie.

Beck und ich essen zusammen im Pub, und wir sitzen an dem Tisch, den ich inzwischen als meinen Stammplatz betrachte. Kate arbeitet heute nicht, obwohl sie trotz der Gehaltserhöhung, die sie mit mir ausgehandelt hat, weiterhin ein paar Abende die Woche hier ist.

»Schön, dass wir zusammenarbeiten. Hättest du das gedacht, als wir uns vor all den Jahren auf einem Berggipfel begegnet sind?«, fragt er.

»Dass wir zusammenarbeiten, ist keine Überraschung. Nur hätte ich nicht gedacht, dass es dazu kommen würde, weil ich dir Neubauhäuser in Cambridgeshire abkaufe.« Glucksend blickt er auf die Speisekarte. »Ja, ich auch nicht.«

»Erzähl, hast du Mayfair aufgegeben, wo du dir einen Namen gemacht hast?«

»Nein, im Gegenteil. Umfangreiche Wohnbauprojekte dieser Art sind so was wie eine Absicherung, falls der Markt in London abschmiert. Abwarten, wie es läuft, aber ich hatte überlegt, ein zweites Standbein aufzubauen. Qualitativ hochwertige Häuser am Rand großer Dörfer. Kleine Neubausiedlungen. So was macht sonst niemand.«

»Sich breit aufzustellen ist sinnvoll.«

»Scheinst du ja auch zu machen. Das englische Landleben steht dir gut. Vermisst du New York gar nicht?«

Ehrlich gesagt, vermisse ich New York bisher überhaupt nicht. »New York bleibt mir ja«, sage ich.

Die Bedienung kommt zu uns, und es enttäuscht mich ein wenig, als sie keine Bestellempfehlung samt Nährstoffinfos gibt.

»Ich nehme ein Ginger Beer«, sage ich, »und den gemischten Salat.«

»Klingt gut. Ich nehme das Gleiche«, meint Beck zu unserer Bedienung.

»Was meinst du, wirst du dauerhaft hierbleiben?«, fragt er. »Offensichtlich gefällt es dir ja in England.«

Ich lache. »Ich glaube nicht, dass ich mal irgendwo dauerhaft bleibe. Hier zu sein passt derzeit gut. Ich bin in der Nähe meiner Verwandten, auch wenn ich sie nicht so oft sehe, wie ich wollte. Aber in ein paar Wochen fahre ich hin. Ich schätze, irgendwann werde ich wieder nach New York zurückkehren. Oder vielleicht bleibe ich eine Weile in London. Das hängt vom nächsten Projekt ab. Hast du schon mal überlegt, woanders als in Großbritannien zu investieren und zu bauen?«

»Jetzt, wo wir Kinder haben – besser gesagt, ein Kind –, will ich nicht mehr reisen. Ich möchte die Kleine aufwachsen sehen. Ich möchte meine Freizeit mit Stella verbringen. Wenn wir reisen, dann als Familie. Ich führe ein schönes Leben und möchte es genießen. Für die Zukunft würde ich es nicht ausschließen, aber derzeit konzentriere ich mich auf Großbritannien. Warum fragst du? Hattest du was Bestimmtes im Sinn?«

Ich lache. »Das war keine Einstiegsfrage, ich dachte nur, dass sich dir sicher auch Chancen im Ausland bieten, auch wenn ich weiß, dass du deinen Firmensitz in Großbritannien hast.«

»Schon, ich hab es ein paar Jahre lang in Dubai versucht, aber Stella gefiel es dort nicht, und sie wollte nicht mit mir reisen. Ich möchte nirgendwo ohne sie sein.«

»Stella ist toll.«

»Ja, stimmt. Und sie hat jede Menge Single-Freundinnen, falls du Lust hast, verkuppelt zu werden. Sie hat mir sogar aufgetragen, dir das zu sagen. Sonst spiele ich nicht den Kuppler.«

»Danke, Kumpel. Ich bin … Seit ich hier bin, date ich eigentlich nicht.«

»Klingt gar nicht nach dir.«

»Na, ich habe kein Enthaltsamkeitsgelübde abgelegt oder so. Ich bin bloß …« Ich kann zwar nicht behaupten, ich hätte noch nie so lange keinen Sex gehabt, muss aber stark überlegen, ob es schon mal eine enthaltsamere Phase in meinem Leben gab.

»Ehrlich gesagt gibt es jemanden bei der Arbeit, d–«

»Stopp, ich muss dich unterbrechen. Keine Ahnung, ob du das über Stella weißt, aber wenn ich ihr nicht alles über das Liebesleben meiner Freunde berichte, schneidet sie mir die Eier ab. Stell dir also einfach vor, du würdest gerade mit uns beiden reden.«

Ich lache leise. »Du brauchst nichts von dem, was ich dir erzähle, vor Stella geheim zu halten. Eigentlich wollte ich gar nicht viel sagen, nur dass ich zum ersten Mal feststelle, wie … attraktiv es ist, wenn jemand gute Arbeit macht.« Ich verziehe das Gesicht. Das kann nicht stimmen. »Weiß nicht, ob das lächerlich ist. Ich arbeite die ganze Zeit mit kompetenten Menschen zusammen, bloß –«

»Sprichst du von Kate?«, fragt er.

Ich schaue hoch und begegne seinem Blick. »Woher weißt du das?«

»Weil sie sehr gut in ihrem Job ist. Und noch dazu … attraktiv. Zwischen euch beiden stimmt die Chemie.«

»Die Chemie?«, frage ich neugierig.

»Fast so, als würdet ihr ohne Worte kommunizieren. Ich habe euch zwar bloß ein paarmal zusammen erlebt, aber ihr habt da eine Verbindung.«

»Wir hatten Sex. Vielleicht merkst du das. Noch bevor ich ein Gebot für Crompton abgegeben habe. Als ich das erste Mal hier war, um mich umzusehen.«

»Aber seitdem nicht mehr?«

Ich schüttele den Kopf. »Sie arbeitet jetzt für mich.«

»Meine Frau arbeitet auch – ach, wem will ich was vormachen. Meine Frau und ich arbeiten zusammen. Macht den Sex besser, finde ich.«

»Habt ihr schon immer zusammengearbeitet? Ich weiß nicht mehr, wie ihr zwei euch kennengelernt habt.« Beck war Single, als ich ihn kennenlernte, aber kurz danach traf er Stella.

»Sie hat mich um einen Job erpresst.« Er grinst bei der Erinnerung.

»Echt?«

»Sozusagen. Ich brauchte etwas von ihr. Das war die Gegenleistung. Aber mich auf ihre Bedingungen einzulassen war der beste Deal, den ich je eingegangen bin.«

»Ich hätte mir eigentlich nicht vorstellen können, dass du dich mal fest bindest.«

»Es klingt nach einem Klischee, aber vor Stella gab es nie eine, bei der ich das wollte. Dir wird's sicher mal genauso ergehen.«

»Ganz sicher nicht. Ich gehe eigentlich nie Verpflichtungen ein.«

»Ach, das ist doch Bullshit. Du gehst alle möglichen Verpflichtungen ein – bei Häusern, deinen Investments, gegenüber deiner Familie. Du hast nur noch nicht die richtige Frau gefunden. Mehr nicht.«

Ist es so einfach? Ich habe nie den Collegeabschluss gemacht, nie länger als anderthalb Jahre in derselben Wohnung gelebt – vielleicht sogar nur ein Jahr. Beck ist anders als ich. Ich bin darauf programmiert, stets weiterzuziehen. »Kann sein.«

»Aber du magst Kate?«, fragt er.

»Ja«, antworte ich. »Dass wir zusammenarbeiten, macht es kompliziert. Stichwort Machtmissbrauch und so, daher …«

»Gut, das macht es komplizierter. Aber du wirst ja nicht ewig ihr direkter Vorgesetzter bleiben. Außerdem ist sie erwachsen, über fünfundzwanzig und ihr Frontallappen ist voll ausgereift.«

Ich lache in mich hinein. »Yep. Stimmt alles.« Beck hat recht. Zwischen uns besteht eine besondere Chemie, die ich noch nie mit jemandem aus dem Büro hatte. Vielleicht, weil ich noch nie mit jemandem geschlafen habe, mit dem ich arbeite. Oder aber Kate ist anders. Vielleicht begehre ich sie mehr als irgendwen zuvor.

»Aber eins würde ich schon raten«, meint Beck. »Lass dir nie aus Angst eine Chance entgehen.«

»Aus Angst?«

»Es ist leicht, Experte in etwas zu werden, was man bereits gut kann. Du kannst gut Geld scheffeln, stimmt's? Du hast schon Millionen verdient, bevor du mit der Uni fertig warst. Dann wurdest du Experte darin. Und außerdem Experte darin, Investitionsmöglichkeiten zu erkennen.« Er zuckt mit den Schultern. »Du weißt, was ich meine. Frauen aufzureißen ist bestimmt kein Problem für dich. Aber mit etwas Übung wärst du vielleicht auch gut in anderen Dingen – welchen, die du noch nicht kannst.«

»Meinst du so was wie Surfen?«, frage ich.

Er lacht. »Zum Beispiel. Oder zum Beispiel eine Frau zum Essen einladen und sich richtig mit ihr unterhalten, statt nur lange genug mit ihr zu flirten, um sie ins Bett zu kriegen. Zum Beispiel eine Verbindung ausloten, die dich eindeutig aus deiner Komfortzone holt.« Er unterbricht sich, um mir Zeit zu geben zu kapieren, was er meint. Ich nehme an, mein Gesichtsausdruck verrät, dass sein Rat nicht ganz ankommt. »Lad sie zum Essen ein, Kumpel. Mehr will ich damit nicht sagen.«

20. KAPITEL

VINCENT

Zum Essen einladen. Zum Essen einladen. Zum Essen einladen. An etwas anderes kann ich nicht denken, seit ich mich gestern mit Beck unterhalten habe. Bei ihm klang es, als könnte ich Kate einfach fragen, als würde sie Ja sagen und es wäre weiter keine große Sache. Wenn das stimmt, warum hat sich mir heute dann keine einzige Gelegenheit geboten, sie zu fragen?

Weil ich feige bin, darum.

Als ich auf die Uhr schaue, wird mir klar, dass sie wahrscheinlich schon Feierabend für heute gemacht hat. Daraufhin nehme ich meinen Laptop und gehe vom Konferenzraum zurück ins Büro. Dort pinnt Michael immer die aktuellste Version des Projektplans an die Wand, und diesen Papierausdruck checke ich gern von Zeit zu Zeit, um sicherzugehen, dass nichts durchgerutscht ist.

Ich öffne die Tür, stelle den Laptop auf meinen Schreibtisch und mache beinahe einen Satz in die Luft, als Kate »Hallo« sagt.

Ich reiße den Kopf herum. Sie sitzt an ihrem Schreibtisch.

»Ich wusste gar nicht, dass du eine Brille trägst«, wundere ich mich. Die schwarze Fassung steht ihr, betont ihre kleine Nase und die hohen Wangenknochen.

»Die ist neu«, erklärt sie. »Ich bin es nicht gewohnt, lange auf einen Bildschirm zu schauen. Das hat wohl schnell seinen Tribut gefordert.«

Das ist meine Chance. Offiziell ist Feierabend, im Moment bin ich also eigentlich nicht ihr Chef. Ich kann sie jetzt fragen. »Arbeitest du heute Abend gar nicht im Pub?«

Sie schüttelt den Kopf. »Morgen Abend. Heute Abend versuche ich, hier ein Problem zu lösen.«

Ich mache ein paar Schritte auf ihren Schreibtisch zu. »Kann ich irgendwie helfen?«

»Ich komme auf dich zu, wenn ich so weit bin, dass du eine Entscheidung treffen kannst.«

Ich setze mich auf die Kante ihres Schreibtischs. »Frag mich doch jetzt.«

Sie unterbricht, was sie gerade macht, und nimmt ihre Brille ab. »Na gut.« Der Unterton in ihrer Stimme klingt, als rechnete sie mit einer Diskussion. Die kriegt sie vielleicht. Vermutlich sollte ich mit der Einladung zum Essen warten, bis wir uns auf neutralem Boden befinden, oder zumindest nicht mehr im Büro. Ich könnte morgen in den Pub gehen, wenn sie arbeitet.

»Es geht um die Stuckleisten im Festsaal.« Sie scheint zu zögern.

»Okay.«

»Du weißt, wenn ich nicht die Antwort bekomme, die ich hören will, werde ich dich so lange nerven, bis ich meinen Willen kriege.« Sie macht ein unbewegtes Gesicht. Das war kein Scherz.

»Ja, das weiß ich«, erwidere ich mit der gleichen ernsten Miene.

»Stella möchte die Stuckleisten komplett ersetzen. Es gab einen Wasserschaden, und sie sind ziemlich beschädigt, besonders in der Nordwestecke. Ich finde, wir sollten einen Abdruck von den intakten Leisten nehmen und nur die nötigen Stellen ersetzen.«

»Vermutlich sind die Kosten der Knackpunkt.«

»Und der Zeitfaktor«, sagt sie. »Ich glaube, den Zeitplan können wir entsprechend anpassen. Diese Lösung ist jedoch teurer. Und der Stuck wird nicht so makellos aussehen, wie wenn alles neu gemacht wird.«

»Aber du möchtest das Ursprüngliche erhalten.«

Sie nickt. »Die Geschichte.«

»Ich bin einverstanden«, sage ich und stehe auf.

»Du bist einverstanden?« Sie klingt schockiert, sollte es allerdings nicht sein. Ich bin fast immer einer Meinung mit ihr. Manchmal brauche ich bloß eine Weile.

»Solange du woanders Einsparmöglichkeiten findest, was in Anbetracht des Budgets allein für gottverdammte Vorhänge nicht schwer sein sollte.«

»Genau«, sagt sie energisch, und ich muss wegschauen, damit ich sie nicht weiter angrinse wie ein Trottel. Ihre Freude ist total ansteckend. »Ich denke, wir tauschen einfach den Vorhangstoff im Lesezimmer aus, und schon haben wir die Kosten drin.« Sie hält inne und rümpft die Nase. »Und vielleicht auch noch die Teppiche.«

»Du kriegst das schon hin.« Ich gehe zu dem Projektplan, der hinter Michaels Schreibtisch an die Wand gepinnt ist.

Sie schweigt, und dann spüre ich, dass sie neben mich tritt. Sie berührt mich nicht, ist aber so nah, wie es nur geht, ohne einander zu berühren.

»Danke«, sagt sie.

»Du brauchst mir nicht dafür zu danken, dass ich dir einen Job gegeben habe, in dem du super bist. Und überhaupt, du hast mir doch schon gedankt.« Ich schaue sie an, doch sie fixiert den Projektplan.

»Nicht dafür«, sagt sie mit leiser Stimme, gerade lauter als ein Flüstern.

»Wofür dann?«

Sie schweigt eine Sekunde, dann zwei. »Dafür, dass du immer der Mann bist, der du behauptest zu sein.«

Mein Herz macht in meiner Brust einen Hüpfer, und dieses eine Mal verschlägt es mir die Sprache.

Als sie sich zu mir dreht, starre ich weiter die Wand an aus Sorge, wenn ich sie ansehe, kann ich mich nicht mehr zurückhalten und erzähle ihr, wovon ich bei ihr alles nicht genug kriegen kann.

»Vincent Cove, guckst du mich bitte mal an?«

Na, wird schon schiefgehen. Ich atme tief durch und drehe mich zu ihr.

Als sie eine Hand auf meine Brust legt, brennt sich ihre Hitze durch mein Hemd. Ich möchte mir den Stoff vom Leib reißen und ihre Haut an meine drücken.

»Vincent, ich war so geduldig, wie ich nur sein kann.«

Ich runzele verwirrt die Stirn.

»Küsst du mich jetzt endlich?«

Ein Grinsen zerrt an meinen Mundwinkeln. »Dich küssen? Das erscheint mir eher … unprofessionell.«

Ihr Blick fällt nach unten, als würde sie die Niederlage anerkennen.

Das hätte ich nicht sagen sollen. Dies ist kein Moment zum Herumscherzen und so tun, als hätte ich sie nicht schon, seit ich sie kennengelernt, die ganze Zeit unbedingt küssen wollen.

»Aber ich denke an nichts anderes«, sage ich und lege dabei die Hand auf ihre, damit sie nicht aufhört, mich zu berühren. »Es ist das Erste, was ich mir morgens vorstelle, und das Letzte, was mir abends durch den Kopf geht.«

Sie schaut wieder zu mir hoch. »Mich zu küssen?«

Ich nicke nachdrücklich.

»Warum hast du's dann nicht gemacht? Wir sehen uns jeden Tag.«

»Aber aktuell bin ich dein Chef und … es ist kompliziert.«

Ich erkläre es nicht weiter. Ich sage ihr nicht, dass ich ihr nicht mehr bieten kann als das Hier und Jetzt. Dass ich kein Mann bin, der Versprechungen für die Zukunft macht. Oder außerhalb der Arbeit überhaupt über die Zukunft nachdenkt. Nach alldem fragt sie nicht.

»Zerdenk es nicht.«

Ich lache leise, denn genau das habe ich gerade gemacht.

»Ich wollte dich fragen, ob du mit mir essen gehst.«

»Wie bei einem Date?«, fragt sie und strahlt mich an.

»Ja. Ich habe einen Freund in Cambridge, der sein eigenes Restaurant eröffnet hat. Es hat dieses Jahr einen Michelin-Stern bekommen.«

Ihr Lächeln schwindet, ihr Blick trifft meine Brust, und sie versteift sich.

Woher der plötzliche Umschwung?

»Könnten wir irgendwo hier ganz in der Nähe essen gehen?«, murmelt sie.

»Was?« Ich lache. »Etwa im *Golden Hare*?«

Mit gequältem Blick schaut sie zu mir hoch. Sie meinte es ernst. Ich bin ein unsensibles Arschloch.

»Wenn du dahin willst, dann möchte ich dich dorthin ausführen.«

»Weißt du, wenn ich zu weit weg von zu Hause bin, bin ich nicht ich selbst.«

Wie könnte ich das vergessen? »Überlass das mir«, sage ich. »Ich sorge dafür, dass unser erstes Date auf dem Anwesen stattfindet.«

Sie entspannt sich wieder, und ihr Lächeln kehrt zurück. Ich schiebe die Finger in ihr Haar, beuge mich vor und lasse die Lippen über ihre gleiten. Als sie die Hände auf meine Schultern legt, atme ich tief durch, genieße den Moment und präge ihn mir ein. Die freie Hand lege ich um ihre Taille und ziehe sie an mich. Das stelle ich mir schon lange vor, und jetzt ist es so weit. Sie ist hier. In meinen Armen, wo ich sie mir nun schon wochenlang wünsche. Ihre Hände auf mir zu spüren und wie meine Haut von ihrer Berührung gewärmt wird, wie sie sich an meinen Körper schmiegt … Das fühlt sich einfach richtig an.

Sie stellt sich auf die Zehenspitzen und übernimmt bei unserem Kuss die Regie. Zuerst ist er zart, züchtig und perfekt. Dann öffnet sie die Lippen, und ich kann mir ein Stöhnen über diese Einladung nicht verkneifen.

Womit habe ich dieses Glück verdient?

Unsere Zungen stoßen vor, Atem vermischt sich, unsere Körper sind sich so nah, doch nicht nah genug. Ihre Haut ist ganz glatt, ganz weich und zart, und als meine Bartstoppeln darüberreiben, überkommt mich das primitive Bedürfnis, ein Mal darauf zu hinterlassen, damit sie nie vergisst, wie gut sich das hier anfühlt.

Ihre Hände wandern über meinen Körper, den Rücken hinauf, über meine Schultern und an der Brust hinab zu meinem Gürtel. Sie hakt die Finger unter das Leder, als suchte sie einen Weg hinein.

Ich unterbreche unseren Kuss und mache einen Schritt nach hinten.

Sie erstarrt und sieht mich an, als hätte ich ihr gerade eine verpasst. »Was ist?«, fragt sie.

Wieso habe ich aufgehört? Ich will sie. Sie will mich ganz offensichtlich. Wieso halte ich mich zurück?

»Ich möchte mit dir essen gehen«, sage ich.

»Gut«, erwidert sie, als hätte ich sie bloß gebeten, mir den Kostenvoranschlag für die Teppiche auszudrucken. »Können wir uns dann jetzt an die Wäsche gehen?«

»Hier?«, frage ich und schaue mich um.

»Bist du etwa verklemmt?« Sie blickt hoch zu dem ausladenden Kronleuchter über uns. »Oder ein Romantiker? Möchtest du lieber Kerzenschein und als Hintergrundmusik eine leise Bachkantate?«

»Ein Romantiker zu sein wurde mir noch nie vorgeworfen.« Das leise »Aber«, das mir durch den Kopf schallt, lasse ich weg.

»In deinem Schlafzimmer?«, schlägt sie vor.

Was sich da zwischen uns aufgebaut hat, ist ewig nicht vorangekommen, und jetzt geht es auf einmal zu schnell. Ich möchte langsam machen und nachdenken. Sie tritt zu mir, schiebt die Finger zwischen meinen Hemdknöpfen auf meine Haut und befeuert damit mein Verlangen nach ihr.

»Kate«, knurre ich.

Sie neigt den Kopf. »Oder hier?« Sie geht nach hinten und rutscht auf ihren Schreibtisch.

Wenn ich sie hier im Büro vögele, werde ich mich bei der Arbeit nie wieder konzentrieren können.

Aber ich muss sie vögeln.

Jetzt sofort.

Ich nehme ihre Hand, ziehe sie vom Schreibtisch und aus dem Büro.

Gut, in meinem Schlafzimmer.

21. KAPITEL

KATE

In seiner Nähe ist es immer, als würde sich mein Körper von meinem Verstand entkoppeln. Ich habe mich so bemüht, professionell zu bleiben. Ihn *nicht* zu begehren. In Anbetracht dessen, dass ich mich in seinem Schlafzimmer befinde, seine Hände auf meinem Po, mit Kribbeln auf der Haut vor lauter Nähe zu ihm, würde ich sagen, ich habe den Kampf ganz offiziell verloren.

»Ich hab mich echt angestrengt, mich von dir fernzuhalten«, sagt er, schiebt dabei meinen Rock hoch und drückt mich nach hinten gegen die Tür. »Keine Ahnung, was mit mir nicht stimmt.«

»Ich weiß«, erwidere ich, während ich an seinen Hemdknöpfen fummele. »Wir müssen es einfach bloß einmal rauslassen.« So hoffe ich zumindest – dass es sich bloß um irgendeine biochemische Fehlreaktion handelt, die sich nach einem Orgasmus legt. Oder vielleicht nach zweien.

Seine Haut ist heiß und straff, ihn zu spüren und zu wissen, dass es bloß noch Minuten dauert, bis wir eng aneinandergeschmiegt sind, verursacht mir Bauchflattern.

Er senkt den Kopf und drückt Küsse auf meinen Hals. Das Kratzen seines Bartschattens ist, als würde man ein Streichholz über die Reibefläche an der Schachtel ziehen – es entfacht meine Lust. Wieso haben wir so viel Zeit damit verschwendet, einander aus dem Weg zu gehen, wenn wir das hier schon die ganze Zeit hätten tun können?

Als ich die Handflächen gegen seine Brust drücke, legt er den Kopf in den Nacken und schnappt nach Luft, als könnte schon meine Berührung allein ihn zum Gipfel befördern, wenn er sich nicht beherrscht.

Was ist das nur mit diesem Mann?

Liegt es an ihm? Oder sind wir zusammen eine so explosive Mischung?

»Du gehörst nackt ausgezogen«, raunt er und schiebt dabei meine Hände weg. Er fummelt an den Knöpfen meiner Bluse herum, ehe er unter einem Knurren einfach den Stoff auseinanderreißt und dann meinen BH aufzerrt.

Ich habe das schon in Filmen gesehen, aber kein Mann, mit dem ich zusammen gewesen bin, war je so versessen darauf, mich nackt auszuziehen, dass er meine Klamotten *kaputtgerissen* hat. Im echten Leben ist das sogar noch viel erotischer – vielleicht, weil ich die Leidenschaft in seinem Blick sehen kann und auch, wie sich vor Anstrengung die Sehnen an seinem Hals spannen. Er will mich. Unbedingt. Das alles steigert mein Verlangen, und als er die Hände um meine Brüste schmiegt, kann ich nur wimmern.

Der Laut wirkt, als hätte er einen Eimer kaltes Wasser übergekippt bekommen, und er weicht unerwartet einen Schritt zurück.

»Was ist?«, frage ich wie ich aus dem Tiefschlaf gerissen.

Er streift sein Hemd ab. »So nicht«, sagt er, wirft das Hemd hinter sich und fährt sich mit den Händen durchs Haar. »Ich möchte mir Zeit lassen, ganz bewusst handeln. Ich will, dass du ganz genau mitbekommst, was ich mache.«

»Das tue ich«, erwidere ich. Hört er jetzt etwa auf? Falls ich dieses Zimmer unbefriedigt verlasse, bin ich nämlich *stinksauer*.

Als er die Hände auf meine Hüften legt, bin ich über seine Berührung erleichtert. Er dreht mich um, sodass ich einen Moment lang damit rechne, ihn gleich zwischen meinen Schenkeln zu spüren, da macht er den Reißverschluss meines Rocks auf und schiebt ihn herunter.

»Ich will dich voll und ganz sehen. Ich will's nicht treiben wie die Tiere – auch wenn mein Körper gerade genau danach schreit. Wenn wir's machen, dann wird das kein schneller Fick. Sondern der beste Sex, den du je hattest – den *ich* je hatte.«

Ich drehe mich um und streichle sein Gesicht. »Ist es jetzt schon.« Er schließt die Augen und küsst die Innenseite meines Handgelenks. »Weiß nicht, ob ich dir nach dem ersten Mal ein amtliches Feedback hätte geben sollen – diesmal fülle ich gern einen Onlinefragebogen aus –, aber fürs Protokoll: Wenn du mich berührst, übertrifft das alles, was ich je empfunden habe. Deine Küsse, wie du meinen Körper verstehst, egal was. Das Ganze übertrifft alles, was ich je erlebt habe.«

Sein Blick huscht von meinen Augen zu meinem Mund, wandert an meinem Körper auf und ab, fast so, als suchte er die passenden Worte. »Du bist … unglaublich.«

Ich muss lächeln. Es scheint fast so, als sei dieser selbstbewusste, unbeirrbare Amerikaner … irgendwie verlegen.

Er macht einen halben Schritt nach vorn, drückt mich gegen die Tür, umfasst mein Gesicht und küsst mich, als wollte er mir mich bestätigen. Als wollte er mir versichern, dass seine Küsse die besten sind, die ich je auf den Lippen hatte, die leidenschaftlichsten, schauererregendsten Küsse, die ich jemals erleben werde.

Die Lust zwischen uns steigert sich immer weiter, bis ich eine Hand auf seine Brust drücke.

Er will nicht, dass es wild und ungezügelt wird. Er will es anders. Also kriegt er es auch anders.

Ich streife den Slip ab, bevor ich die Finger in seinen Hosenbund hake und in die Hocke gehe, um ihm Hose und Boxershorts auszuziehen.

»Du bist wunderschön«, sagt er, als ich mich wieder aufrichte. Er drückt mir einen Kuss auf die Lippen. Seine Miene wirkt fast schon gequält, ein Teil von mir möchte dem genauer nachgehen – verstehen, was dahintersteckt.

»Ist es jetzt, wo wir beide nackt sind, besser?«, frage ich und nehme dabei seine Hand.

Mit einem Nicken führt er mich zu seinem Bett. »Ich musste nur irgendwie Selbstbeherrschung aufbringen.«

Das Bett ist hoch, ich setze mich auf die Kante und ziehe ihn zwischen meine Knie. »Ich möchte, dass du mir gegenüber ganz du selbst bist. Wenn du das Gefühl hast, du kannst mir nicht widerstehen, ist das okay.« Lächelnd schaue ich zu ihm hoch.

Er lacht leise. »Mach du nur Witze, es ist schon ein Problem.«

»Für mich auch«, gestehe ich.

Die Stimmung ist locker zwischen uns, dabei sprechen wir nur die Wahrheit aus. Meine Gedanken springen in die Zukunft. Wie werde ich mich fühlen, wenn er weggeht? Was wird aus Crompton?

»Alles okay?«, fragt er.

Ich nicke. Ich darf an nichts anderes denken als an Vincent und mich und daran, diese gemeinsamen Momente hier und jetzt zu genießen.

Als er zwischen meine Schenkel fasst, werde ich sofort feucht. Was haben seine Berührungen nur an sich?

Vor mir ragt seine Erektion auf, und ich fahre mit den Fingern daran entlang. Er stöhnt halb aus Lust, halb aus Missfallen und weicht einen Schritt zurück. Schon wieder.

»Vincent«, sage ich, als er mir den Rücken zudreht. Doch er will mich weder erregen noch quälen. Offenbar sucht er Kondome.

»Dieses Bett«, sagt er. »Schon seit ich die erste Nacht drin geschlafen habe, stelle ich mir dich darauf vor.« Er findet, wonach er gesucht hat, und stellt sich wieder zwischen meine Beine.

»Der Wunsch ist in Erfüllung gegangen.« Ich lächle ihn an. Er schüttelt den Kopf, während seine Mundwinkel leicht nach oben wandern. »Du gehst mir viel zu oft im Kopf herum.«

Gekonnt packt er das Kondom aus und streift es sich über.

»Du meinst wohl eher, in deinem …« Ich zeige auf seinen Schwanz, als er den Schaft umfasst.

»Meinem was …?«, fragte er, wobei er die Kuppe an meine Mitte bringt. Ich seufze vor Erleichterung, dass es endlich so weit ist. »Ich werd dich gleich ficken, da solltest du echt in der Lage sein, es auszusprechen.«

Bei seinen derben Worten schlägt mein Bauch einen Purzelbaum. Ich kann's nicht erwarten.

»Vielleicht ja, nachdem du mich gefickt hast«, sage ich, und mein gesamter Körper bebt. Keine Ahnung, ob es daran liegt, dass er mich heiß macht oder dass ich mich darauf freue, was gleich passiert, oder dass ich kurz davor bin zu kommen.

Er sieht mir fest in die Augen und dringt in mich. Weder grob noch jäh, bloß entschlossen und unablässig. Als er schließlich innehält, schnappe ich nach Luft und atme in kurzen, knappen Stößen aus.

»Ach Babe, wir fangen doch gerade erst an und du schnappst schon nach Luft.«

Hat er beim ersten Mal auch so mit mir geredet? Vielleicht ist es intensiver, weil ich ihn inzwischen kenne. Weil er mich morgen mit denselben Augen ansehen wird wie jetzt gerade, nur vom Schreibtisch aus.

Ich atme gleichmäßig, und gerade als ich mich wieder gefangen habe, fängt er an, rhythmisch die Hüften zu bewegen, stößt vor und gleitet zurück, erfüllt mich ganz und lässt mich nach jedem Ein und Aus beraubt zurück. Ich kralle die Finger um seine Schultern, klammere mich fest, als hinge mein Leben davon ab, und versuche, dem Unausweichlichen noch einige Augenblicke zu widerstehen. Es ist zwecklos. Mein Orgasmus lauert schon seit Wochen darauf, ihn zu spüren. Jetzt ist er hier, zwischen meinen Schenkeln, und treibt mich zum Höhepunkt an.

»Vincent!« Mein Ausruf ist atemlos und verzweifelt. Ich bin ganz kurz davor, und wenn er nicht aufhört, halte ich nur noch wenige Sekunden durch.

»Ich bin da, Kate. Lass dich fallen.«

Keine Ahnung, ob seine Erlaubnis bewirkt, dass der Orgasmus meine Wirbelsäule hinaufschießt, oder das, was davor kam: *Ich bin da, Kate.* Die Worte purzeln durch meinen Kopf, während ich die Finger in seine Haut drücke. Als er die Hände an meinem Rücken hinaufgleiten lässt und mich an sich zieht, merke ich, dass mein gesamter Körper bebt und zuckt.

Was hat er mit mir angestellt?

Er wird langsamer, hört jedoch nicht auf, dringt während meines Orgasmus in mich, hält uns vereint, verbunden.

Ich lege die Hände an seine Wangen und ziehe sein Gesicht zu mir, drücke die Lippen auf seine und hole mir feuchte Küsse, als wir beide nach hinten aufs Bett sinken.

»Das fühlt sich so gut an«, sagt er. Er presst die Kiefer zusammen, während wir eine neue Stellung einnehmen, und durch den veränderten Winkel verspüre ich innerlich lauter Lustexplosionen.

»Voll gut«, stimme ich zu.

Sein Blick wird dunkel, und die Falte zwischen seinen Brauen vertieft sich, als er schneller wird. Es ist, als würde er mich genau beobachten, auf kleinste Regungen achten, auf die hin er dann sein Tempo, den Druck oder die Position anpasst. Er denkt stets an mich. An uns beide. Dieser Mann könnte alles und jeden haben, und er entscheidet sich für mich. Mich zu küssen, mich glücklich zu machen, mich zum Höhepunkt zu bringen. Der Gedanke ist berauschend.

Ich stelle die Beine seitlich von ihm auf und schlinge sie dann um seine Hüften. Er stöhnt auf, als er wieder in mich dringt.

»Ich brauch mehr von dir«, sagt er, zieht ein Bein an und stößt tiefer, schneller und fester zu. Ich bin erledigt, alles dreht sich, ein weiterer Orgasmus lässt das Blut durch meine Adern wirbeln. Ich kann nichts sehen und hören und fühlen außer ihm.

»*Fuuuck*«, ruft er aus, als er erneut vorstößt, und ich spüre das tiefe, beständige Pochen seines Höhepunkts.

Keine Ahnung, ob ich da seinen Herzschlag wahrnehme oder meinen, aber einige Sekunden oder Minuten oder gar Stunden lang höre ich nichts anderes.

Bis er schließlich sagt: »Was machst du nur mit mir?«

Mein ganzer Körper bebt noch immer, aber irgendwo nehme ich die Energie her, mich zu rühren. Wir kommen in Bewegung. Er streift das Kondom ab, und ich setze mich rittlings auf ihn.

»Ich kriege nicht genug von dir, Kate. Weiß nicht, ob es mir schon *jemals* im Leben mit irgendwas so ging.«

Mein Herz schlägt höher. Ich presse die Hände auf harte Bauchmuskeln.

»Ich bin da«, wiederhole ich die Worte, die er zu mir gesagt hat. Er schließt die Augen unter einem trägen Blinzeln.

»Dann möchte ich nirgendwo anders sein.«

Wie ich es schon seit Wochen sage: Alles wäre perfekt, wenn wir für immer genau *hier* bleiben könnten.

22. KAPITEL

KATE

Früher oder später erfährt es Granny, wenn wir ehrlich sind, eher *früher* als später, denn binnen fünf Minuten, nachdem ich mich mit Vincent an einen Tisch gesetzt habe, wird diese Neuigkeit bei ihr ankommen. Besser, ich erzähle es ihr selbst, als dass Sandra oder Basil ihr die Nachricht verkünden.

»Vincent Cove hat mich zum Essen eingeladen«, sage ich beiläufig, während ich an Grannys Küchentisch sitze und auf meinem Handy scrolle.

Diesmal hört das Geklacker ihrer Stricknadeln durchaus auf, aber sie überspielt es gut und macht weiter. »Was hast du gesagt?«

»Ich sagte: Vincent Cove hat mich zum Essen eingeladen.« Granny hat eigentlich Ohren wie ein Luchs.

»Was du zu ihm gesagt hast, meine ich«, erklärt Granny.

»Oh, ach so. Ich habe angenommen«, erwidere ich, als wäre nichts weiter dabei. Was Granny angeht, habe ich keine Dates. Sie braucht nichts davon zu wissen, dass ich was mit dem Australier hatte, der hier vorletzten Sommer als Barkeeper gearbeitet hat, oder mit dem einen oder anderen Fremden, der mich im Pub anmacht. Das war alles nichts Ernstes – jedenfalls Granny gegenüber keine Erwähnung wert.

Vincent ist anders. Von Vincent würde sie erfahren.

Sie legt das Strickzeug hin. »Das freut mich sehr für dich.«

»Ist keine große Sache«, versichere ich ihr.

»Braucht es auch nicht zu sein«, gibt sie zurück.

»Außerdem wird er ja nicht ewig mein direkter Vorgesetzter sein.«

»Nein. Und wenn schon, wenn kümmert's? Man lebt nur einmal, Schatz.«

»Daraus wird auch nichts Ernstes. Schmiede bloß nicht schon Hochzeitspläne. Wahrscheinlich werde ich ihn hassen, nachdem ich zwei Stunden am Stück mit ihm verbracht habe.« Wohl eher nicht. Je besser ich Vincent kennenlerne, je mehr Zeit ich mit ihm verbringe, desto mehr mag ich ihn. Ja, ich fühle mich zu ihm hingezogen – der Mann ist sexy, das lässt sich nicht bestreiten. Aber mir gefällt sein Verstand, seine Denkweise. Er ist ergebnisorientiert, hat seine Investitionen und den Profit im Blick. Aber er ist auch jemand, der Wort hält und Verantwortungsbewusstsein für Crompton und die Menschen hier besitzt. Ich kann nicht anders, als ihn wegen dieses Wesenszugs noch mehr zu mögen.

»Hab einfach Spaß. Fahrt ihr nach Cambridge?«, fragt sie.

»Pff«, mache ich. »Wir gehen in den *Golden Hare*.« Das meinte Vincent doch, oder? Er weiß, dass ich das Anwesen nicht verlassen möchte.

Granny sackt sichtlich in sich zusammen.

»Was denn? Da kenne ich die Speisekarte, und alle meine Ernährungsbedürfnisse werden befriedigt.«

Sie zieht eine Augenbraue hoch. »Nennt man das jetzt heutzutage so?«

Habe ich mich verhört? »Was?«

»Nichts, nichts. Aber wieso nicht Cambridge ausprobieren?«

»Wieso sollten wir? Da braucht man fast eine halbe Stunde hin. Ich kenne die Restaurants dort nicht und weiß nicht, ob es mir gefallen wird.«

»Es wäre eine nette Abwechslung.«

»Vielleicht aber auch nicht. Vielleicht wäre es eine fiese Abwechslung.«

»In dem Fall sind es bloß zwei Stunden.«

»Du sagst mir doch immer, dass das Leben kurz ist. Wieso soll ich zwei Stunden – nein, die Fahrt miteingerechnet sogar drei Stunden – auf den unwahrscheinlichen Fall verschwenden, dass es nett wird, wenn ich es im Pub garantiert nett haben kann?«

Granny blickt mit enttäuschter Miene zu Boden.

»Du glaubst mir nie, dass ich auf Crompton glücklich bin. Ich muss nicht weg. Ich hab alles, was ich will und brauche.«

Sie schüttelt den Kopf. Ich dachte, sie wäre begeistert, weil ich ein Date habe, das ist Ewigkeiten nicht mehr vorgekommen. »Wie hat Vincent reagiert, als du sagtest, dass du in den *Golden Hare* möchtest?«

»Er war einverstanden. Ist doch klar.«

»Und wenn es ein zweites Date gibt?«, fragt sie. »Geht ihr dann in die Teestube?«

Ich verdrehe die Augen. Natürlich würden wir nicht in die Teestube gehen. Allerdings weiß ich auch nicht recht, wo wir stattdessen hingehen würden, und der Gedanke versetzt mir einen Stich. »Ins *Marangon's*«, bringe ich das italienische Restaurant in Watley an.

»Das hat vor zwei Jahren zugemacht«, sagt Granny.

»Ach echt?«

Sie antwortet nicht, sondern nimmt das Stricken wieder auf.

»Basil hat mir allerhand von einem Onlinekurs erzählt, den er gerade macht. Der findet per Videokonferenz in einem virtuellen Kursraum statt.«

Gott sei Dank, ein Themenwechsel. »Über Zoom?«, frage ich.

»Über Teams«, erwidert sie. »Ich glaube, so haben das auch manche Schulen während des Lockdowns gemacht.«

»Ja, ich glaub auch.« Ich fange wieder an, auf meinem Handy zu scrollen.

»Dadurch muss man nirgendwo hin.«

Etwas sagt mir, dass wir doch gar nicht das Thema gewechselt haben.

»Mit Sacha hab ich mich auch unterhalten. Aurora, die Tochter ihres Freunds, hat Online-Therapiestunden genommen. Sie konnte mit einem renommierten Psychologen sprechen, ohne das Wohnzimmer zu verlassen. Es lief anscheinend fabelhaft. Sie hatte Probleme, über eine Beziehung hinwegzukommen. Die Therapie hat ihr enorm geholfen.«

»Schön für Aurora. Auch wenn ich sie überhaupt nicht kenne, freut mich das für sie. Ganz ehrlich.« Mein Tonfall ist spitz und defensiv. Was ich sofort bereue.

In dem Schweigen zwischen uns klackern Grannys Stricknadeln weiter.

»Entschuldige, Granny. So hätte ich nicht mit dir reden sollen.«

»Ist schon in Ordnung. Ich weiß, dass das ein heikles Thema ist.«

»Nein, eigentlich nicht. Ich brauche bloß keine Therapie.«

»Na, wenn du das sagst, dann ist es so. Aber es wäre eine Möglichkeit, falls du beschließen solltest, dass die Welt außerhalb von Crompton etwas ist, was du kennenlernen möchtest.«

»Du tust ja gerade so, als würde ich das Anwesen nie verlassen. Ich arbeite immer noch viermal die Woche im Pub.«

Mitleid spricht aus ihrer Miene, doch sie hat mich missverstanden. Ich bin glücklich. Sie braucht mich nicht zu bemitleiden.

»Und bald ziehe ich in eins der Häuser hinter dem Dorfparkplatz. Dann wohne ich mindestens fünf Kilometer weit weg von Crompton.«

»Wenn du meinst, mein Schatz. Aber falls Geld das Problem ist, übernehme ich gern die Kosten dafür, dass du mit jemandem sprichst. Du hast als Kind viel durchgemacht, niemand kann dir deine Entscheidungen verdenken.«

»Ich habe mich entschieden, glücklich zu sein«, sage ich schlicht. Wir reden selten über die Zeit vor dem Tod meiner Mutter oder spielen auch nur darauf an. Und wenn, dann beschränken wir uns auf die schönen Erlebnisse während meiner Aufenthalte hier. Aber der Alltag fern von Crompton mit meiner Mutter war nicht immer schön. Er war stressig und angespannt. Ich erinnere mich, wie ich nach Crompton kam und erleichtert feststellte, dass das genaue Gegenteil darauf zutraf. Ich packte immer Wunschzettel an die guten Feen unter mein Kopfkissen, sie mögen mich bitte für immer bleiben lassen.

Dann starb Mum, und ich blieb tatsächlich.

Mein erwachsenes Ich weiß, dass ich nichts für Mums Tod kann, aber lange trug ich Schuldgefühle mit mir herum, dass ich ihn herbeigeführt hätte, weil ich so gern bei Granny bleiben wollte. Ich werde mich hüten, mir ein anderes Leben zu wünschen als das, das ich heute habe – das, in dem mir mein gesamtes Umfeld vertraut ist. Beziehungsweise war.

Bis Vincent kam.

Jetzt will ich ihn. Doch er wird nicht bleiben. Gedanken an etwaige andere mögliche Szenarien muss ich verdrängen, denn er *wird* fortgehen.

Und ich werde bleiben.

Ich kann mir nicht wünschen, ihn bei mir zu haben.

Werde ich nicht.

Was mir jedoch Trost gibt, ist, dass sich unabhängig davon, ob er hier ist oder nicht, das Laub der Bäume auf dem Anwesen – die Vincent alle stehen lässt – im Herbst gelb färben wird, dann orange und rot, bevor es fällt. Nächstes Frühjahr treiben sie wieder aus. Dann arbeite ich vielleicht nicht mehr in der Teestube. Ich wohne vielleicht nicht mehr auf dem Anwesen, aber ich werde hier sein, jeden Tag, werde Gäste in Crompton willkommen heißen und beobachten, wie sich die Bäume im Lauf der Jahreszeiten verändern.

Meine Großmutter steht auf und geht zum Wasserkocher. »Möchtest du eine Tasse Tee?«

Die Frage ist perfekt, um neutrales Terrain zu schaffen. »Ja, bitte. Ich habe einen grünen gekauft und ihn in deinen Schrank gestellt. Studien zufolge hat er eine unheimlich antioxidative Wirkung, noch dazu kann er das Hirn vor Alzheimer schützen.«

»Wirklich?«, sagt Granny. »Ich probiere ihn. Vielleicht schaffe ich es, zumindest eine Tasse von meinem schwarzen Tee gegen grünen zu ersetzen.«

Mir geht das Herz auf, und ich gehe zu ihr. »Super. Ich find's toll, dass du ihn probierst. Lass mich das machen.«

»Wir können ihn zusammen zubereiten, und nebenbei kannst du mir genauer erzählen, wie es kam, dass du Vincent Coves Einladung angenommen hast.« Sie legt mir einen Arm um die Taille. »Entschuldige, dass ich da eben einfach drüber hinweggegangen bin.«

»Schon okay, Granny. Ich versichere dir, dass du dir überhaupt keine Sorgen zu machen brauchst. Du hast mir eine wunderbare Kindheit an diesem zauberhaften Ort geschenkt. Ich liebe Crompton einfach.«

»Das weiß ich. Aber man kann mehr als einen Ort lieben. Genauso wie ich meinen schwarzen Tee nicht aufzugeben brauche, bloß weil ich mal grünen probiere. Ich bin offen dafür, dass mir der grüne vielleicht sogar besser schmecken könnte.«

Ich verstehe, was sie meint. Es wäre vielleicht schön, wenn wir woanders als im Pub essen gehen würden. Irgendwo, wo es etwas anonymer ist und nicht ein jeder alles über mich weiß, selbst wenn man dort extra mit dem Auto hinfahren muss. Ein Abend kann nicht schaden, oder? Nur, dass das leichter gesagt als getan ist. Logisch betrachtet hat sie recht. Nur, dass sich Angst nicht mit Logik überwinden lässt.

Granny zieht mich zu sich und gibt mir ein Küsschen auf die Schläfe. »Und wie steht es mit Vincent? Findet er Crompton auch zauberhaft?«

Ich lache. »Er betrachtet es als gute Investitionsmöglichkeit. Aber wer weiß, vielleicht kann ich ihn ja von dem Zauber überzeugen.«

»War er schon mal verheiratet?«

Ich schüttele den Kopf. »Ich glaube nicht, aber wir haben uns nicht darüber unterhalten.« Wir haben viel Zeit zusammen verbracht. Und wir hatten Sex. Doch wir haben einander kaum was über unsere Vergangenheit erzählt. In gewisser Hinsicht ist das befreiend. »Schätze, genau darum geht es, wenn man miteinander ausgeht. Dass man sich kennenlernt. Es ist aber nichts Ernstes, keine Sorge. Ich werde mir nicht das Herz brechen lassen.«

»Ach, darüber mache ich mir keine Sorgen«, erwidert sie. »Vielleicht täte es dir sogar gut. Du bist stärker, als du glaubst.«

Was Granny nicht versteht, ist, dass ich nicht stark sein will. Stark sein wird überbewertet. »Die Gefahr besteht nicht. Aber es ist schön, von … einem Mann wie ihm zum Essen eingeladen zu werden.«

»Und er kommt aus New York. Ich habe gehört, dass er Familie hier in England hat.«

»Ja. Tante und Onkel und fünf Cousins. Einige wohnen in Norfolk, der Rest in London.«

»Und Crompton liegt auf halbem Weg dazwischen. Stell dir vor, so reich zu sein, dass du einfach beschließen kannst, ein herrschaftliches Anwesen zu kaufen, weil es zwischen zwei Orten liegt, an denen du sein möchtest.«

»Ich habe den Eindruck, Vincent ist dermaßen reich, dass er so ziemlich alles haben kann, was er will.«

»Das kann ich nur hoffen«, sagt Granny, und ich weiß nicht recht, was sie damit meint, kenne ihren Tonfall aber gut genug, um nicht nachzufragen.

23. KAPITEL

VINCENT

Ich weiß nicht, warum, aber ich habe Bauchflattern – was ich theoretisch als Nervosität deuten würde. Allerdings werde ich nie nervös. Es geht bloß um ein Abendessen, aber ich habe nach der Arbeit geduscht. Und ein frisches Hemd und Hose angezogen. Für das, was ich geplant habe, ist das Outfit vermutlich zu fein, aber falls Kate sich schick gemacht hat, soll sie sich nicht unwohl fühlen. Außerdem soll sie wissen, dass sie es wert ist, sich für einen Abend mit ihr schick zu machen, egal wo wir hingehen.

Ich laufe die Treppe von Crompton House hinunter.

»Du gehst schon?«, fragt Michael von unten.

»Es ist kurz vor sieben«, sage ich. »Kann das bis morgen warten?«

»Klar«, erwidert er, als ich an ihm vorbei zur Eingangstür gehe. »Viel Spaß bei deinem Date.«

Ich drehe mich nicht noch einmal um, hebe aber zum Dank die Hand. Ich hatte nicht erwartet, dass wir es geheim halten. Schließlich werden wir unter den Augen des gesamten Dorfs zusammen zu Abend essen. Bloß weiß ich nicht recht, woher Michael davon weiß.

Als ich die Tür hinter mir schließe, gießt Basil gerade die Pflanze, die an der Hausfassade hochrankt. Ich mag ihm nicht sagen, dass ich sie komplett zurückschneiden lassen will. Das

Gebäude muss einen gepflegten, frischen und einladenden ersten Eindruck machen.

»Guten Abend, Basil«, grüße ich im Vorbeigehen.

»Guten Abend, Mr Cove.« Trotz meiner Überredungsversuche will er mich nicht Vincent nennen. »Viel Spaß bei dem Abendessen mit Kate.«

Eins kann man wohl mit Sicherheit sagen: Jeder, der auf dem Anwesen arbeitet, weiß Bescheid, dass ich mit Kate ausgehe. »Mach ich.«

Die Mitarbeitercottages liegen seitlich vom Haupthaus, nur ein paar Minuten Fußweg entfernt, und als ich mich nach links wende, kann ich sie schon sehen. Das Bauchflattern nimmt zu, als Kates Cottage in Sichtweite kommt.

Bin ich echt womöglich nervös, weil ich mit einer Frau essen gehe?

Das kann doch wohl nicht sein.

Ich erreiche ihre Haustür, aber Kate macht schon auf, ehe ich anklopfen kann. Ich komme nicht gegen das breite Lächeln an, das sich auf mein Gesicht legt. So gefällt mir Kate am besten: geradeheraus und ganz sie selbst. Sie spielt keine Spielchen, lässt mich nicht warten, tut nicht so, als hätte sie nicht nach mir Ausschau gehalten.

»Du siehst gut aus«, sagt sie, woraufhin mein Herz sich ihr entgegenwirft wie ein Welpe, der ihre Streicheleinheiten genießt.

Ich beende schließlich unseren Augenkontakt und blicke an ihr hinunter. Sie trägt ein weißes Sommerkleid und dazu pinkfarbene Sandalen, ihre Haare sind offen und die helleren Spitzen scheinen sich den letzten Sonnenstrahlen des Tages entgegenzubiegen.

Sie sieht aus wie ein Engel.

»Du siehst umwerfend aus.« Ohne nachzudenken, nehme

ich ihre Hand und drücke die Lippen auf ihre Fingerknöchel, als wäre ich der Earl von Crompton von vor zweihundert Jahren.

Sie lacht über die Geste, und ich kann auch nicht anders. Was machen wir denn? Ich komme mir vor wie ein Teenager. Das Bauchflattern wurde von Freude und Wärme und Glücksgefühlen verdrängt.

»Auf zum Abendessen«, sage ich und halte ihr eine Hand hin. Als sie ihre hineingleiten lässt, stellt sich eine Empfindung ein. Ich kann sie nicht genau benennen, aber es ist eine wohlige, unbeschwerte Leichtigkeit. So ist das schon immer mit Kate gewesen, sogar bei der ersten Begegnung, als ich sie Musicalhits singen sah und ihr meine Familie vorstellte.

»Bestimmt wärst du eigentlich lieber woanders hingegangen als in den *Golden Hare*«, sagt sie. »In letzter Zeit warst du oft im Pub essen.«

»Wir gehen nicht in den Pub.« Ehe sie in Panik geraten kann, füge ich hinzu: »Aber wir bleiben auf dem Anwesen.« Ich führe sie zur Rückseite der Villa.

»Wo gehen wir denn hin?«, fragt sie.

»Ich fand, ein Picknick wäre schön«, sage ich.

Sie drückt meine Hand. »Echt? Das klingt wunderbar. Ich wüsste den perfekten Ort dafür.«

»Ich habe da ein bisschen was organisiert. Dir dürfte der Ausblick gefallen.«

Als wir um die Ecke biegen, kommt der See in Sicht, dazu der Faltpavillon, den ich aufbauen lassen habe. Er ist nur zu drei Seiten hin offen, die zum Haus zeigende Seitenwand ist geschlossen – mein bescheidener Versuch, für etwas Privatsphäre zu sorgen. Viel wird es nicht bringen, schließlich scheint alle Welt von unserem Date zu wissen.

»Was ist das denn?«, sagt sie. Sie sucht meinen Blick, aber

wenn ich sie jetzt anschaue und sie so breit lächeln sehe, wie ich meine, könnte mein Herz verdammt noch mal in Flammen aufgehen. Also blicke ich stur geradeaus.

»Ich dachte mir, ein Essen am See könnte dir gefallen.«

»Das ist eine wunderschöne Idee.« Beim Näherkommen sieht sie die Blumendeko auf dem Pavillondach. »Sind die hier aus dem Garten?«

Ich schüttele den Kopf. »Nein, aber ich habe die gleichen Blumensorten besorgt. Besser gesagt Molly. Meine Idee. Sie hat sie umgesetzt.«

»Vincent Cove, du bist ein richtiger Romantiker.«

Unter dem Pavillon steht ein Tisch für uns zwei. Die Tischdeko besteht aus einem kunstvollen Blumengesteck zwischen den Gläsern und dem Porzellan.

»Das ist … wunderschön. Mehr als wunderschön sogar. Der See – dieser Ausblick – das ist mein Lieblingsplatz auf Crompton.«

»Das dachte ich mir. Der Instagram-Account von Crompton verrät dich.« Ich ziehe den Stuhl für sie hervor, und sie setzt sich.

»Stimmt wohl. Aber das bedaure ich nicht.« Sie streicht mit der Hand über den Tisch, betrachtet den Pavillon und den See. »Das ist perfekt.«

Ich setze mich ihr gegenüber hin. »Möchtest du deshalb nicht von hier weg? Weil es so schön ist?«

Sie wirkt ein wenig peinlich berührt, sodass ich mir wünsche, ich hätte nichts gesagt. Ich möchte einfach nur alles über sie wissen. »Du bist wahrscheinlich weitaus schickere Orte gewöhnt, oder? Was ist dein Lieblingsort?«

Keine Ahnung, ob sie *absichtlich* versucht, das Thema zu wechseln, nachhaken werde ich jedenfalls nicht. »Ich lerne gern neue Orte kennen. Teste gern die Cafés aus, finde heraus, in welchen Parks man am besten joggen gehen kann, wann eine Stadt in den Tag startet. Washington D.C. zum Beispiel irre früh. New York ein bisschen, Arizona viel später. In jeder Stadt riecht die Luft immer ein bisschen anders, und die Sonnenuntergänge unterscheiden sich. Schätze, mir gefallen einfach die vielen Sinneseindrücke.«

»Ist New York deine Heimat?«, fragt sie.

»Wo immer ich meine Zelte aufschlage«, sage ich.

»Also fühlst du dich nirgends zu Hause? Auch nicht im Haus von deiner Tante und deinem Onkel?«

Mir stellen sich die Nackenhaare auf. »Na ja, sie sind umgezogen, seit ich sie damals als Kind besuchen kam, aber ich verbringe definitiv gern Zeit bei ihnen.«

»Dein sicherer Zufluchtsort ist es aber nicht?«

Das Wort *sicher* hallt durch meinen Kopf. Ich wälze es herum und wiederhole es im Stillen.

»Vincent?«

»Sorry, ähm, nein. Ich glaube, so etwas habe ich nicht. Ich hänge mein Herz nicht an Orte.«

»Oh«, macht sie. »Dann ziehst du also oft um?«

»Dorthin, wo mich die Arbeit hinführt.« Ich habe schon überlegt, meinen festen Wohnsitz ganz aufzugeben. Ich könnte einfach in Hotels wohnen. Das mache ich ohnehin die meiste Zeit.

»Warst du ein Soldatenkind oder so?«

Nicht zum ersten Mal werde ich für ein Soldatenkind gehalten. Ließe es sich doch nur so leicht erklären.

»Oder so«, erwidere ich.

»Seid ihr oft umgezogen?«

Zu meinem Glück wird unsere Unterhaltung unterbrochen, weil die Bedienung zwei Tequila und zwei Gläser Champagner bringt. Nur damit für alles gesorgt ist.

»Aber im *Golden Hare* sitzt du immer am selben Tisch«, stellt sie fest und lächelt mich an. »Vielleicht verschaffst du dir auf die Art ein Zuhause-Gefühl – du legst dir feste Angewohnheiten zu, wie sie andere normalerweise nicht brauchen. Während andere *normalerweise* in dieselbe Stadt zurückkehren, dieselbe Wohnung, zu denselben Menschen.«

Ich lache. »So habe ich das noch nie betrachtet. Soll das heißen, du findest feste Angewohnheiten blöd – wenn du schon immer am selben Ort wohnst, unter denselben Menschen?«

»Kann sein. Darüber habe ich noch nie nachgedacht, aber nein, finde ich eigentlich nicht. Ich habe jede Menge feste Angewohnheiten. Die geben mir Sicherheit. In meiner Kindheit war Crompton für mich ein Ort der Ruhe und Beständigkeit, während ansonsten wenig in meinem Leben ruhig und beständig war.«

Ich verenge die Augen, möchte mehr hören.

Wir erheben die Gläser. »Auf einen schönen Abend«, sagt Kate.

»Es ist jetzt schon der bes–«, setze ich an, unterbreche mich dann aber. »Der *zwei*tbeste Abend, seit ich hier bin.«

Zarte Röte legt sich auf Kates Wangen. »Finde ich auch.«

Der Tequila fließt meine Kehle hinunter, und als ich die Beine ausstrecke und dabei Kates streife, belasse ich sie da – sodass wir einander berühren. Zwischen uns herrscht behagliches Schweigen, als würden wir einander schon jahrelang kennen.

»Hast du von deiner Mom gesprochen, als du meintest, für dich war nichts ruhig und beständig?« Ich möchte mehr erfahren.

Sie zögert, ehe sie sagt: »Meine Mum war ... sie nannte es freiheitsliebend. Das schien die Universalbegründung für ihre chaotische Art zu sein.«

»Ist sie in Crompton aufgewachsen?«

»Nein, obwohl meine Großeltern vor meiner Geburt hergezogen sind. Meine Mum zog so schnell sie konnte bei ihnen aus und zu ihrem Freund. Dann auf die Couch einer Freundin und bei ihrem nächsten Freund ein, von da in eine WG mit zehn Leuten. So war ihr Leben immerzu. Im Chaos blühte sie auf. Wenn alles offen war.«

»Und das änderte sich auch nicht, als sie dich bekam?«

»Vielleicht wurde es noch schlimmer. Ich glaube, dadurch, dass sie ein Kind hatte, jemanden, der von ihr abhängig war, sehnte sie sich noch umso mehr nach Freiheit. Ich erinnere mich jedenfalls, dass mein Leben ganz anders war als das meiner Freundinnen. Ich fehlte in der Schule, kam zu spät zu Festen, wechselte die Schule, fehlte beim Turnen. Mein Leben hatte keine … Struktur.« Sie schiebt die Salz- und Pfefferstreuer umher wie Schachfiguren – vor, zurück, nach links und rechts. Ihr Griff ist sanft, aber bestimmt.

»Deshalb gefällt dir, dass sich in Crompton nie etwas verändert.« Allmählich ergibt sich ein Bild.

Als sie hochschaut und lächelt, geht die Sonne auf. »Na, so war es jedenfalls, bevor du hier aufgetaucht bist. Wobei ich dich gar nicht mit Mum gleichsetzen will.«

Ich erwidere das Lächeln halb. »Ich glaub nicht, dass ich im Chaos aufblühe.« Eigentlich habe ich noch nie darüber nachgedacht, aber wiederum wurde ich auch noch nie zuvor mit so jemandem verglichen. »Wie du schon sagtest, ich habe auf meine Art feste Angewohnheiten.«

»Und verantwortungslos bist du nicht«, sagt sie. Ich bin unsicher, ob das eine Frage sein soll.

»Inwiefern?«

»Ich meine, du bist verantwortungsbewusst. Du bist das komplette Gegenteil von meiner Mum. Du kommst nie zu spät zur Arbeit oder bist unerreichbar, wenn Michael oder ich dich brauchen. Du würdest keine wichtigen Untersuchungs-termine beim Arzt verpassen oder so. Das, was du sagst, machst du auch. Das ist ... schön.« Sie lächelt, diesmal jedoch nicht so breit, voller Wärme, ganz gelöst und zuversichtlich. Dies ist nicht das Lächeln, mit dem sie mich in der Teestube oder im *Golden Hare* begrüßt hat – sondern ein intimeres. Ein Lächeln, das nur wenigen Glücklichen vorbehalten ist. Irgendwie be-greife ich direkt, was für ein Glück ich habe.

Dieses Lächeln ist wie ein Haken, der in meinem Inneren hängen bleibt.

»Veränderung muss nicht gleichbedeutend sein mit Chaos«, sage ich.

Sie atmet durch und nickt. »Ich weiß. Außerdem werde ich weiterhin auf dem Anwesen arbeiten, das Dorf ist auch bloß fünf Minuten entfernt und ... das wird schon ganz gut.«

»Es könnte noch besser als gut werden«, bemerke ich.

»Das sagen mir jedenfalls alle ständig.«

Ich will nicht auf sie einreden. Das steht mir nicht zu. So ungern sie Veränderungen hat, so wenig halte ich es lange am selben Ort aus – wir sind ein Gegensatzpaar. Ich sitze im Glas-haus und sollte nicht mit Steinen werfen. »Das alles erklärt ... viel über dich.«

Mir gefällt es unheimlich, wie aus ihrem ernsten Blick ein funkelnder wird, als sie auflacht. »Ich versuche ja umzudenken. Ich liebe Crompton. Ich finde, es ist der schönste Ort der Welt, und wenn hier ein Hotel ist, kommen noch viel mehr Leute her und sehen, warum ich es vorziehe, hier zu leben.«

Ich nicke. »Du kannst ihnen alle Vorzüge vermitteln, die du schon so lange genießt. Bloß, nachdem sie dich getroffen ha-ben, wollen sie vielleicht nie wieder weg.«

Als sich unsere Blicke treffen, kann ich mir für einen Mo-ment nicht vorstellen, in meinem ganzen Leben noch mal irgendwo anders zu sein als hier – denn warum sollte ich woanders hingehen, wenn es hier, mit ihr, so toll ist?

»Vincent Cove, wissen die Leute eigentlich, wie süß du bist?«

»Süß? Wüsste nicht, dass ich schon mal so bezeichnet wurde.« *Arschloch* hat mich die letzte Frau genannt, mit der ich geschlafen habe, bevor ich New York verließ.

»Dann kann ich nur vermuten, dass viele anders als ich nicht das Glück haben, diese Seite von dir kennenzulernen.«

Wieder ist da dieses Ziehen in meinem Inneren, und ich möchte ihr ein ebensolches Kompliment machen, damit sie weiß, dass ich genauso empfinde, doch da bringt unsere Bedienung die Vorspeise.

»Oh, das kommt unerwartet. Das sieht … megagut aus«, sagt sie den Teller betrachtend. »Als du von einem Picknick gesprochen hast, dachte ich, wir würden Sandwiches von Marks & Spencer essen und ein Stück von Sandras Bakewell Tart.«

»Nicht ganz«, erwidere ich. »Weißt du noch, der Freund, von dem ich dir erzählt hatte, der mit dem Restaurant in Cambridge? Also, ich habe mir heute Abend seinen Koch ausgeliehen.«

Sie macht große Augen. »Du meine Güte, Kontakte zu haben lohnt sich.«

»Das bedeutet leider, dass du heute Abend keinen Einfluss auf meine Ernährungsbedürfnisse hast.«

Sie lacht. »Puh. Ich habe mal einen Abend frei. Was für ein Segen.«

»Was hat es mit den Ernährungsratschlägen auf sich?«, frage ich. »Hegst du den Wunsch, Ökotrophologin zu werden, oder so was?«

»Nein, das ist mir noch nie in den Sinn gekommen.« Sie stockt. »Ich möchte nur, dass die Leute auf sich achten. Und ich freue mich, wenn ich dabei behilflich sein kann.«

Natürlich meint sie es weder rechthaberisch noch provozierend, wie man glauben könnte, wenn man ihre Bemerkungen nicht gewohnt ist. Sie versucht, einen dabei zu unterstützen, gute Entscheidungen für die eigene Gesundheit zu treffen.

»Wissen die Leute eigentlich, wie süß du bist, Kate?«

»Erzähl das der Frau, die vor zwei Monaten zu Gast war und auf meine Empfehlung hin das Hühnchen bestellt hat, dabei aber vergaß, ihre Erdnussallergie zu erwähnen. Sie musste auf einer Krankentrage aus dem Pub transportiert werden.«

»Oh Gott.«

»Wenn man jemanden umbringt, sind die guten Absichten egal.«

»Sie ist gestorben?«, frage ich und versuche dabei, meinen Schreck zu verbergen.

»Nein. Es stellte sich heraus, dass sie nur einen leichten Schock erlitten hat. Sie dachte, sie hätte ihre Allergie überwunden, und hat diese Annahme im *Golden Hare* ausgetestet.«

»Wow. ›Nett‹ würde ich dich vielleicht doch nicht mehr nennen. Eher … potenzielle Mörderin.«

Sie lacht. »Kann ich in meinem LinkedIn-Profil ergänzen. Wie steht's mit dir? Schon mal fast jemanden umgebracht? Ich wette, du bist so reich, dass du einen Mord in Auftrag geben könntest, wenn du wolltest.«

Hält sie mich etwa für so einen Mann? »Ich habe zwar noch nie eine entsprechende Preisliste gesehen, aber ja, vielleicht. Ich kann ehrlich sagen, dass ich noch nie versucht habe, jemanden umzubringen oder umbringen zu lassen. Ich glaube, ich habe mich überhaupt noch nie geprügelt.«

»Wie steht's mit Feinden? Davon musst du dir im Lauf der Zeit doch jede Menge gemacht haben.«

»Wie? Weil ich ein Arschloch bin?« Die Frau macht mich kirre.

»Nein, Dummerchen«, sagt sie, und komischerweise wird das Ziehen in mir stärker. »Weil du reich und mächtig bist und so. Machen sich Leute wie du nicht lauter Feinde?«

Leute wie ich? Die Frage erstaunt mich. Sie sieht einen grundlegenden Unterschied zwischen uns, dabei sitze ich hier und denke, wie ähnlich wir uns doch sind. »Kann sein?«, antworte ich. »Aber ich bin nie drauf aus gewesen, mich auf Kosten anderer zu bereichern. Es mag naiv sein, aber ...« Ich verstumme. Ich weiß nicht recht, worauf sie hinauswill. »Ich kann schon arschig sein«, gestehe ich. »Bestimmt waren schon Leute von mir angepisst. Aber ich füge niemandem mit Absicht Schaden zu oder nehme anderen einfach etwas weg.«

Sie setzt an, etwas zu erwidern, unterbricht sich aber und greift über den Tisch nach meiner Hand. »Jetzt habe ich ein schlechtes Gewissen«, sagt sie. »Ich wollte nicht unterstellen, dass du ein Arschloch bist. Würde ich das denken, säße ich jetzt hier nicht mit dir.«

Ich schüttele den Kopf. »Ist schon okay. Bestimmt haben Leute schon Schlimmeres über mich gedacht.«

»Einer der Nachteile davon, dass ich meine gesamte Zeit auf Crompton verbringe, ist, dass ich die Welt da draußen tendenziell für schlechter halte, als sie eigentlich ist. In meiner Blase hier fühle ich mich sicher. Nichts kann schieflaufen –«

Ich ziehe meine Hand weg und kratze mich am Hinterkopf. »Jedenfalls, bis ich aufgetaucht bin. Richtig?« Der Abend entwickelt sich rasant zur Pleite.

Sie schaut mir ernst in die Augen. »Oh je, es läuft furchtbar. Ich sage andauernd was Falsches. Ich bin hier das Arschloch – wenn ich nicht aufpasse, gehen wir nachher als Feinde auseinander.« Als sie aufsteht, glaube ich schon, sie will abhauen, da sagt sie: »Wir fangen noch mal von vorn an.«

»Okay?« Das verwirrt mich zwar, aber sie hat recht: Der

Abend hat eine unerwünschte Wendung genommen, und ich käme gern wieder auf Kurs.

Sie lässt die Schultern kreisen, schüttelt die Hände aus und atmet einmal tief durch, ehe sie sich wieder zu mir setzt. »Ich bin Kate Saunders. Ich bin siebenundzwanzig Jahre alt, und ich finde dich total attraktiv.«

Ich muss lachen. Als sie lächelt, komme ich mir wie ein Teenager vor, so wie vorhin schon – wie immer in ihrer Nähe.

Ich setze an, etwas zu sagen, doch sie beugt sich vor und legt mir den Zeigefinger auf die Lippen. »Und das nicht nur, weil du ein hübsches Gesicht und einen tollen Body hast. Ich mag, dass du ein Mann bist, der zu seinem Wort steht. Dass dir die Menschen von Crompton nicht egal sind. Du kaufst Häuser, um sie an diejenigen von uns zu vermieten, die durch den Umbau umziehen müssen; du steckst Geld in Umschulungen. Du bist ein guter Mensch, Vincent Cove, und ich weiß das, auch wenn ich dir quasi Verbindungen zur Mafia unterstellt habe, oder was ich da eben gelabert habe.«

Bei ihren Worten verschwinden mein Unwohlsein und mein Ärger. Es tut gut, glasklar von ihr gesagt zu bekommen, was sie denkt. Als sie sich zurücklehnen will, halte ich ihre Hand fest und verschränke die Finger mit ihren.

»Ich finde, du hast auch ein hübsches Gesicht und einen tollen Body.«

»Wie poetisch«, scherzt sie.

»Das waren deine Worte!«

Sie zieht die Stirn kraus, als würde sie sich das auf keinen Fall in die Schuhe schieben lassen, woraufhin ich mir kopfschüttelnd das Lachen zu verkneifen versuche.

»Den kritischen Moment da eben hast du gut abgewendet.«

»Ja, man könnte meinen, ich wäre Profi im Daten«, sagt sie.

»Etwa nicht?«

»Also, wenn man Basil nicht mitzählt, dann nicht.«
Ich kneife die Augen zu und verziehe das Gesicht. »Bitte
nimm das zurück.«

»Er ist ein toller Liebhaber. Behält im Bett seine Schiebermütze auf.«

»Aufhören!« Ich fahre mir übers Gesicht. »Du bist schlimm.«
»Das mit Basil war nur Spaß. Aber was ich über dich gesagt
habe, nicht.« Sie sieht mich an, sanft, aber eindrücklich. »Tut
mir leid. Hab ich's versaut?«

Ich schüttele den Kopf. »Überhaupt nicht.«

Unsere Bedienung bringt Wein und den nächsten Gang.
»Apropos Basil, anscheinend ist es ein Ding der Unmöglichkeit, hier irgendetwas geheim zu halten«, erzähle ich. »Michael und Basil wussten beide, dass wir zwei heute zusammen
zu Abend essen.«

»Und morgen machen sich die Leute wahrscheinlich ihren
Reim darauf.«

»Stört dich das?«, frage ich. Ich weiß nicht genau, wie ich es
fände, wenn jeder um mich herum alles über mich wüsste.

»Wir machen ja nichts Verbotenes. Sie sorgen sich um mich
und möchten mich glücklich sehen – also nein. Aber ich könnte mir vorstellen, dass mal eine Zeit kommt, wo es mich stört.«

»Wenn ich meine Cousins treffe, ist es ähnlich. Alle mi-
schen sich in alles ein, meinen es aber nur gut. Das ist schön,
weil es einem ein Zugehörigkeitsgefühl gibt, allerdings kann
ich mir den Luxus herausnehmen, abzuhauen, wenn es mir zu
viel wird.« Ich lehne mich auf meinem Stuhl zurück. »Ha. So
habe ich das eigentlich noch nie betrachtet. Wenn ich sie besuche, komme ich mir sonst immer wie ein Zaungast vor.« Das
Kribbeln in meinem Nacken ist wieder da. »Sie sind total herzlich, ich habe schon das Gefühl, zur Familie zu gehören, aber
natürlich bin ich nicht ihr Bruder beziehungsweise Sohn – ich

bleibe immer ein wenig außen vor. Vielleicht liegt das aber an mir selbst. Es kam mir immer so vor … *Ich* kam mir immer so vor, als sei ich irgendwie der Außenseiter. Darum hab ich wohl letztlich auch Medizin studiert.«

Kate macht große Augen. »Moment mal, du bist Arzt?«

»Nein, ich habe das Studium abgebrochen. Ich habe damals schon Geld investiert und hatte dabei ein paarmal ein glückliches Händchen. Mir wurde klar, dass die Medizin nichts für mich ist.«

»Wow«, sagt sie.

»Ich liebe meine Cousins, schon immer. Ich wollte hier bei ihnen in England leben – früher verbrachte ich immer die Sommerferien hier und hab's gehasst, wenn ich in die Staaten zurückmusste. Ich wollte genau wie sie sein, und sie sind eben alle Ärzte. Na ja, mittlerweile sind zwei von ihnen keine mehr. Aber ich habe im Medizinstudium so was wie einen Clubmitgliedsausweis gesehen.«

»Falls es dir irgendwie hilft: Du wirktest nicht wie ein Außenseiter, als ich euch alle zusammen in der Teestube erlebt habe.«

»Sie sind toll. Sie würden mich niemals bewusst anders behandeln. Aber ich bin ihr Cousin. Ihr Neffe. Das ist einfach Fakt. Tatsächlich fahre ich in zwei Wochen zu ihnen. Du solltest mitkommen.«

»Wohin?« Sie guckt, als hätte ich ihr gerade erzählt, JFK sei mit Marilyn in den *Golden Hare* gekommen.

»Nach Norfolk. Mein Onkel und meine Tante haben Hochzeitstag und veranstalten eine große Familienfeier. Ich fahre sie besuchen.« Plötzlich wird mir klar, warum sie so geschockt ist – nicht weil ich vorgeschlagen habe, dass sie mit mir kommt, sondern weil ich vorschlage, dass sie aus Crompton wegfährt.

»Denk drüber nach«, schwäche ich die Einladung ab.

Sie nickt. »Mach ich.«

»Ist nicht schlimm, wenn du nicht von hier wegmöchtest.«

»Mit dir«, sagt sie.

»Mit mir.«

»Ich weiß nicht, ob ich das schaffe.« Ihre Stimme ist ein Flüstern. »Aber ich glaube, ich habe es noch nie mehr gewollt.« Mein Herz donnert gegen meine Rippen. Ich möchte sie in die Arme schließen und ihr versprechen, sie zu beschützen. Das ist ein ungewohntes Gefühl, aber vieles an Kate und an Crompton ist ungewöhnlich.

24. KAPITEL

KATE

Es ist nicht so, als ob ich die langen Blicke nicht bemerken und die indirekten Fragen nicht heraushören würde. Nur reagiere ich am Morgen nach dem Date mit Vincent nicht darauf. Schön, dass die Leute Anteil nehmen. Aber keiner braucht aus erster Hand zu erfahren, was zwischen uns läuft. Denn es ist was Unverbindliches, wir haben Spaß zusammen, außerdem geht er bald wieder weg.

Nur … fühlt sich mit ihm zusammen sein besser an als je bei irgendwem zuvor. Und das möchte ich niemandem eingestehen. Nicht einmal mir selbst.

Ich nehme meinen Laptop und den Notizblock und stehe auf. »Ist Vincent drüben im Konferenzraum?«, frage ich Michael.

»Ich glaube schon«, antwortet er.

Ich habe Vincent heute noch nicht gesehen – jedenfalls nicht, seit ich aus seinem Bett aufgestanden bin –, aber das ist nicht ungewöhnlich. Ist auch besser so. Wäre er nämlich im Büro und säße am Schreibtisch gegenüber von mir, weiß ich nicht, ob ich mich konzentrieren könnte. Es fällt mir so schon schwer genug. Nach letzter Nacht spüre ich ihn immer noch überall auf mir. Seine Zähne an meinem Hals, seine zupackende Hand auf meinem Hintern, seine Kraft zwischen meinen Schenkeln. Wenn er im Raum nebenan ist, besteht wenigstens annähernd die Chance, dass ich heute etwas erledigt bekomme. Aber vorher brauche ich erst eine Entscheidung von ihm.

»Dank dir«, sage ich und schließe die Tür hinter mir.

Ich klopfe an die Tür des Konferenzraums und warte wie immer nicht erst eine Antwort ab, bevor ich hineingehe.

Nicht wie immer ist, dass Vincent losgrinst, als ich hereinkomme.

»Hey«, sagt er.

»Guten Morgen«, erwidere ich in dem Versuch, hier ein bisschen Förmlichkeit reinzubringen.

Er steht auf und umrundet den Tisch.

Ehe ich zurückweichen oder ihm sagen kann, dass er wegbleiben soll, drückt er mich schon gegen die Wand und küsst meinen Hals.

»Das ist jetzt nicht gerade professionell.« Ich spüre, wie ich unter seiner Berührung dahinschmelze. Obwohl ich wirklich mit einem wichtigen Anliegen hergekommen bin, kann ich mir keine Situation vorstellen, in der ich je verlangen würde, dass er die Finger von mir lässt.

Weil ich den Laptop halte, habe ich die Hände nicht frei und bin daher wehrlos, als er die Zunge an meiner Halsbeuge hinab zu meinem Schlüsselbein und über mein Dekolleté wandern lässt.

»Vincent.« Ich klinge atemlos und presse die Schenkel zusammen, um ein Minimum an Kontrolle zu behalten. »Wir brauchen Grenzen. Regeln. Hier und jetzt können wir so was nicht machen.«

Er löst seinen Mund von mir und streichelt über meine Seiten. »Ich weiß, aber ich kann's nicht lassen – es ist Stunden her, dass ich dich so berührt habe.«

»Vincent«, sage ich, jedoch ohne Vorwurf. Eher flehentlich.

Er hält inne und lehnt die Stirn gegen meine. »Sag mir, wie die Regeln lauten.«

Mein Herz hämmert gegen mein Brustbein, es will heraus und alleine weiter mit Vincent herummachen. »Nicht hier und nicht während der Arbeitszeit. Wir treffen uns heute Abend am See. Wir können spazieren gehen.«

Er holt Luft, als müsste er seinen ganzen Willen zusammennehmen, und tritt dann einen Schritt zurück. »Du hast recht.« Er steckt die Hände in die Hosentaschen, als traute er ihnen sonst nicht, und geht zurück zu seinem Platz. »Mein Gott, ich hab Durst nach dir wie nach einem Glas kaltem Wasser.«

»Weiß nicht, ob das ein Kompliment sein soll.« Ich stelle meinen Laptop auf den Tisch und setze mich. »Aber viel trinken ist gesund.« Ich klappe den Computer auf. »Ich möchte mit dir über den Ziergarten sprechen.«

»Hatten wir dieses Gespräch nicht schon? Hast du darüber nachgedacht, ob du mit mir nach Norfolk kommst?«

Ich stiere ihn an. »Regeln. Nicht hier und nicht jetzt.«

»Ich frag dich doch bloß was und versuch nicht etwa, dir an die Wäsche zu gehen.«

Mir meines spitzenbesetzten Slips überaus bewusst, rutsche ich leicht auf meinem Stuhl herum. Dieser Mann lenkt einen komplett ab. »Heben wir uns das Private einfach für nach Feierabend auf.« Wenn ich jetzt anfange, an Norfolk zu denken und zu überlegen, wie ich ihm sage, dass ich nicht mitkommen kann, gerate ich aus dem Konzept.

»Wenn du drauf bestehst«, sagt er.

»Tu ich. Wie gesagt, ich möchte mit dir über den Ziergarten sprechen. Ich habe mir etwas überlegt, was du … annehmbar finden wirst, glaube ich.« Ich ziehe die Präsentationsmappe unter meinem Laptop hervor und schiebe sie ihm hin. »Bitte schlag die erste Seite auf.«Ich weiß, dass Vincent zu nichts Ja sagen wird, was finanziell gesehen nicht funktioniert – auch nicht, wenn er Durst auf mich hat. Hoffentlich habe ich einen Kompromiss gefunden.»Dieser Plan zeigt zweieinhalb Hektar Land am Rand von Crompton Estate. Der Gartenpark, wie er aktuell noch zu besichtigen ist, umfasst zehn Hektar, es ginge also um ein Viertel der Fläche.«

Ich bin dankbar, dass er mich nicht unterbricht. Er hätte jedes Recht, mich rauszuwerfen. Ich liege ihm jetzt schon seit Wochen wegen des Gartens in den Ohren, und er hat stets Nein gesagt. Freundlich, aber bestimmt.

»Derzeit ist das ein ungenutztes Flurstück, es wäre also eine komplette Neugestaltung erforderlich. Der Vorteil an dieser Fläche – auf dem Plan rot umrandet – ist, dass sie an eine kleine Nebenstraße grenzt.«

Mein Vorschlag ist, das Areal in einen Garten mit verschiedenen Unterbereichen zu verwandeln, angelehnt an die, die es seit Jahrhunderten am Haus gibt.

»Bitte zur nächsten Folie umblättern.«Ich schaue vom Bildschirm hoch, um zu sehen, ob Vincent bei der Sache ist. Als er beflissen die nächste Seite aufschlägt und studiert, macht mein Herz einen kleinen Hüpfer.»Ich schlage vor, die Kosten für die Pflege und Instandhaltung des Gartens durch Freiwilligenarbeit und die Eintrittsgelder abzudecken. Alle jetzigen Gärtner von Crompton sind bereit, die Fläche in ihrer Freizeit anzulegen und zu pflegen. Wie's aussieht, wird es sogar mehr Freiwillige geben, als wir tatsächlich brauchen. Da du Sorge um die Exklusivität des Hotels und die Privatsphäre der Gäste hast, lautet die Überlegung, am Haupttor keine Besucher zuzulassen, sondern ihnen an drei Wochentagen Zutritt über die Nebenstraße zu gewähren. Vier Tage die Woche bliebe der Garten exklusiv den Hotelgästen vorbehalten.«

»Ist das Hauptgebäude vom Garten aus zu sehen?«, fragt Vincent.

Auf die Frage bin ich vorbereitet. »Aus einem Teil des Areals, ja. Eine hohe Hecke oder eine Ziermauer wird die absolute Privatsphäre der Hotelgäste wahren.«

»Aber wenn Gäste auf dem Golfplatz sind oder einfach übers Gelände spazieren, würden die Gartenbesucher sie vermutlich sehen.«

»In einigen Bereichen schon«, gebe ich zu.

»Es sei denn, wir stellen noch mehr Sichtschutz auf.«

»Hecken wären am besten. Wir könnten den ganzen Bereich abtrennen. Das würde allerdings mehr kosten, als ich dafür veranschlagt habe.« Was glaubt er denn, wie viele Leute sich ernsthaft beim Golfspielen davon stören lassen, dass sich Besucher Blumenbeete ansehen? Ich sage nichts, denke es jedoch, so laut ich kann.

»Okay«, sagt Vincent. »Und woher kommen die Mittel für die anfängliche Neugestaltung des Gartens?« Er blättert in der Präsentation zur nächsten Seite um. »Da wäre dieser Teich hier, Baggerarbeiten, jede Menge Anpflanzungen natürlich.«

»Aus Spendeneinnahmen. Es wird sich nicht alles auf einmal umsetzen lassen, doch wir denken, es wäre machbar.« Das mit den Spenden wird schwierig. Aber wo ein Wille ist, ist auch ein Weg. »Außerdem fand ich, es wäre schön, Stecklinge und Samen der Pflanzen aus dem bestehenden Garten in der neuen Anlage einzusetzen. Ein Garten in der Tradition des alten würde das spiegeln, was du auch mit der Villa machst: etwas Bestehendes umwandeln, sodass es heutigen Ansprüchen gerecht wird.«

Dass er nichts erwidert, fasse ich als gutes Zeichen auf – er schimpft nicht etwa über meine Idee oder lehnt sie schon ab, bevor ich sie zu Ende vorstellen kann. Also fahre ich mit meiner Präsentation fort und erläutere ihm die Gartenpläne im Detail. Ich gehe die finanziellen Aspekte durch: die Höhe der Instandhaltungskosten und Worst-Case-Szenarien hinsichtlich der Besucherzahlen.

»Noch eine abschließende Idee auf der letzten Seite.«

Ich warte ab, bis er umgeblättert hat.

»Diese Airstream-Wohnwagen können in eine Art Teestube umgewandelt werden.«

Er lacht kopfschüttelnd. »Du hast an alles gedacht.«

»Hast du Fragen?«, möchte ich wissen.

Als er mir geradewegs in die Augen sieht, spüre ich plötzlich seinen Mund auf meinem Hals, seinen Oberschenkel zwischen meinen Beinen, seine Hände überall.

Ich ziehe die Luft ein und schaue weg.

Er lacht leise, womit ich mir noch umso sicherer bin, dass er ganz genau weiß, was in meinem Kopf vorgeht.

»Sprich mit Michael, er soll dich mit meinem CFO in New York in Kontakt bringen. Ich möchte wissen, ob es eine Möglichkeit gibt, einen gemeinnützigen Verein ins Leben zu rufen, dem wir dieses Stück Land als Schenkung überlassen. Dann sieht die Finanzplanung gesünder aus.«

»Du würdest das Land verschenken?«

Er grinst. »Glaub ja nicht, du hättest mich erweicht – das Ganze könnte von Vorteil für mich sein. Es wird vermutlich leichter, die Baugenehmigung zu bekommen, wenn es eine Art zusätzliches Zugeständnis an den Denkmalschutz gibt. Außerdem lassen sich dadurch vielleicht beim Hotel umso mehr Kosten abschreiben. Sprich mit ihm und melde dich dann wieder bei mir.«

»Mach ich.«

»Ich verspreche nichts«, warnt er.

Ich nehme meinen Laptop und stehe auf. »Ich weiß. Aber

danke, dass du es dir angehört hast.« Er hätte nicht bis zum Ende sitzen bleiben und meine Vorschläge ernsthaft in Betracht ziehen brauchen. Er hätte auch genervt reagieren können, weil ich nicht von dem Thema ablasse. Er hat Wichtigeres zu tun. Aber Vincent Cove ist ein guter Mensch. Und mir geht so langsam auf, was für ein Glück ich habe, ihn zu kennen.

25. KAPITEL

KATE

Ich bin nachher mit Vincent zu einem Abendspaziergang verabredet und weiß, dass er mich wegen Norfolk fragen wird. Ich wünschte, ich könnte ihm eine Antwort geben – oder vielmehr die Antwort, die er hören möchte.

Ich klopfe bei Granny an und gehe hinein. Sie sitzt strickend an ihrem Küchentisch.

»Hallo, wie war die Arbeit?«, fragt sie und schaut lächelnd zu mir hoch.

»Soll ich den Wasserkocher aufsetzen?«

»Klingt gut.«

»Wie war das Abendessen gestern?«, erkundigt sie sich, als ich das kalte Wasser aufdrehe.

»Es gab fünf Gänge«, erwidere ich.

»Das meinte ich eigentlich nicht.«

Ich hole Luft, stelle den Hahn ab, lasse den Wasserkocher auf der Heizplatte einrasten und schalte ihn an. »Es war nett. Ich mag ihn, aber …«

Granny schweigt und fragt nicht genauer nach. Ich nehme zwei Tassen aus dem Küchenschrank, greife nach der Packung grünem Tee auf der Arbeitsfläche und bereite uns beiden was zu trinken zu.

»Er möchte, dass ich mit ihm seine Familie in Norfolk besuche.«

Sie nickt. Sie weiß, dass sie nicht erwidern kann: »Wie schön, Schatz. Wann fahrt ihr?«

»Es ist lieb von ihm, dass er gefragt hat«, sage ich.

»Ja, sehr«, stimmt sie zu.

»Aber ... es ist lange her, dass ich so weit weg war.«

»Stimmt«, sagt Granny.

Mir ist klar, dass ich eine Frau von siebenundzwanzig Jahren bin und für die meisten Menschen meines Alters eine Autofahrt von ein, zwei Stunden keine große Sache ist, für mich aber schon.

»Ein Teil von mir möchte hin.« Ich mag Vincent, mehr Zeit mit ihm zu verbringen, würde bestimmt Spaß machen. Es wäre schön, ihn erneut mit seiner Familie zu erleben. »Ich glaube nur nicht, dass ich es schaffe.«

»Wie lange würde er denn bleiben wollen?«, fragt Granny.

»Übers Wochenende.« Er hat mir nicht richtig gesagt, wie viele Nächte genau wir weg wären. Aber »übers Wochenende« klingt definitiv nach einem mehrtägigen Besuch.

»Und danach kämt ihr wieder her«, sagt sie.

Ich nicke, gieße das heiße Wasser ein und nehme die Tassen mit zum Tisch. »Ich habe, ohne dich zu fragen, grünen Tee gemacht. Entschuldige.«

»Ist wunderbar so. Der tut mir gut. Danke.«

Ich lehne mich auf dem Stuhl zurück und trinke einen Schluck. Der Tee ist noch zu heiß, und ich zucke leicht zusammen, weil ich mir die Zunge verbrenne.

»Was meinst du, wie es dir damit gehen würde mitzufahren?«, fragt sie.

»Wenn ich das machen würde und es liefe gut, wäre ich ... erleichtert.«

»Inwiefern könnte es nicht gut laufen?«

Seufzend stelle ich meine Tasse ab. »Tja, das ist ja gerade das

Problem. Ich weiß es nicht. Wenn ich an dem Wochenende hier auf Crompton bleibe, weiß ich ganz genau, wie es wird. Nämlich schön.«

Dann bügele ich die Bettwäsche und knipse mir vielleicht vom Rosenstrauch neben Grannys Haus eine Blüte für die Stielvase auf meiner Küchenfensterbank ab. Eventuell genehmige ich mir mit Meghan was zu trinken und spaziere runter zum See, um nach Fröschen Ausschau zu halten. Was ich wann die Tage mache, wäre jetzt nicht in Stein gemeißelt, würde sich aber in einem gewissen festen Rahmen abspielen. Ohne Überraschungen. Ohne Notfälle oder Katastrophen.

»Und was meinst du, ob das Wochenende in Norfolk auch schön werden könnte?«, fragt Granny.

Als ich die Augen schließe, läuft ein Film in meinem Kopf ab. Ich stelle mir vor, Händchen haltend mit Vincent über den Strand zu spazieren. Ich stelle mir seine Familie um den Kamin versammelt vor, bei einer Partie Scharade und beim Sonntagsessen, bevor wir uns voneinander verabschieden müssten. So was kenne ich bisher nur aus Filmen. Aber Vincent bietet mir die Gelegenheit, einmal dabei zu sein und es selbst zu erleben.

»Es könnte durchaus schön werden. Ich glaube ... ich möchte es versuchen.«

Granny legt ihr Strickzeug weg und nimmt meine Hände. Sie hat glasige Augen, und als sie spricht, ist ihre Stimme brüchig. »Das ist wunderbar, mein Schatz.«

»Glaubst du, ich schaffe es? Ich will ja.«

Sie schließt die Augen und atmet tief durch, bevor sie mich wieder ansieht und lächelt. »Es zu *wollen*, ist schon mal ein Anfang. Ein *richtig guter* sogar.«

»Und ich komme ja wieder«, sage ich.

»Schon zwei Tage später«, ergänzt Granny.

»Was glaubst du, warum Mum so war, wie sie war?«, frage ich. »Glaubst du, sie konnte es nicht ab, an ein Kind gebunden zu sein, und hat das überkompensiert?«

»Sie hat dich geliebt«, sagt Granny. »Das weiß ich. Aber ich glaube, sie wusste nicht, wie sie sich ändern sollte. Schon als kleines Kind war sie schnell gelangweilt, hasste es, ins Bett gehen zu müssen, zur Schule, generell alles, was sich wiederholte. Sie dazu zu bringen, sich die Zähne zu putzen oder gar regelmäßig zu baden, war ein Kampf. Viele Kinder drücken sich vor Sachen, die sie nicht gern machen, es war jedoch nicht so, als hätte sie sich nicht die Zähne putzen *wollen*, sondern eher, dass sie an nichts gebunden sein wollte. Nicht mal Körperpflege.«

»Du bist nicht so. Grandpa war nicht so. Wo kam das her?«

Granny schüttelt den Kopf. »Ich weiß es nicht, Schatz. Manche Menschen werden einfach so geboren.«

»Ging sie deshalb nicht gern zu den Untersuchungsterminen im Krankenhaus?«

»Ich glaube schon. Als sie noch Kind war, ließ sich das leichter bewältigen, da habe ich sie zu manchem gezwungen, aber als Erwachsene ... Es bestand wenig Hoffnung, dass sie mit ihrer Krankheit gut allein umgehen konnte.«

»Das wusstest du?«

»Dein Grandpa merkte sich ihre Termine und flehte sie an, sie einzuhalten. Er war am Boden zerstört, als sie starb – das waren wir natürlich beide –, aber ich glaube, dass er dachte, er hätte mehr tun sollen. Ich weiß nicht, warum es mir leichter fiel, es zu akzeptieren. Vielleicht war es mütterlicher Instinkt oder so etwas, jedenfalls habe ich vorausgeahnt, was passieren würde, sowie wir die Diagnose erfuhren. Ich hatte schon lange, bevor sie starb, Zeit, um meine Tochter zu trauern.«

Die Epilepsie meiner Mum hätte kein Todesurteil zu sein brauchen. Wenn sie nur auf sich geachtet hätte, hätte sie ein langes und glückliches Leben führen können. Wenn sie ihre Untersuchungstermine eingehalten, regelmäßig ihre Medikamente genommen hätte ... hätte sie damit leben können. Eine leise Stimme in meinem Hinterkopf fügt hinzu: *für mich. Sie hätte für mich weiterleben können.*

Ich bemühe mich, ruhig zu atmen, damit ich nicht losweine – nicht wegen meiner Mutter, meine Trauer um sie ist längst vorüber, sondern wegen meiner Großeltern. Mich haben sie gerettet, doch das macht den Kummer nicht wett, den sie wegen des Verhaltens meiner Mutter durchlitten haben.

»Nach ihrem Tod habe ich mir stets mehr Sorgen um dich gemacht«, fährt Granny fort. »So ist es bis heute.«

Ich weiß, warum sie sich sorgt. Auch wenn wir nicht oft darüber reden, ist das unterschwellig immer präsent. Erst jetzt komme ich überhaupt darauf, etwas zu ändern. Bei dem Gedanken, Granny all die Jahre Sorgen bereitet zu haben, kriege ich vor lauter Schuldgefühlen einen Kloß im Hals.

Ich schlucke. »Aber was, wenn ich Ja zu Norfolk sage und es dann nicht schaffe? Was, wenn ich dort hinkomme und irgendwas passiert oder wenn ich es einfach nicht aushalte und nach Hause muss?«

»Dann kommst du nach Hause«, sagt sie.

»Vincent wird mich für irre halten.«

»Falls das so sein sollte, ist seine Meinung egal. Du solltest allerdings mit ihm sprechen. Sag ihm, wie es dir geht. Womit du zu kämpfen hast.«

Ich weiß nicht recht. Ich habe ihm stellenweise anvertraut, wie wichtig mir Crompton ist und warum ich so daran hänge. Wie weit das geht, habe ich nicht so klar gesagt. Nämlich so weit, dass ich ungern hier weg mag. Generell.

»Vertrau ihm«, drängt sie. »Wenn er nur halbwegs der Mann ist, für den ich ihn halte, wird er verständnisvoll reagieren.«

Ich weiß, dass er ein guter Mann ist, aber was ich ihm da gestehen muss, wird sein Bild von mir sicher verändern. Kann sein, dass er verständnisvoll reagiert, seine Einladung aber zurücknehmen will, wenn er hört, was ich zu sagen habe. Da ich aber nicht hier wegkann, ohne für Norfolk alle Eventualitäten zu bereden, und da Vincent der Einzige ist, der mich beruhigen kann ... sieht es ganz so aus, als hätte ich ein schwieriges Gespräch vor mir.

26. KAPITEL

VINCENT

Sie sitzt dem Wasser zugewandt am See auf einer Decke. Ich bin gespannt zu hören, worüber sie nachdenkt. Keine Ahnung, ob es daran liegt, dass ich weniger Ablenkung habe als in London oder New York, jedenfalls hat noch nie eine Frau dermaßen meinen Verstand belegt wie Kate. Obwohl wir erst gestern Abend verabredet waren, kam es mir gar nicht in den Sinn, mich heute nicht schon wieder mit ihr zu treffen. So viel Zeit wie mit ihr habe ich wahrscheinlich noch nie innerhalb einer so kurzen Spanne mit einer Frau verbracht. Und ich will nur noch mehr.

Als sie mich kommen hört, dreht sie sich um und schenkt mir zur Begrüßung ein breites Lächeln, das mir durch und durch geht.

Ich beuge mich hinunter und küsse sie auf die Wange.

»Ich habe uns ein Picknick mitgebracht«, sagt sie. »Nichts derart ... Phänomenales wie gestern Abend, aber ich hoffe mal, du hast noch nicht gegessen.«

Ich schüttele den Kopf. »Nein, ich hatte noch einen Anruf, habe mich schnell umgezogen und bin direkt hergekommen. Das ist super.« Nach einem Blick in die Tüte, die sie mitgebracht hat, setze ich mich neben sie.

»Wie geht's dir?« Ich umfasse ihren Hinterkopf und beuge mich vor, um sie erneut zu küssen.

Sie lächelt unter meinen Lippen, als würde es sie glücklich machen. Mich macht es glücklich, sie glücklich zu machen.

Seit wann bin ich denn so kitschig?

Als wir uns voneinander lösen, schaut sie sich um – wahrscheinlich, um sich zu vergewissern, dass uns niemand gesehen hat.

»Erst mal eine Runde Ginger Beer!« Sie hält zwei Flaschen und einen Öffner hoch. »Für die bist du zuständig.«

Ich greife zu und öffne die Kronkorken, während sie das Essen auspackt. »Bloß ein bisschen Käse, Cracker und Obst.«

»Vielen Dank«, sage ich. »Das ist perfekt. Genau wie hier zu sitzen … bei dem Ausblick. Mit dir. So lässt sich's leben.«

Sie lächelt und holt Luft. »Ich muss mit dir über Norfolk reden.«

Ihr Blick ist fest auf die Flasche gerichtet, die ich ihr gebe. »Okay.«

Lauter Überlegungen, was sie womöglich bereden will, fluten mein Hirn, und ich verdränge sie, um ihr zuzuhören.

»Ich habe dir ja ein bisschen von meiner Mum erzählt. Also, sogar schon bevor sie starb, war Crompton mein Zufluchtsort. Danach wurde es gewissermaßen mein Rettungsanker. Ich hatte das Gefühl, solange ich hier bin, bin ich sicher. Glücklich. Danach habe ich mein Leben ausgerichtet: den Ort, an dem ich glücklich bin, nicht zu verlassen.«

»Das ist nachvollziehbar«, sage ich und streichle ihren Arm.

»Es wurde immer extremer. Anfangs wagte ich mich nur mal ins Dorf, und das ging auch, aber circa ein Jahr nach dem Tod meiner Mutter fuhren wir nach Cambridge und mein Grandpa erlitt einen Schlaganfall. Nicht den, an dem er starb, aber er musste ins Krankenhaus. Danach habe ich Crompton lange nicht verlassen.«

»Das kann ich verstehen.«

»Natürlich ging ich zur Schule. Erst im Dorf, und mit zwölf kam ich dann auf die weiterführende Schule sechs Kilometer von hier.« Sie verstummt, ringt offensichtlich mit sich.

»Du brauchst das nicht zu erzählen, wenn du nicht willst, aber ich möchte gern hören, was du zu sagen hast. Lass dir ruhig Zeit.«

Sie schiebt die Finger in den Bund meines Hemdsärmels und sieht mich an. »Außer zur Schule ging ich nirgendwohin. In der Oberstufe machte ich eine Therapie. Ich wollte auf die Uni, wusste aber nicht, ob ich es schaffe, von hier wegzuziehen. Trotzdem bewarb ich mich. Ich wurde angenommen. Und irgendwie brachte ich den Mut auf, wegzugehen. In meinem ersten Semester hatte Grandpa dann erneut einen Schlaganfall.« Sie schluckt und blickt hinunter auf die Decke. »Diesmal überlebte er ihn nicht.«

Ich streichle ihre Wange in dem Wunsch, ich könnte ihr den Kummer nehmen.

»Jedenfalls gab ich das Studium ein für alle Mal auf. Nicht in Crompton zu sein verknüpfte mein Gehirn von da an mit … Schmerz. Unglück. Trauer. Etwas verschob sich und irgendwo da drin«, sie tippt sich an den Kopf, »kam ich zu der festen Überzeugung, dass etwas Schlimmes passiert, wenn ich weggehe.«

Mein Herz pocht wie wild in meiner Brust. Sie verlässt diesen Ort tatsächlich nie. Es geht um mehr, als dass sie bloß am liebsten zu Hause ist – sie beschreibt eine richtige Sperre. »Du musst nicht mit nach Norfolk kommen«, sage ich. Sollte ich sie ermutigen mitzukommen?

»Das Ding ist, dass ich zum ersten Mal … seit langer, langer Zeit woandershin möchte. Keine Ahnung, ob es daran liegt, dass ich bald hier wegziehen muss, dass Crompton House in ein Hotel umgewandelt wird oder …« Als sie mich ansieht, strahlt ihre Haut im Sonnenlicht.«… an dir. Aber ich würde gern mit nach Norfolk kommen.«

Ich ziehe sie auf meinen Schoß, lege die Arme um sie und vergrabe das Gesicht an ihrer Halsbeuge. Ich weiß nicht genau, wie so was hier geht, doch ich bin dankbar, dass sie sich mir anvertraut, mir das alles gesagt hat.

»Aber …« Als sie die Hände gegen meine Brust stemmt, hebe ich den Kopf. Ich presse die Zähne zusammen, damit ich sie nicht küsse. »Ich weiß nicht genau, ob ich es schaffe.«

Meine Brust sackt in sich zusammen, sodass die Luft aus meinen Lungen weicht. »Ich kann dir helfen.«

»Würdest du?«, fragt sie.

Ich möchte ihr sagen, dass ich alles für sie tun würde. Gott sei Dank redet sie weiter, bevor mir die Worte entweichen.

»Es ist nur … Vielleicht schaffe ich es nicht bis nach Norfolk. Und wenn doch, muss ich vielleicht früher wieder zurück. Aber ich würde deine Familie liebend gern wiedersehen. Ich möchte unheimlich gern ans Meer, den Sand unter den Füßen spüren. Vor allem möchte ich echt gern das Wochenende mit dir verbringen.«

Mir schwillt die Brust, und ich bekomme wieder Luft. »Wenn wir es nicht ganz bis nach Norfolk schaffen, dann ist es eben so. Und wenn wir früher wieder abreisen, dann reisen wir eben früher wieder ab. Was auch immer geschieht, wir werden ein tolles Wochenende haben.«

Sie schmiegt die Wange an meine. »Danke«, flüstert sie.

Ich schiebe die Finger in ihr Haar und drücke ihr einen Kuss auf den Mund. »Du schmeckst gut.«

»Liegt am Ginger Beer«, sagt sie.

Ich lache leise. »Nein, an dir. Nur an dir. Du tust *rundum* gut.«

Ich kann es nicht in Worte fassen, aber durch alles, was sie tut, mag ich sie noch mehr, mit jedem Wort, das sie sagt, möchte ich noch aufmerksamer zuhören. Jedes Mal, wenn sie mich berührt, stehe ich in Flammen. Es ist, als sei sie für mich geschaffen.

»Du auch«, erwidert sie und lässt dann ihre Zunge in meinen Mund gleiten. Ich stöhne unter ihren heißen, süßen, feuchten Küssen und streichle über ihren Rücken.

»Der Nachteil, wenn man neben dem Büro wohnt, ist, dass Michael oben noch arbeitet, wir können also nicht rübergehen.«

Sie lacht. »Und ich wohne neben meiner Grandma. Vielleicht will ich eigentlich gar nicht nach Norfolk, sondern bin bloß rallig und wünsche mir ein bisschen Privatsphäre.«

Wieder stöhne ich. »Mein Onkel und meine Tante werden erwarten, dass wir bei ihnen übernachten.« Ich schüttele den Kopf. »Ich buche uns ein Hotel.«

»Bist du dir sicher? Ich möchte sie nicht vor den Kopf stoßen.«

»Klar doch. So ist es vielleicht sogar einfacher für sie. Anscheinend kommen alle meine Cousins. Sie werden also sowieso ein volles Haus haben.« Das Kribbeln in meinem Nacken stellt sich wieder ein.

»Wie lange braucht man denn dorthin?« Ihre Stimme klingt locker-lässig, aber wie sie am Kragen meines Hemds herumspielt, verrät mir, dass die Frage bedeutsam ist.

»Keine dreißig Minuten«, sage ich in der Hoffnung, die richtige Antwort gegeben zu haben.

»Aber du meintest doch, sie wohnen außerhalb von Blakeney. Das müssen doch mindestens zwei Stunden Fahrt sein.«

»Mit dem Auto wahrscheinlich schon, aber wir nehmen einen Hubschrauber.«

»Einen Hubschrauber?« Sie verschluckt sich fast an dem Wort. »Was redest du da?«

»Sie möchten, dass wir am Freitag kommen. Da habe ich den

ganzen Nachmittag Telefonkonferenzen. Wir nehmen einfach einen Heli. So mache ich das sonst von London aus auch.«

»Klingt kostspielig«, sagt sie und dreht sich auf meinem Schoß um, sodass sie mit dem Rücken an meiner Brust lehnt. Sie fängt an, Käse und eine Apfelspalte auf einen Cracker zu stapeln, und reicht ihn mir, bevor sie sich selbst auch einen belegt.

»Klingt schnell. Außerdem können wir ruckzuck zurück nach Crompton, wenn du wegmöchtest.«

Sie fasst hinter sich und streichelt meinen Hinterkopf. »Ich möchte das wirklich gern machen.«

»Ich werde buchstäblich die ganze Zeit deine Hand halten.«

27. KAPITEL

VINCENT

Als trotz der verschiedenen Redebeiträge in der Videokonferenz das *Flack-Flack* des Hubschrauberrotors in den Raum dringt, will ich die Besprechung schleunigst beenden. Alle sind in Hochstimmung. Vor ein paar Tagen wurde die offizielle Baugenehmigung erteilt, und dies ist unser erstes Meeting zur Organisation des Hotelbetriebs.

Wie so oft hatte Kate auch mit der Hoteldirektorin recht – nicht dass ich ihr das eingestehen werde. Olga ist noch nicht nach Crompton gezogen, konnte aber an diesem Call teilnehmen. Sie führt uns gerade durch ihren Teil der Projektplanung.

»Ich habe Kontakte in verschiedenen Fünf-Sterne-Hotels in London und werde organisieren, dass alle unsere Abteilungsleitungen als Teil des Trainings mit den dortigen Kolleginnen und Kollegen mitlaufen.«

Das ist eine super Idee. Manche unserer künftigen Abteilungsleitungen haben nie zuvor in einem Fünf-Sterne-Hotel gearbeitet. Sie müssen in der Praxis lernen, wie es läuft, nicht bloß in der Theorie. Trotzdem frage ich mich, wie Kate als Leiterin des Gästemanagements mit einer Reise nach London zurechtkommen wird. Obwohl Cambridge so nah an London liegt, hat sie nie erwähnt, schon mal dort gewesen zu sein. Vielleicht wird unser Besuch in Norfolk ein Anfang. Ich würde unheimlich gern mit ihr nach Sizilien reisen. Und nach Paris. Sogar nach New York.

Gott, was ist nur los mit mir? Wir daten erst ein paar Wochen, und ich male mir schon Urlaube mit ihr aus.

»Super Idee, Olga. Ich denke, Michael sollte an Ihren Arbeitsmeetings teilnehmen. Da brauche ich nicht dabei zu sein.« Michael wirft mir einen Blick zu. Ich habe das noch nicht mit ihm besprochen, aber er ist bereit für eine Beförderung. Ich brauche seinen Grips in den Tiefen der Betriebsplanung.

Ich schaue auf die Uhr. Es ist kurz vor sechs, ich muss los. »Ich überlasse Michael jetzt die weitere Leitung des Meetings. Schönes Wochenende allen.«

Wie ich es mir gedacht hatte, lenkt Michael die Aufmerksamkeit souverän wieder auf Olgas Update, und ich stehle mich zur Tür hinaus.

Kate wartet am Fuß der Treppe. »Ich hatte meinen Koffer hier stehen lassen. Du meintest, ich soll ihn neben die Tür stellen, und jetzt ist er weg.« Ein panischer Ausdruck steht in ihren Augen.

»Schon gut. Den habe ich Molly heute Vormittag ins Hotel bringen lassen, damit sie schon mal für uns auspackt und alles zurechtlegt.«

»Wir bleiben zwei Nächte. Ich brauche keine zehn Minuten zum Auspacken.«

Ich zucke mit den Schultern. »Brauchst du noch schnell einen Tequila-Shot?«

»Nein, ich glaube, ich wäre lieber nüchtern, wenn ich deine Familie treffe.«

Ich schneide eine Grimasse. »Weiß nicht, ob das so eine tolle Idee ist, aber wir probieren's.«

Die Eingangstür geht auf, und der Pilot holt uns ab und bringt uns zum Heli.

Sobald wir darinsitzen, hüllt uns Stille ein. Ich beuge mich rüber und ziehe Kates Gurt fest.

»Es ist ja leise«, sagt sie. »Ich dachte, wir müssten solche ...«, sie deutet auf ihre Ohren, »Dingsbums aufsetzen.«

»Nein, keine Dingsbums«, erwidere ich, während ich versuche, nicht so breit darüber zu grinsen, wie sexy sie in blauen Shorts und weißem T-Shirt aussieht.

Als wir abheben, nehme ich ihre Hand. Wahrscheinlich hätte ich sie fragen sollen, ob der Hubschrauber okay für sie ist, aber wie ich Kate kenne, hätte sie sofort was gesagt, wenn ihr die Aussicht auf den Flug Angst gemacht hätte. So sitzt sie wenigstens nicht stundenlang in einem Auto fest und macht sich Gedanken, was auf sie zukommt und was sie zurücklässt.

»Schon dem Mile High Club beigetreten?«

»Sogar schon ein paarmal«, sagt sie mit einem kurzen Schulterzucken, als wäre sie megaentspannt. Doch mich kann sie nicht täuschen – mit der anderen Hand umklammert sie die Armlehne, als säße sie in der Achterbahn. »Natürlich nur auf Privatflügen.«

»Natürlich«, wiederhole ich und streichle ihre Hand, um ihr zu helfen, sich zu entspannen. »Fliegen ist viel einfacher. Verkürzt eine zweieinhalbstündige Anreise auf dreißig Minuten.«

»Sieht so dein Leben aus?«, fragt sie. »Hubschrauberflüge und Angestellte, die dir mit dem Gepäck helfen? Jemand, der einem das Auspacken abnimmt – das ist das Verrückteste, was ich je gehört habe.«

Ich lache. »Verglichen mit den meisten wohlhabenden Menschen lebe ich ziemlich bescheiden.«

Sie blickt sich in der Hubschrauberkabine um, und zwar eindeutig weder eingeschüchtert noch beeindruckt, bloß neutral. »Na ja, nicht nach meinen Maßstäben.«

»Du lebst schon den Großteil deines Lebens auf einem

Anwesen, das eher wie ein Schloss wirkt als wie ein Privatwohnsitz. Ich glaube nicht, dass dich offen zur Schau gestellter Wohlstand wirklich derart überrascht.«

»Das ist was anderes. Erstens, weil ich selbst nicht so lebe und mich der Earl nicht etwa regelmäßig zum Abendessen in die Villa eingeladen hat. Und zweitens, weil ich nicht glaube, dass der Earl viel ... Barvermögen hatte. Auch wenn ihn mal Gäste per Hubschrauber besuchen kamen.«

»Du hast recht, es ist was anderes. Wie geht's dir?«, frage ich.

»Überraschenderweise ganz okay, solange ich nicht nach unten gucke.«

»Und in puncto von Crompton weg sein?«

Sie nickt, als wollte sie sich selbst überzeugen, dass es ihr gut geht. »Granny wird mir regelmäßig schreiben und weiß, dass sie meine Nachrichten nicht ignorieren darf. Außerdem sehe ich das so ...« Sie verschränkt die Finger mit meinen. »Durch dich habe ich ein Stück Crompton bei mir.« Sie sieht zu mir hoch. »Du bist im Prinzip ein riesengroßer Schlüsselanhänger.«

Ich lache. »Ich wurde schon Schlimmeres genannt. Da fällt mir ein, ich habe etwas für dich.« Ich greife in die Innentasche meines Jacketts und nehme eine flache blaue Schachtel heraus.

Kate kneift misstrauisch die Augen zusammen. »Ein Geschenk?«

»Du guckst, als könnte es sich um eine Bombe handeln«, sage ich.

Sie lacht. »Ich bin bloß überrascht. Das ist mein schockierter Gesichtsausdruck.« Egal, welches Gesicht sie macht, sie ist wunderschön.

Sie nimmt die Schachtel. »Soll ich es jetzt aufmachen?«

Ich nicke und schaue zu, wie sie die weiße Schleife aufmacht, den Deckel abnimmt und den silbernen Rahmen herausnimmt. Es handelt sich um ein Triptychon: drei kleine, mit

Scharnieren verbundene aufklappbare Rahmen, die drei Bilder enthalten.

»Das sind ja meine Fotos«, stellt sie halb flüsternd fest.

»Mir ist klar, dass du sie auf Instagram gepostet hast und sie dir auch auf dem Handy angucken kannst, aber ich dachte mir, es gefällt dir vielleicht, den im Hotel auf deinen Nachttisch zu stellen. So kannst du noch ein kleines Stück von Crompton mit auf Reisen nehmen. Neben deinem überdimensionalen Schlüsselanhänger.«

Sie lächelt und fasst an meine Wange. »Das ist ... ›aufmerksam‹ ist irgendwie ein zu schwaches Wort dafür. Es ist mit das Liebste, was jemand je für mich gemacht hat.«

Wärme breitet sich in meinem Bauch aus, und ich gebe ihr einen Kuss auf die Schläfe. »Ich möchte, dass du ein schönes Wochenende hast. Aber wenn nicht, dann versprich, dass du es mir sagst. Wir können jederzeit wieder weg. Du stößt damit niemanden vor den Kopf. Diese Menschen sind meine Familie.«

Sie beugt sich herüber und küsst mich auf die Wange. »Erzähl mir von ihnen. Du musst sie sehr liebhaben, wenn du zum Studieren nach Großbritannien wolltest und ... ein herrschaftliches Anwesen kaufst, um näher bei ihnen zu sein.«

»Ja, stimmt«, sage ich. »Sie sind in vielerlei Hinsicht mehr meine Familie als meine eigenen Eltern.« Das gestehe ich nicht oft ein – nicht mal mir selbst.

»Wie kommt's?«, fragt sie.

»Mein Vater war ein Spieler. Ich erinnere mich nicht, dass das ein Problem gewesen wäre, bis ich acht wurde. Er hat mich samstags immer zum Fußballtraining gebracht und freitags war Familienfilmabend – er machte Popcorn und wir drei saßen mit einer Decke auf der Couch und guckten einen Disneyfilm. Meine Eltern haben zwar beide gearbeitet, aber sie waren viel für mich da.« Meine lebhaftesten Erinnerungen an meinen Dad spiele im Garten hinter unserem Haus. Der Rasensprenger läuft, er jagt mich mit einer Wasserpistole herum, wir spielen Fußball und Frisbee. Er wirkt so glücklich. Meine Mom auch.

»Klingt schön«, flüstert sie und holt mich damit wieder ins Hier und Jetzt zurück.

»War es auch. Und dann klopfte es an meinem achten Geburtstag an der Tür, meine Mom ging aufmachen und mein Leben änderte sich ein für alle Mal. Ich erinnere mich noch, wie ich damals panisch wurde, als ich hörte, wie sie mit dem Mann an der Tür stritt. Wir waren früh auf, und sie war dabei, mir Pancakes zu machen, weil ich Geburtstag hatte, sollten es welche mit Schokoladenstückchen werden. Sie ließ die Pfanne auf dem Herd, als sie an die Tür ging und … ich weiß nicht mehr, was der Mann sagte, oder verstand es wahrscheinlich gar nicht. Aber meine Mutter, die sonst nie laut wurde, schrie und schluchzte halb. So hatte ich sie noch nie erlebt. Während ich in die Küche ging und den Herd ausschaltete, kam mein Vater die Treppe heruntergestürmt und schrie den Mann an der Tür an. Dann fing Mom an, mit den Fäusten gegen Dads Brust zu schlagen.«

Mir schnürt es die Kehle zu, sodass ich einmal durchatme. Es ist sehr lange her, dass ich an diesen Tag zurückgedacht habe. Kate lässt die Armlehne los und streichelt mir über die Brust. »Tut mir furchtbar leid. Ich wollte dich nicht aus der Fassung bringen.«

Ich habe mich damit abgefunden, was an jenem Tag geschah. Und Ende gut, alles gut, stimmt's? Ich habe ein tolles Leben, und vermutlich ist es gerade *wegen* dieses Tags so gut.

»Das hast du nicht. Ich möchte es dir ja erzählen.« Ich weiß nicht, was Kate an sich hat, aber ich möchte dies mit ihr teilen. Ich möchte alles mit ihr teilen.

238

»Mein Dad hatte das Haus beim Spielen verzockt«, erzähle ich.

Als Kate die Lippen auf meine Schulter drückt, tröstet mich das, wie ich es gar nicht für nötig gehalten hätte.

»Wir gingen an dem Tag weg. Ich übernachtete bei Nachbarn, die Kinder in meinem Alter hatten. Meine Mom nicht. Ich weiß nicht, wo sie abblieb.« Mit Daumen und Zeigefinger reibe ich mir die Nasenwurzel. »Als wir am nächsten Tag zurückkehrten, war er weg. Dann packten wir und zogen aus. Ich habe meinen Dad nie wiedergesehen.«

»Oh, Vincent«, sagt Kate. »Das tut mir so, so leid für dich. Ich kann mir gar nicht vorstellen, wie das gewesen sein muss. Dein ganzes Leben änderte sich von einem Moment auf den anderen.«

»*Doch*, ich glaube eigentlich, das kannst du. Als deine Mom starb, muss es dir doch genauso gegangen sein?«

Ich frage mich, ob ich mich deshalb zu Kate hingezogen fühle. Unser beider Leben wurden erschüttert, als wir ungefähr im selben Alter waren.

»Ich habe das noch nie jemandem gestanden, aber ich war nicht so tieftraurig, wie es die meisten Menschen von einem Kind denken würden, wenn die Mutter stirbt. Ich fühle mich schrecklich, weil ich das sage, und so zu empfinden, ist sogar noch schlimmer, aber ich war vor allem erleichtert. Ich durfte bei Granny und Grandpa auf Crompton leben. Ich wusste genau, wie mein Alltag ablaufen würde. Ich wusste, ich würde Weetabix zum Frühstück essen, rechtzeitig zur Schule gebracht und um Punkt halb vier abgeholt werden. Ich wusste, dass es Schlag fünf Abendessen geben würde. Es war jeden Tag das Gleiche, und ich liebte das. Mein Leben wurde besser, nachdem sie gestorben war.«

Ich lache, allerdings nicht aus Freude, sondern eher vor Ironie und Frust. »Bei mir war es genau umgekehrt. Nachdem wir zu Hause ausgezogen waren, flogen wir nach England, und ich blieb bei meiner Tante, meinem Onkel und ihren Söhnen. Es war der tollste Sommer überhaupt. Ich vermisste meinen Dad zwar, nahm aber hin, dass er nicht bei uns war, weil wir ja nicht zu Hause waren. Erst als wir wieder zurück nach Amerika flogen, in eine enge Dreizimmerwohnung zogen – ohne meinen Dad –, und ich auf eine neue Schule kam, ging mir auf, dass mein Leben nie wieder wie früher sein würde.«

»Es tut mir so leid.«

»Ich habe doch gar keinen Grund, wütend zu sein, oder? Ich führe ein tolles Leben. Ich bin glücklich. Und erfolgreich.«

»Natürlich kannst du wütend sein. Und traurig und … alles dazwischen.«

Dankbar darüber, dass sie da ist, hier neben mir, mir zuhört, mich begleitet, drücke ich ihre Hand.

»Vielleicht ist das dein Antrieb? Dass du nicht in einer engen Dreizimmerwohnung leben möchtest.«

»Kann sein«, erwidere ich. »Ich glaube, deshalb hänge ich mein Herz nicht an bestimmte Orte. Ich habe als Erwachsener noch nie länger als ein Jahr irgendwo gewohnt.«

»Wow«, flüstert sie. Fragt sie sich gerade, wie lange ich wohl in Crompton bleiben werde?

Ich nämlich schon.

Ich will es nicht laut aussprechen. Aber … vielleicht wird es diesmal anders.

»Was ist mit deiner Mum?«, fragt sie in die Stille hinein. »Du sprichst nie von ihr.«

»Wir haben kein enges Verhältnis. Sie hat wieder geheiratet, lebt in derselben Straße, aus der wir weggezogen sind, als ich acht war, und nimmt kein Geld von mir an.«

Unser Gespräch wird durch eine Ankündigung des Piloten unterbrochen: »Wir landen gleich.«

»Da ist das Haus.« Ich zeige auf die Ansammlung von Häusern weiter vorn und lache auf. »Mein Onkel wird über den Lärm fluchen, und der Hund wird durchdrehen.«

Als sich ein Lächeln auf ihrem Gesicht ausbreitet, weiß ich nicht genau, ob es eine Reaktion auf mein Lachen ist oder auf die Szene, die ich beschreibe. Vielleicht beides.

»Denk dran, sag mir einfach Bescheid, wenn's dir zu viel wird. Wir sollten ein Geheimzeichen abmachen oder so.«

»Zum Beispiel? Soll ich dir zuzwinkern?«

»Das kriege ich vielleicht nicht mit. Wie wär's, wenn du sagst, dass du eine Nachricht von deiner Granny gekriegt hast?«

»Aber das könnte stimmen und gar kein Notfall sein. Soll ich den Ententanz machen? Losbellen wie ein Hund? Musicalhits singen? Oder nein, warte – ein ganz radikaler Vorschlag – soll ich dich vielleicht um ein Gespräch unter vier Augen bitten?«

Ich lache in mich hinein. »Ja, das könnte verrückt genug sein, dass es funktioniert. Wobei du eine sehr schöne Singstimme hast. Du kannst mir jederzeit etwas vorsingen.«

28. KAPITEL

KATE

Ich erkenne Carole sofort wieder, als ich sie sehe. Sie hat ein freundliches Gesicht, und ihr stehen vom Windgewirbel des Hubschraubers die Haare zu Berge. Sie trägt eine Schürze mit lauter Gesichtern eines Mannes darauf und lächelt von einem Ohr bis zum anderen, als wäre der Anblick von Vincent und mir wie der eines doppelten Regenbogens nach einem Unwetter. Ich schaue zu Vincent, während wir den Rasen überqueren, um sie zu begrüßen, und er drückt meine Hand. »Ich bin bei dir. Denk dran.«

»Vincent und Kate!« Sie löst meine Hand aus Vincents. »Ich erinnere mich an dich, Liebes, du warst in der Teestube. Kate, das ist Jacob, mein ältester Sohn. Jacob, das ist Kate. Jacobs Verlobte musste mal eben aufs Klo. Muss sie ganz schön oft – na, egal, wir freuen uns so, dich bei uns zu haben.«

Ich lächle, obwohl ich nicht sicher bin, ob ich mich womöglich gleich übergeben muss vor lauter Adrenalin oder Nervosität oder was auch immer. »Hallo, Carole. Schön, dich wiederzusehen.«

Sie schließt mich in die Arme. »Lasst uns reingehen.«

»Verfluchter Hubschrauber«, dröhnt eine Männerstimme, als wir durch die kleine Tür in eine große Essdiele mit weiß gestrichenen Wänden und Terrakottabodenfliesen treten.

»John, sag Kate Hallo«, bittet Carole.

»Gehörst doch nicht etwa zu dem da, oder?«, fragt der Mann mit einem Nicken zu Vincent, der in der Tür steht.

Ich weiß nicht recht, wie ich reagieren soll. Mag er Vincent nicht?

»*Doch*, Kate gehört zu Vincent, das weißt du ganz genau, und wir sind entzückt, dass sie mit hergekommen ist, nicht wahr?«, sagt Carole.

»Was macht es schon, ob wir noch jemanden sattkriegen müssen?«, meint John.

»Ich hab hier etwas, das dir gefallen könnte«, meldet sich Vincent. Dann sagt er laut flüsternd zu mir: »Es ist nämlich so, dass John gern Wein trinkt.«

Vincent dreht sich weg und spricht mit jemandem hinter sich. Vielleicht mit dem Piloten?

»Ich habe noch jede Menge von dem Malbec«, ruft John ihm zu.

Als Vincent sich wieder umdreht, hat er eine Holzkiste in den Händen. »Aber hast du schon den Pinot Noir probiert?«

Johns Augen funkeln schelmisch. »Du bist ein ganz ausgebufftes Bürschchen, junger Mann, und genau deshalb liebe ich dich mehr als meine eigenen Söhne.«

Ich muss lachen.

»Bestechung hilft immer, John in gute Laune zu versetzen«, sagt Vincent und nimmt meine Hand.

»Carole, haben wir den Pinot Noir probiert, als wir dort waren?«, fragt John seine Frau.

Wir wenden uns nach rechts in eine Küche. Vincent muss sich dabei unter dem Türsturz hindurchbücken. Es ist ein gemütlicher, einladender Raum, in dem ein abgenutzter Kiefernholztisch steht und es nach leckerem Essen auf dem Herd duftet.

»Du wirst ein ganz schöner Weinsnob«, sagt Carole zu Vincent.

»Er war schon immer ein Snob, nicht nur in Sachen Wein«, meint Jacob. »Kurzanleitung für ein Wochenende im Hause Cove: Ignorier alles, was Dad sagt, iss alles, was Mum kocht, und lass bloß nicht den Hund nach draußen.«

»Mist«, sagt Carole. »Wo ist Hund?«

»Wer kommt denn wann?«, fragt Vincent. »Ach, und den haben wir dir mitgebracht.« Er reicht Carole einen Strauß Blumen aus Crompton, den ich in meiner Mittagspause gepflückt habe.

»Wo kommt der denn jetzt her?«, frage ich. »Ich dachte, den hätte ich vergessen.«

»Molly hat ihn mit hergebracht«, antwortet Vincent.

Ich bemühe mich, nicht geschockt zu reagieren. Ich erlebe Vincent sonst ganz anders. Ja, er ist mein Chef, und ja, er hat ganz Crompton Estate gekauft, daher weiß ich natürlich, dass er reich ist. Mir war nur nicht bewusst, *wie* reich. Nicht vor der Sache mit dem Hubschrauber heute, der Assistentin. Das alles ist für ihn so normal.

»Meinst du deine Untergebene, die du das Auto in der Einfahrt hast abstellen lassen?«, fragt John.

»Sie ist meine persönliche Assistentin«, erwidert Vincent. »Aus rechtlichen Gründen bezeichne ich Molly nicht als Untergebene.«

»Sollen wir den Wein aufmachen?«, fragt John.

Jacob war aus der Küche gegangen und kommt wieder herein, diesmal gefolgt von einer hübschen Frau mit langen braunen Haaren. Habe ich sie in der Teestube gesehen? »Kate, das ist meine Verlobte Sutton.«

Sutton und ich begrüßen uns mit Küsschen auf die Wange. »Ich erinnere mich noch daran, als ich das erste Mal herkam. Es ist ziemlich viel auf einmal, stimmt's?«

Ich lächle nur. Stimmt schon. Aber es ist toll. Alle behandeln mich, als käme ich schon seit Jahren her. Ich fühle mich nicht so fremd, so ängstlich und unwohl, wie ich dachte.

Aus dem Nichts fängt Jacob an, allen Champagnergläser zu reichen.

»Ich dachte, wir probieren den Pinot Noir?«, sagt John. »Ich will keinen verdammten Champagner.«

»Ehrlich, lass das Ganze ein paar Stunden auf dich wirken, dann willst du hier nie mehr weg«, fährt Sutton fort. »Carole und John haben geheime Zauberkräfte, ich schwöre dir, hier ist was in der Luft, das bewirkt, dass du direkt wiederkommen möchtest, sobald du fährst.«

»Zauberkräfte, tsk«, macht John. »Wenn ich welche hätte, würde ich euch alle hier wegzaubern. Carole und ich hätten das Haus für uns allein. Nur Vincent würden wir erlauben vorbeizukommen, solange er nur guten Wein mitbringt.« Er wendet sich mir zu. »Du wärst natürlich auch willkommen. Wie ich höre, bist du auch keine Ärztin?«

»Hattet ihr das denn erwartet?«, frage ich.

»Überhaupt nicht. Unter diesem Dach gibt's eh schon zu viele von uns.« Er zuckt mit den Schultern. »Wobei wir neuerdings weniger sind. Mein Sohn Zach hat den Arztkittel an den Nagel gehängt und schreibt jetzt Bücher.« Er lacht leise. »Ist das zu glauben? Er ist fürchterlich gut darin. Was machst du beruflich?«

»Ich arbeite auf Crompton, in der Teestube und mittlerweile auch als Assistentin von Vincents Assistenten. Wenn das Hotel eröffnet, hoffe ich in der Gästebetreuung anzufangen.«

»Sie wird die *Leitung* der Gästebetreuung übernehmen«, stellt Vincent klar.

»Lasst uns anstoßen«, sagt Jacob. »Auf die Ruhe vor dem Sturm.«

»Was soll das heißen?«, hakt Carole nach. »Welcher Sturm?«

»Bloß dieses Wochenende. Anscheinend bringt alle paar Monate einer von uns eine Frau mit hierher und erweitert unsere Sippe. Diesmal ist es Vincent. Nächstes Mal vielleicht Beau.«

»Wer sollte Beau nehmen?«, fragt John. »Da müsste man schon verzweifelt sein.«

John spricht wenig schmeichelhaft von seinen Söhnen, aber ich habe den Eindruck, das ist nur Show. Sie lieben ihn eindeutig alle. Kein Wunder, dass Vincent hier dazugehören möchte. Sie kommen einem wie eine Gemeinschaft vor, wie ein Club mit sehr exklusiven, wenn nicht eigenwilligen Mitgliedsbedingungen.

»Er sieht gut aus und könnte einem alles aufschwatzen«, sagt Jacob. »Er wird schon jemanden dazu bringen, ihn zu heiraten.«

Mein Bauch gerät in Aufruhr. Denken das alle? Dass Vincent und ich auf dem Weg in eine Ehe sind? In Bezug auf Vincent erlaube ich mir nicht, an die nächste Woche zu denken, geschweige denn den Rest meines Lebens.

»Wie geht es mit Crompton voran?«, unterbricht John meinen Gedankengang. »Ist es so ein Fass ohne Boden, wie ich dir vorausgesagt habe?«

»Schätze, das wird sich nächste Woche zeigen, dann gehen die Bauarbeiten los«, erwidert Vincent.

»Na, Vincent«, sagt John. »Du hast ein gutes Händchen bei Weinen, Frauen und Investitionsgelegenheiten.«

Vincent wirft mir einen besorgten Blick zu. »Mit Frauen meinst du Kate, stimmt's?«

Ich trete noch ein Stück dichter neben ihn und lege ihm die Hand auf den Rücken. Er braucht sich nicht solche Sorgen zu machen. Ich bin kein rohes Ei. Außerdem habe ich Augen im

247

Kopf und weiß, wie gut Vincent aussieht, was – noch kombiniert damit, dass er reicher ist als sonst irgendwer, den ich kenne – bedeutet, dass er eine Menge weibliche Verehrerinnen haben muss. Ich bin nicht blöd. Trotzdem möchte ich nur an das Hier und Jetzt denken. Ich möchte nicht sinnieren, was es zu bedeuten hat, dass Vincent mich mit zu einer Familienfeier nimmt. Ich möchte nicht mutmaßen, wie lange er wohl auf Crompton bleibt. Wir sind jetzt zusammen, und nur darauf kommt es an.

John macht ein finsteres Gesicht, als wäre Vincent ein Trottel. »Natürlich meine ich Kate. Eine andere Freundin von dir hast du mir nie vorgestellt, oder?«

Als Vincent neben mir erstarrt, muss ich unwillkürlich lachen. »Entspann dich«, flüstere ich ihm zu. »Ich drehe nicht am Rad, und das solltest du genauso wenig.«

»Lasst uns mit den Getränken raus in den Garten gehen«, schlägt Carole vor. »Zach und Ellie müssten jeden Moment eintreffen. Jacob, kannst du noch eine Flasche aus dem Kühlschrank holen?«

»Wird gemacht. Ich bringe noch zwei Gläser mit. Dax und Beau kommen erst später.«

»Gott sei Dank«, sagt John, während er sich an einen großen runden Teakholztisch unter einem mit Jasmin überrankten Spalier setzt. »Drei von euch reichen.«

Wir nehmen alle Platz, Vincent neben mir, Sutton auf der anderen Seite.

»Was ist mit Nathan und Madison?«, fragt Vincent.

»Sie kommen nicht vor morgen Abend«, antwortet John. »Die haben jetzt selber einen menschlichen Parasiten, um den sie sich kümmern müssen.«

Carole sitzt neben John und tritt ihn scherzhaft. »Du redest da von unserer Enkelin. Wir brauchen dringend mehr Sitzmöglichkeiten. Unsere Familie wird immer größer, und ich will, dass alle zusammensitzen können.«

»Dann müssen wir in eine verdammte Villa ziehen«, meint John.

»Der arme Vincent muss im Blakely Hotel übernachten. Das gefällt mir nicht«, sagt Carole. »Ganz und gar nicht. Er soll wissen, dass hier Platz genug für ihn ist. Ist es nämlich immer.« Als ich zu Vincent schaue, umspielt ein kleines Lächeln seine Mundwinkel.

»Das war meine Schuld, Carole«, erkläre ich. »Ich hoffe doch, ich habe dich damit nicht vor den Kopf gestoßen. Die Wahrheit ist, dass ich nicht oft von zu Hause weg bin und etwas nervös war hierherzukommen. Ich habe seit dem Studium nicht mehr woanders als auf Crompton übernachtet. Vincent dachte, in einem Hotel ist es vielleicht leichter für mich.«

»Ach, meine Liebe«, sagt Carole, und mein Herz scheint anzuschwellen, so viel Zuneigung vermittelt sie mir. »Ich bin überhaupt nicht vor den Kopf gestoßen. Danke, dass du mir das sagst, wir fühlen uns sehr geehrt, dass du dich entschieden hast, zu Besuch zu kommen. Es wird nicht der letzte sein, ich garantiere dir, du wirst wiederkommen.« Sie schaut zu Vincent. »Ich bin mir sicher. Und nächstes Mal könnt ihr hier übernachten.«

»Wo hast du denn studiert?«, erkundigt sich John.

Auf die Frage folgt ein gestöhntes »Daaaaad« von Jacob und Gemurmel von allen anderen.

»Was denn?«, fragt John mit beleidigter Miene. »Ich habe das Mädchen doch nur gefragt, wo es auf der Uni war.«

Frau, setzt es am Tisch erneut unisono ein, und ich muss lachen.

»Ich habe nach dem ersten Semester abgebrochen«, sage ich. »Aber ich wollte Physik in Cambridge studieren.«

»Was?«, sagt Vincent. »Das wusste ich nicht.«

Ich zucke mit den Schultern. »Du weißt eben nicht alles über mich.«

Er küsst mich auf die Wange und flüstert mir dann ins Ohr: »Möchte ich aber.«

Mein Innerstes schmilzt dahin. Ich bin echt froh, dass wir heute im Hotel übernachten.

»Vincent sagt, ihr habt lange in London gelebt. Wie kam es, dass ihr nach Norfolk gezogen seid?«, frage ich.

»Können wir noch dabei bleiben, dass du in Cambridge warst?«, meint Vincent.

Ich lache. »Nein. Dazu gibt es nichts weiter zu sagen.«

»Vincent ist geknickt, weil er in der Beziehung nicht der Schlauere von beiden ist«, sagt Jacob.

»Ist er nie. Darum ist er auch in Cambridge rausgeflogen.«

»Cambridge?«, wiederhole ich. »Mir war nicht klar, dass du dort studiert hast.«

Vincent nimmt sich eine Pistazie aus einer der Schalen auf dem Tisch und bewirft Jacob damit. »Die haben mich nicht rausgeschmissen. Genauso wenig wie Harvard Bill Gates rausgeschmissen hat. *Richtig* schlaue Leute brauchen nicht zu studieren.«

»Das ist ihre Art, ihre Zuneigung zu zeigen«, sagt Sutton zu mir. »Ich weiß ja nicht, ob das in deiner Familie auch so ist, ich musste mich jedenfalls erst daran gewöhnen. Mittlerweile fühle ich mich ein bisschen ausgeschlossen, wenn sie mich nicht mindestens zweimal am Tag beleidigen.«

Lächelnd beobachte ich das alles. Es ist schön – herzlich und gemütlich, und hier zu sein, fühlt sich sehr besonders an.

Ich schaue zu John, der vor sich hin gluckst und sichtlich genießt, wie seine Söhne und sein Neffe einander aufziehen. Was für eine wunderbare, glückliche Familie. Das erinnert mich sehr an Crompton. Nicht das Genecke und Gespotte, sondern der Zusammenhalt, die untrennbare Verbindung, die man weder sehen noch greifen, aber doch nicht bestreiten kann. Sie ist allgegenwärtig und umgibt diese Menschen wie ein unsichtbarer Ring aus Stahl.

29. KAPITEL

VINCENT

Mit das Tollste an Norfolk ist der Sternenhimmel. In London sehe ich den nie.

»Sie ist super«, sagt Jacob.

Wir sitzen nach dem Jubiläumsessen zusammen um die Feuerstelle, rösten Marshmallows und trinken Wein, wie wir es schon Hunderte Male gemacht haben. Der heutige Abend fühlt sich anders an. Besser. Ich komme immer gern nach Norfolk, aber Kate dabeizuhaben, macht alles besonders. Sogar der Wein schmeckt besser.

»Umwerfend«, meint Dax. »Diese Beine ...«

Ich werfe ihm einen missbilligenden Blick zu. Obwohl ihre Beine in den Shorts tatsächlich fantastisch aussehen.

Kate ist mit Sutton und Ellie nach drinnen gegangen, um zu gucken, ob sie einen Brandy finden können. Oder zumindest meinten sie das.

»Meinen Segen hast du«, sagt Zach.

»Ach, den habe ich mir schon immer gewünscht.« Mein Tonfall trieft vor Sarkasmus.

»Sie ist wirklich toll«, findet Beau. »Lieb, aber auch humorvoll. Und spitze in Scharade.«

Kate hat sich voll auf dieses Wochenende eingelassen. Es gab bisher keinerlei Anzeichen, dass sie nervös war oder sich unwohl fühlte. Als ich sie das dritte Mal fragte, ob alles in Ordnung sei, hat sie gelacht und gemeint, wenn nicht, würde sie es mir schon sagen. Es ist, als würde sie meine Familie schon seit Jahren kennen. Und es ist, als würde ich sie schon mein Leben lang kennen. Es fühlt sich total ungezwungen an. Total richtig.

»Was meinst du, bleibst du in England?«, fragt Jacob. »Du wirst ein Hotel besitzen, außerdem hast du jetzt Kate kennengelernt.«

»Und wir sind auch noch da, vergiss uns nicht«, wirft Beau ein.

Ich lache und trinke einen Schluck Wein, um mir ein paar Sekunden Nachdenkzeit über die Frage zu verschaffen. »Ich bleibe nirgends lange.«

»Vielleicht hattest du bis jetzt nie einen Grund dazu«, sagt Jacob.

Mir schnürt es die Brust zu, als hätte jemand ein Seil darum gebunden und würde fest zuziehen. »Ich hänge nicht an bestimmten Orten. Oder Menschen.«

»Gar nicht wahr«, erwidert Jacob. »An uns hängst du schon. Wir sind deine Familie.«

»An euch hängen? Wohl eher zähneknirschend ertragen.« Das stimmt nicht, was sie auch wissen. Doch es fühlt sich komisch an zuzugeben, dass ich an ihnen hänge. Der englische Teil der Familie und Großbritannien waren der einzige Lichtblick in einer sehr dunklen Zeit meines Lebens, und zu diesem Licht, ihrer Lebensenergie, zieht es mich wie von selbst immer wieder zurück.

»Du liebst uns«, erwidert Jacob ernst, ganz ohne sich auf meine Steilvorlage einzulassen. »Wir lieben dich. Wir sind Familie. Wir haben dich noch nie im Stich gelassen und werden uns auch nie von dir abwenden. Du kannst auf uns zählen.«

Es fühlt sich an, als steckte mir ein Kloß im Hals. Um Worte verlegen nicke ich.

»Du warst schon immer mehr als ein Cousin«, sagt Beau. »Es ist, als wärst du einer von uns. Ein Bruder.«

»Fuck, Alter, hör auf, ja?« Ich beuge mich auf meinem Platz nach vorn. »Ihr bringt mich noch vor einer Frau zum Heulen, bei der ich Eindruck schinden will.«

»Sie ist beeindruckt«, sagt Sutton hinter mir.

Ich drehe ruckartig den Kopf danach, ob Kate auch hinter mir ist, Gott sei Dank aber nicht.

»Ich hab sie gern«, sagt Sutton. »Sie hat Humor. Der billionenschwere Geschäftsmann in dir lässt sie völlig unbeeindruckt. Genau so jemanden brauchst du. Soll ich sie mal unauffällig fragen, was für Ringe sie mag?«

Ich kriege Hitzewallungen und schaue zum Haus. Kate soll das hier bloß nicht mitkriegen. »Auf keinen Fall. Wir verbringen bloß Zeit miteinander. Du weißt doch, wie ich bin. Ich hab in jedem Hafen ein anderes Mädchen.«

»Frau!«, korrigiert Sutton. »Angeblich bist du ein Womanizer, aber weißt du was? Ich habe nie eine dieser Frauen kennengelernt. Ich behaupte nicht, es gäbe sie nicht, sondern stelle nur fest, dass keine je hier in Norfolk war. Du hast nie eine mit zum Essen gebracht. Kate ist nicht bloß irgendeine Frau. Sie ist *die* Frau.«

Beistand suchend schaue ich zu Jacob. Aber er nickt nur alles andere als hilfreich.

»Sie ist toll«, sage ich. »Aber wir –« Ja, was machen wir eigentlich? Wir reden nicht über die Zukunft. Ich denke nicht mal darüber nach. Oder doch? Ich meine, ich mag Kate und will das mit uns weiterlaufen lassen, aber … ich bleibe nirgends lange. »Wir haben bloß Spaß miteinander, nichts weiter.«

»Wir sind fündig geworden!«, ruft Ellie. Wir schauen alle rüber, als die beiden aus dem Haus kommen.

»Der Brandy steht doch im Barschrank«, meint Beau. »Was hat denn so lange gedauert?«

»Nicht die Suche nach dem Brandy, sondern nach den Rosinen.«

»Rosinen?«, frage ich.

Ellie stellt eine große weiße Auflaufform auf den Tisch hinter der Feuerstelle, und Kate gießt Brandy hinein.

»Kommt schon, Leute. Oder traut ihr euch etwa nicht?«, fragt Kate.

»Was macht ihr da?«, wundert sich Beau.

Wir versammeln uns alle um den Tisch, um zu sehen, was das werden soll. Kate gibt mir eine kleine Packung Rosinen.

»Okay, wirf welche rein. Sie müssen aber schön verteilt sein.«

Sie grinst von einem Ohr bis zum anderen, und unwillkürlich steckt mich ihr Enthusiasmus an.

»Ist das etwa eine ganze Flasche Brandy?«, fragt Beau.

Als ich die Rosinen hineinstreue, ploppen sie hoch und schwimmen an der Oberfläche.

»Okay, jetzt anzünden«, sagt Kate zu Ellie.

»Fackeln wir jetzt das Haus ab?«, sorgt sich Zach.

Ellie entzündet den Brandy, woraufhin blaue Flammen über den Rand der Auflaufform flackern.

»Jetzt müsst ihr eine Rosine rauspicken und sie euch zum Löschen in den Mund stecken.«

»Was?«, frage ich. »Hast du das etwa in Cambridge gelernt?«

Kate zuckt mit den Schultern. »Meine Grandma hat's mir beigebracht.«

»Ihr wollt mich wohl veräppeln«, sagt Sutton. »Die Flammen sind heiß.«

»Passt nur auf, dass ihr die Form nicht aus Versehen umstoßt. Nicht dass wir tatsächlich einen Brand verursachen.«

»Ich stecke meine Hand nicht da rein. Ich hab gesehen, was

man sich für Verbrennungen bei so einem Scheiß zuziehen kann«, erklärt Jacob.

Kate zuckt mit den Schultern. »Ich mach's als Erstes.« Ohne zu zögern, greift Kate in die Auflaufform und nimmt sich eine Rosine, während die Flammen um ihre Hand züngeln. Schnell pflückt sie sie heraus und steckt sie sich in den Mund. »So.«

Als sie grinsend zu mir hochschaut, beuge ich mich zu ihr und küsse sie auf den Mund. »Du bist … erstaunlich.«

Sie lacht. »Ist das ein Kompliment?«

»Ja, absolut«, erwidere ich. »Ich mag es, dich so zu erleben. Du bist so fröhlich.«

»Ich bin immer fröhlich. Meistens jedenfalls. Besonders, wenn ich mit dir zusammen bin.«

Ich wüsste kein besseres Kompliment. Und es geht mir umgekehrt ganz genauso.

Alles fühlt sich richtig an. Als gehörte Kate hierher. Als gehörte ich hierher.

»Kann ich nur zurückgeben.« Ich küsse sie noch mal, wobei ich das Gemunkel und Getuschel meiner Cousins geflissentlich ignoriere. Ich weiß bloß, dass ich solange ich mich erinnere, noch nie so glücklich war. Und das ist gut. Glaube ich.

Glück kann doch nichts Schlechtes sein. Menschen streben ein Leben lang danach.

Nur war das bei mir nie so.

30. KAPITEL

KATE

Ich habe versucht, Vincent zu überreden, dass er sich die Schuhe auszieht, aber er weigert sich. Ich dagegen lasse mir die Gelegenheit nicht entgehen. Ich habe das Meer noch nie auch nur gesehen, wenn ich also schon mal hier bin, will ich erfahren, wie sich der Sand zwischen meinen Zehen anfühlt. Er ist seidig-weich und von der Sonne aufgewärmt. Ich könnte stundenlang hierbleiben und die Zehen zwischen Millionen Jahre alten Stein- und Muschelkörnchen versinken lassen, um sie dann herausziehen und zuzugucken, wie meine Fußabdrücke auftauchen wie ein durch die Wellen brechender Wal. Es kommt Magie gleich.

Ich schaue nach hinten. Vincent lehnt an der Ufermauer und beobachtet mich, mit seiner Sonnenbrille sieht er noch cooler aus als sonst – was ziemlich schwer ist, schließlich ist Vincent schon an gewöhnlichen Tagen ganz oben auf der Cool-Skala.

»Es fühlt sich herrlich an«, rufe ich.

Er richtet sich auf, nimmt die Sonnenbrille ab und blinzelt gegen das Sonnenlicht an, während er mich noch eindringlicher ansieht. Dann zieht er seine Sneaker und Socken aus und kommt auf mich zu.

Aber als er bei mir angelangt, bleibt er nicht stehen. Er nimmt meine Hand und zieht mich in Richtung der Wellen.

»Du hast dich umentschieden«, sage ich.

»Du bist noch nie über einen Strand gelaufen.«

Es ist keine Frage. Wir tauschen Fakten aus.

»Wir sollten rudern gehen«, schlägt er vor.

Ich muss grinsen. Vincent Cove kommt mir nicht wie jemand vor, der rudern geht.

»So was machst du?«, frage ich. »Ich kann mir nicht vorstellen, dass du mal was nur zum Spaß machst.«

Er zieht die Augenbrauen hoch und sieht mich vielsagend an. »Du weißt, dass das nicht stimmt.«

»Na ja, abgesehen vom Sex.«

»Ich geh rudern. Heute. Für dich.«

Der Sand wird kälter, nass und hart. Es fühlt sich an, als würde ich über nassen Zement laufen. »Ist das Treibsand?« Dass unsere Füße bei jedem Schritt so schnell einsinken beunruhigt mich etwas.

»Bloß ganz normaler Sand«, sagt er. Er wirkt unbekümmert – als habe er überhaupt keine Sorge, dass wir jeden Moment in Lebensgefahr geraten könnten. Ich sollte ihm wohl vertrauen. Er hat schon mehr Zeit am Strand verbracht als ich, nicht dass das sonderlich schwer zu überbieten wäre.

Ich bleibe stehen und sehe hinunter auf meine Füße. Um uns herum liegen Muscheln wie Konfetti verstreut, glatte schwarze Steine ragen aus dem Sand, als wären es schlafende Tiere, die in den Rillen im Sand ein Nickerchen machen. »Es ist wie gemalt.« Ich lasse Vincents Hand los, bücke mich und fahre die Rillen mit den Fingern nach. Dann richte ich mich wieder auf, drehe mich um und blicke dorthin, wo der Sand auf die Wellen und das Wasser auf den Himmel trifft. »Als hätte jemand diese Landschaft in absoluter Perfektion erschaffen.«

Ich schaue hinter mich zu Vincent, der mich genauso betrachtet, wie ich … alles betrachte.

»Scheint so«, sagt er.

»Wer war das? Gott?«

»Das Universum. Die Natur. Die Zeit.«

Kaum auszudenken, dass ich beinahe nicht hergekommen wäre und das alles nicht mit eigenen Augen gesehen hätte. Etwas am Bildschirm zu sehen, ist eine Sache, doch das ist ein billiger Abklatsch der echtgoldenen Wirklichkeit. Die salzige Brise, die rutschig nassen Steine, die Schreie der Möwen über uns, alles begleitet vom Soundtrack der ein- und ausrollenden Wellen, so beständig wie die Zeit an sich. Ich musste herkommen, damit das alles in meine Seele dringt.

»Ich bin glücklich, hier zu sein.« Ich bin stets dankbar für mein Leben auf Crompton. Nicht einen Tag nehme ich das für selbstverständlich, aber das hier … Das ist auch wunderschön.

Vincent legt die Arme um mich, sodass wir einander von Kopf bis Fuß berühren. Wir blicken beide hinaus auf die Wellen. »Ich bin glücklich, hier zu sein.« Er küsst mich auf den Scheitel, und dann gehen wir das letzte Stück bis zur Wasserkante. Ich trage ein Sommerkleid, das mir bis zu den Knien geht, aber Vincent hat sich die Jeans nur bis über die Knöchel hochgekrempelt.

»Sollen wir nackt baden gehen?«, frage ich.

»Schlag das noch mal vor, wenn du merkst, wie kalt das Wasser ist.«

Ich lache. »Könnte Spaß machen.«

»Ich reise mit dir ans Mittelmeer oder besser gleich auf die Cayman Islands. Da können wir nackt baden gehen.«

Mein Herz überschlägt sich, während sich zugleich mein Bauch zusammenzieht. Ans Mittelmeer? Oder auf die Cayman Islands? Vor dem Hubschrauberflug tags zuvor saß ich noch nie in einem Flugzeug. Ich nehme an, so sieht Vincents Leben aus, er jettet ständig von einem Ort zum nächsten. Wir sind so unterschiedlich, dass ich nicht recht weiß, wie wir überhaupt hier angelangt sind. Aber solange es läuft, bereue ich nichts. Zuerst fühlt sich das Wasser nicht allzu kalt an. Wir gehen hinein, als es sich gerade zurückzieht und eine dünne Schicht zurückbleibt, in die ich die Zehen halte, bevor auch diese verschwindet.

»Pass auf.« Vincent zieht mich zurück, als eine große Welle heranrollt. Sie bricht ein paar Meter vor uns, doch das Wasser läuft schneller und höher auf uns zu als bei der vorigen. Es umspült meine Waden und ist kälter als erwartet.

»Du wirst ganz nass«, sage ich und lächle Vincent übermütig an.

Er zuckt mit den Schultern. »Dich so lächeln zu sehen ist es wert.«

Während ich ihm fest in die Augen schaue, spüre ich, wie das Wasser mir bis zu den Knien schwappt. Vincents Jeans sind nass, was ihn allerdings nicht zu stören scheint.

»Vorsicht, sonst schmelze ich noch dahin.« Ich habe nicht vor, es ihm zu gestehen, aber Vincent bringt mich fast schon regelmäßig zum Dahinschmelzen. Er ist so rücksichtsvoll. So lieb. Und gutherzig.

»Das ist es ja gerade, Kate. Du hast etwas an dir, was bewirkt, dass ich alle Vorsicht fahren lassen will.«

Er bückt sich und hebt etwas aus dem Sand auf. »Hier«, er gibt mir einen glatten grauen Stein, »damit du ein Andenken an deinen ersten Ausflug ans Meer hast.«

Ich nehme den Stein und blicke auf meine Handfläche. Irgendwie wurden die dunkelgrauen Kanten zu einer Herzform geschliffen, und weiße Quarzvenen ziehen sich wie Blitze über die Oberfläche, eingefroren in den Stein, als hätten sie nur einen Moment andauern sollen, wären jedoch nie wieder weggegangen. »Hast du den extra hierhingelegt?«, frage ich.

»Ich habe ihn einfach so gefunden, aber er ist wunderschön.«
Als er mich ansieht, legt sich die Bedeutungsschwere wie ein
Mantel um meine Schultern.

Ich trete zu ihm und stelle mich auf die Zehenspitzen. Er
beugt sich liebenswürdigerweise zu mir herunter, damit ich ihn
küssen kann. Unter uns kommen und gehen die Wellen, während wir Lippen und Zungen zu einem Kuss zusammengleiten lassen, der ernsthafter scheint, wichtiger als alles, was davor
war. Ich kann das Meer auf seiner Haut schmecken, das Salz in
seinem Haar fühlen. Es ist, als stünden er und dieser Ort stellvertretend für die Welt außerhalb von Crompton, für ein Leben, das über jenes hinausgeht, mit dem ich bisher derart zufrieden war.

Dieser Mann … Was hat ihn in mein Leben geführt? Das
Universum? Die Natur? Die Zeit?

Was es auch war, ich bin dankbar.

31. KAPITEL

VINCENT

Auf Crompton laufen zu gehen, ist ein neues Hobby von mir. Und in der Sommerhitze geht das nur morgens. Ich habe mir so eine Art Morgenroutine angewöhnt, dass ich mit Kate aufstehe, wenn sie gegen fünf zu sich nach Hause geht. Um diese Uhrzeit ist die Luft noch frisch und kühl, und ich habe das ganze Anwesen für mich allein. Keine Gärtner. Keine Touristen. Der Ziergarten wird zum Saisonende in zwei Wochen schließen und erst wiedereröffnen, nachdem er an den Rand der Hotelanlage verlegt wurde.

Heute ist jedoch der letzte Tag meiner Morgenroutine. Heute ziehe ich aus, weil morgen die Abrissarbeiten beginnen und das Fundament für den Anbau ausgehoben wird. Ich werde für ein paar Tage über dem Pub wohnen, bis etwas im Dorf frei wird. Molly hat das alles organisiert. Ich habe mir die neue Bleibe noch nicht mal angesehen. Gerade jogge ich zurück zur Villa und überlege dabei, wo ich morgen laufe gehe, da sehe ich jemanden weiter vorn. Beim Näherkommen erkenne ich Basil. Er ist früh auf den Beinen.

»Guten Morgen, Basil.«

Er steht von den Knien auf und zieht seine Schiebermütze vor mir. »Ich habe gehört, Sie möchten, dass der Jasmin vor dem Gebäude entfernt wird. Ich dachte mir, das mache ich ganz früh, damit die ein- und ausgehenden Leute nicht gestört werden.«

»Sehr umsichtig von Ihnen, Basil.«

»Uh«, sagt er, als er ein vereinzeltes Blatt bemerkt. Er bückt sich, um es vom Kies aufzuheben, richtet sich dann wieder auf und schließt die Augen. »Das erste gelbe Blatt. Der Herbst kündigt sich an. Es fängt immer hier beim Haus an«, sagt er. »Auf Crompton braucht man nie einen Kalender, Sir. Man muss einfach nur darauf achten, was das Anwesen einem verrät.« Er nickt. »Aber das werden Sie mit den Jahren selber merken.«

Unwillkürlich setze ich an zu sagen, dass ich nicht jahrelang hier sein werde. Doch ich lasse es bleiben, weil ich eigentlich gar nicht weiß, wann ich gehe. Wir haben die Baugenehmigung erhalten. Wir haben den Bauunternehmer beauftragt. Michael arbeitet mit dem Projektmanager zusammen und wird die Führungsverantwortung über die einzelnen Bereichsleitungen haben. Es läuft alles.

Ich werde hier nicht gebraucht.

Was mache ich also? Warum bleibe ich noch?

Alles ist so angenehm.

Meine Familie in der Nähe zu haben.

Kate.

Das fühlt sich alles gut an – zu gut.

Es gefällt mir hier. Ich hänge allmählich hieran. So war das nicht gedacht. Ich hänge mein Herz an nichts und niemanden. Nie. So ist mein Leben. So überlebe ich.

»Ja, wahrscheinlich«, erwidere ich und deute dann mit dem Daumen auf das Haus. »Ich brauch 'ne Dusche. Wir sprechen später.«

Während ich die Treppe hochgehe, bohren sich die Gedanken durch meinen Kopf.

Ich bin viel beschäftigt. Das könnte ich allerdings auch woanders sein.

Das hier ist mein Investmentprojekt, ich könnte also behaupten, ich wäre hier, um nur sicherzustellen, dass alles glattgeht. Aber ich habe überall auf der Welt Investments.

Tatsache ist, dass es mir hier gefällt. Ich mag es, hier mit Kate zusammen zu sein. Mit ihr aufzuwachen, mit ihr zu Abend zu essen, mir tagsüber Küsse von ihr zu stehlen, wenn gerade keiner guckt. Ihr nachts an die Wäsche zu gehen.

Mein Bedürfnis nach Neuem, einem neuen Projekt, einer neuen Herausforderung, hat nachgelassen.

Ich hänge allmählich mein Herz an all das hier.

An Crompton.

An mein Leben hier.

An Kate.

Bei der Erkenntnis gefriert mein Blut zu Eis, und mein Herz will sich aus meiner Brust freikämpfen. Ich darf das nicht. Ich darf keine Angst bekommen, etwas oder jemanden zu verlieren. Ich habe mir geschworen, das *niemals* wieder zuzulassen. Nicht noch einmal.

Oben an der Treppe angelangt nehme ich mein Handy heraus und mache einen Anruf.

»Es ist schon spät«, meldet sich Simon.

Ich übergehe ihn. »Wie geht die Sache in Arizona voran?«

Er seufzt. »Vielleicht wird's was, vielleicht auch nicht. Alles ist ins Stocken geraten.«

»Aber es klang nach einem super Investment.«

»Wird es wahrscheinlich auch, wenn es je in Gang kommt. Du bist doch sonst nicht so ungeduldig. Hast du neuerdings ein Faible für Bauprojekte entwickelt?«

Wieder ignoriere ich ihn. »Würde es helfen, wenn ich hinkomme?«

»Kann sein«, sagt er. »Ich kriege einfach keine definitive Zusage von denen.«

»Ich kann morgen da sein.«

Ich lege auf und gehe duschen. Ich könnte warten, bis Michael und Molly da sind, aber dann verliere ich Zeit. Wenn ich morgen in Arizona sein soll, muss ich so schnell wie möglich los. Ich werde bloß ein paar Sachen packen, sie ins Auto schmeißen und selbst zum Flughafen fahren. Es ist längst überfällig, dass ich zum nächsten Projekt übergehe. Ich kann nicht riskieren zu bleiben. Zu bleiben und abzuwarten, bis mir schlagartig alles genommen wird. Ich weiß, diesmal wird es kein »Ende gut, alles gut« geben. Diesmal würde ich daran zerbrechen. Ich muss weiterziehen.

32. KAPITEL

KATE

Vincents Nachricht, dass ich mich bitte mit ihm vor Crompton House treffen soll, war seltsam. Ich bin vor einer Stunde gegangen, und es ist gerade mal kurz nach sechs. Was ist so dringend? Meine Haare sind noch nass vom Duschen, aber immerhin bin ich schon angezogen, also gehe ich den Hügel hinauf zum Haupthaus. Vincent kommt mit einem Koffer aus der Tür.

Wo will er hin? Ich werde schneller und gelange am Heck seines Wagens an, als er gerade seinen Koffer einlädt.

»Hey«, sage ich.

»Ich muss weg«, verkündet er, ohne mir in die Augen zu sehen. Er macht den Kofferraum zu. »Ich reise nach Arizona.«

»Arizona?«, frage ich, doch er sagt nichts. Stattdessen wirft er eine kleine Reisetasche auf den Rücksitz und knallt dann die Tür zu.

»Ist alles okay?«, will ich wissen.

Er dreht sich um und fährt sich mit den Händen durchs Haar. »Ja.«

Als ich auf ihn zutrete, weicht er zurück. Mein Herz beginnt, in meiner Brust zu wummern. »Vincent? Was ist los? Ist etwas passiert? Geht's deiner Mum gut?«

»Sie ist wohlauf. Es gibt eine Geschäftsgelegenheit. Deswegen gehe ich.«

Ich atme tief durch, doch mein Herz beruhigt sich nicht. Es ist, als wüsste es etwas, was ich nicht weiß. »Also nichts Ernstes.«

Zum ersten Mal sieht er mir in die Augen. »Es geht um ein Investment mit sehr großem Potenzial.«

»Okay«, sage ich. »Das klingt ... gut. Wann kommst du wieder?«

Ich habe noch nie erlebt, dass sich Vincent Cove unwohl zu fühlen schien, doch auf meine Frage hin windet er sich fast. Er blickt über meine Schulter hinunter zum Eingangstor von Crompton.

Langsam dämmert es mir, und mir rutscht das Herz in die Hose. »Oh«, mache ich. »Du kommst nicht wieder.«

»Hier ist alles geregelt«, sagt er, als wäre das eine völlig logische Schlussfolgerung.

Ich wusste, dass es so kommen würde. Es war von Anfang an klar, dass er weggeht. Dies war nie etwas Langfristiges, aber zu begreifen, dass es so weit ist. Jetzt. Sofort. Das fühlt sich an, als würde man mich langsam entzweireißen, und ich weiß nicht, wie ich das überstehen soll. Ich versuche, ruhig weiterzuatmen.

Ich hebe die Hand an die Stirn, um meine Augen gegen die hinter ihm am Himmel aufgehende Sonne abzuschirmen. »Also gehst du«, sage ich in der Hoffnung, dass ich mir nicht anmerken lasse, wie am Boden zerstört ich bin. »Weil du nirgends lange bleibst.«

Wir starren einander an.

Er soll etwas sagen. Mir sagen, dass ich es falsch verstanden habe, dass er in ein paar Tagen zurück sein wird und ... was dann? Leben wir glücklich bis ans Ende unserer Tage? Weil das auf Crompton so ist?

Obwohl ich weiß, dass es nichts bringt, möchte ich ihn bitten zu bleiben. Ich lasse es. Das wäre unfair. Er macht das immer so. Das wusste ich von Anfang an. Ich muss ihn gehen lassen. Denn das macht ihn glücklich. Und ich will, dass er glücklich ist, selbst wenn es mich traurig macht.

»Genau«, meint er.

»Genau. Da wären wir also«, sage ich in härterem Ton, um die Traurigkeit zurückzudrängen, die sich Bahn zu brechen droht. »Es stimmt, Kate. Das ist nichts Persönliches. So ist mein Leben eben. Ich bleibe nie lange an ein und demselben Ort. Ich bin schon länger hier auf Crompton als normal. Das liegt wahrscheinlich an dir.«

Seine Worte berühren mich und machen mich gleichzeitig wütend. »Mag sein.« Doch ich genüge nicht, um ihn zum Bleiben zu bewegen. »Vielleicht hättest du gehen sollen, bevor …«

Bevor ich anfing, mich darauf zu freuen, mit seinem Arm auf mir aufzuwachen, als hielte er es nicht aus, mich nicht zu berühren, nicht einmal im Schlaf. Bevor er mir ein Picknick am See organisierte, als ob er alles tun würde, um mich glücklich zu machen. Bevor es sich so anzufühlen anfing, als gehörte er zu meinem Leben. Zu meinem Glück.

Er nickt. »Ja, vielleicht.«

Wenn ich hier nicht so glücklich und verwurzelt wäre, wenn ich offener fürs Reisen wäre, sähe es vielleicht anders aus. Dann könnte er sich vielleicht ein Leben mit mir vorstellen. Aber er hat recht damit, dass er geht. Besser jetzt als in einigen Monaten, denn ich habe keine Vorstellung, wie unser beider Leben zusammenpassen sollten. Er will nicht bleiben, und ich will nicht weg.

Wohin bringt uns das, wenn nicht auseinander?

»Du hast Crompton gekauft, um näher bei deiner Familie zu sein«, sage ich. »Kommst du nicht wieder, wenn du sie besuchst?«

Er verengt die Augen. »Wie meinst du das?«

»Der Grund, warum du Crompton gekauft hast«, erkläre ich. »Deine Familie – Carole und John, Jacob, Nathan –«

»Ja, ich weiß, wer meine Familie ist. Ich brauche keinen Vorwand, um sie zu besuchen. Ich habe Crompton als Investment gekauft.«

»Mag sein«, erwidere ich, obwohl ich ihm nicht glaube. Wieso sonst sollte er ein herrschaftliches Anwesen zwischen London und Norfolk kaufen? Wiederum – warum sollte er einen Vorwand brauchen, um sie zu besuchen? Sie lieben ihn. Sie behandeln ihn nicht wie einen Cousin oder Neffen, sondern wie einen Bruder und Sohn.

»Das in Arizona scheint ein wirklich gutes Investment zu sein, aber ich glaube, daraus wird nichts, wenn ich nicht vor Ort bin.«

»Und du hast keinen Grund wiederzukommen.« Beim letzten Wort bricht meine Stimme, aber ich zucke mit den Schultern und tue so, als würde ich nur Tatsachen aufzählen, statt mir selbst leidzutun. Ich will nicht, dass wir im Unguten auseinandergehen. Ich schlucke meine Traurigkeit hinunter und atme durch. »Es hat mega Spaß mit dir gemacht, Vincent Cove.«

Er legt die Hände auf meine Oberarme. »Ja.«

Ja. Mehr kriegt er nicht heraus?

Ich weiß, dass er unsere gemeinsame Zeit genossen hat, und zwar weil Vincent nichts tut, was er nicht will – und er hat jede Nacht und seine ganze Freizeit mit mir verbracht. Er wollte das.

Und jetzt will er weg.

»Ja«, sage ich zu ihm. »*Bon voyage*, mein schöner Fremder.« Ich drehe mich um und gehe zurück zu meinem Haus. Zu dem Ort, an dem ich seit zwanzig Jahren wohne und den ich schon immer liebe. Solange ich hier bin, kann mir nichts etwas anhaben.

33. KAPITEL

KATE

Ich klopfe an Grannys Tür, meine Tränen sind getrocknet und mein Entschluss gefasst. Sie ist der einzige Mensch, den ich jetzt sehen möchte. Als ich hineingehe, sitzt sie am Küchentisch und trinkt ihren Tee. Ihr Anblick tröstet mich, wenn auch nur ein bisschen.

»Guten Morgen, mein Schatz. Ich warte schon gespannt auf deinen Bericht.«

Sie denkt, ich wäre hier, um ihr von Norfolk zu erzählen. Ich weiß, sie ist überaus stolz, dass ich es tatsächlich dorthin geschafft habe.

»Ich hatte eine tolle Zeit.« Ich gebe ihr ein Küsschen auf die Wange und gehe zum Wasserkocher. »Soll ich dir auch noch einen machen?« Als sie den Kopf schüttelt, fange ich an, mir eine Tasse Tee zuzubereiten. »Seine Tante und sein Onkel sind so liebe Menschen. Und ich habe seine ganzen Cousins kennengelernt. Sie sind sehr eng miteinander. Vincent behandeln sie wie einen Bruder. Und Norfolk … Es ist so schön dort, Granny. Ich habe das Meer gesehen und war sogar ein bisschen rudern.«

Ihr Blick ist glasig, und sie holt ein Taschentuch aus ihrem Ärmel, mit dem sie sich die Augen tupft. »Freudentränen, mein Schatz. Freudentränen.«

»Im Hubschrauber war ich ein bisschen nervös. Es hat ziemlich geruckelt. Aber sobald wir angekommen waren, hab ich ehrlich gesagt nur noch gedacht, wie nett alle sind, was das für ein schöner Ort ist und wie rücksichtsvoll und aufmerksam Vincent ist.« Ich unterbreche mich und versuche, gleichmäßig zu atmen, um nicht die Beherrschung zu verlieren. Es macht Granny so glücklich, *mich* glücklich zu sehen. Das will ich ihr nicht verderben. »Ich dachte, ich würde Angstzustände kriegen oder keinen Schlaf finden oder so, aber es war in Ordnung. Mehr als das. Ich war glücklich.«

»Ich bin so stolz auf dich, mein Schatz.« Sie nimmt die Hände zusammen, und wir grinsen einander an. »Geht es dir gut? Du wirkst ein wenig ... bedrückt.«

Ich kann ihr nicht sagen, dass er jetzt weg ist. »Bloß Kopfschmerzen«, schaffe ich herauszuquetschen. Ich muss das hinkriegen. Ein tapferes Gesicht aufsetzen. Schließlich wusste ich, dass es so kommen würde. Er ist nur der Investor. Ich habe allen die ganze Zeit gesagt, dass er nicht bleiben wird. Ich wusste, er kann es nicht. Nur ... war er lange genug hier, um mich an ihn zu gewöhnen.

»Erzähl mir noch mehr von Norfolk.«

Ich will nicht vom Hubschrauberflug erzählen. Dem Abend an der Feuerstelle. Dem Spaziergang am Strand. Ich will mich nicht daran erinnern, wie besorgt er war, ob es mir auch gut geht. Dermaßen darum bemüht, es mir angenehm zu machen, dass er Bilder von Crompton hat rahmen lassen, die ich mir auf den Nachttisch stellen kann.

Mein Herz schaukelt heftig in meiner Brust, als hätte die Schwerkraft soeben zugenommen, und es kostet mich all meine Energie, nur aufrecht zu stehen.

»Geht's dir wirklich gut?«, fragt Granny.

»Ja, bloß schlimme Kopfschmerzen. Und ich dachte gerade, dass wir Kartons brauchen. In einem Monat ziehen wir schon aus. Ich muss anfangen zu packen.« Ich stehe auf, als wollte ich direkt loslegen.

»Kannst du nicht noch bleiben und mir von deinem Wochenende erzählen?«

Ich schaue auf die Uhr. »Ich hab völlig die Zeit vergessen. Aber es war schön.«

»Du wirkst nicht so, als hättest du gerade erst einen schönen Wochenendausflug erlebt. Was ist los? Wenn du mir nichts sagst, male ich mir das Schlimmste aus.«

Ich habe das mieseste Pokerface überhaupt.

Sie wird es ohnehin erfahren.

»Granny, versprichst du mir, ein Geheimnis zu bewahren?«

»Selbstverständlich, mein Schatz. Du weißt doch, dass du mir alles erzählen kannst. Bist du schwanger? Kopfschmerzen können ein frühes Anzeichen sein.«

Wenn es das nur wäre.

»Ich bin nicht schwanger, Granny. Vincent ist abgereist. Nach Arizona. Er kommt nicht wieder. Das kam bloß ein bisschen plötzlich. Mehr nicht.«

Sie stellt ihre Tasse ab. »Was? Wo ist er hin? Hattet ihr Krach?«

Ich schüttele den Kopf. Dann wäre es leichter. Wenn ich ihn hassen würde oder er mich verletzt hätte.

»Wieso dann?«

»Weil er das eben so macht. Ich hab immer gewusst, dass er gehen würde. Nur dachte ich die ganze Zeit, es wäre irgendwann in der Zukunft so weit. Und nicht heute.«

Ich hätte keinen Tag mit ihm für selbstverständlich nehmen sollen. Ich wusste, dass er niemals bleiben würde. Er hat es mir sogar gesagt: Er ist da zu Hause, wo immer er seine Zelte aufschlägt. Und aus irgendeinem Grund hat er beschlossen, seine Zelte abzubrechen und weiter nach Arizona zu ziehen – achttausend Kilometer weit weg von mir.

»Jedes Mal, wenn ich Crompton verlasse, passiert etwas Schlimmes«, sage ich. Vielleicht hätten wir besser einfach hierbleiben sollen, statt nach Norfolk zu reisen. Meine Stimme zittert, aber zumindest habe ich eine Lösung: Ich muss einfach hierbleiben. Ganz genau hier. Nichts verändern. Vor Norfolk war ich glücklich. Ich wusste das mit Vincent und mir und den Veränderungen auf dem Anwesen einzuschätzen.

»Schatz, du hast doch gesagt, dass du eine schöne Zeit in Norfolk hattest. Dein Ausflug dorthin hat nicht bewirkt, dass Vincent abgehauen ist. Genauso wenig, wie du Grandpas Tod verursacht hast, indem du nach Cambridge gegangen bist. Aber das erzähle ich dir mittlerweile schon seit fast zehn Jahren, und ich nehme nicht an, dass du mir je geglaubt hast.«

»Aber Grandpa sorgte sich um mich.«

»Das taten wir beide. Aber er war alt und krank, mein Liebes. Dein Weggang hat ihn nicht umgebracht.«

»Aber wenn ich hiergeblieben wäre –«

»Er war krank. Du bist eine sehr kluge Frau. Dir muss klar sein, dass dein Weggang ihn nicht umgebracht hat. Und Vincent ist nicht nach Arizona geflogen, weil du das Anwesen verlassen und Norfolk besucht hast. So läuft das Leben nicht. Du hast dir deinen ganz eigenen Aberglauben zurechtgelegt und dir eingeredet, dass du daran glaubst.«

Habe ich das? Sämtliche schlimmen Lebenserfahrungen zusammengeworfen und mir einen Aberglauben zusammengebastelt, um gefühlt Kontrolle über unkontrollierbare Ereignisse zu bekommen? Das ergibt Sinn. Und ich schätze, irgendwo wusste ich das auch stets, aber auf Crompton zu leben, hat mich wirklich glücklich gemacht.

»Dieser Aberglaube ist dir nicht von Nutzen«, fährt Granny fort. »Crompton war nach dem Tod deiner Mutter ein Trost spendender, verlässlicher Begleiter. Davor ist das Leben schwierig für dich gewesen, absolut verständlich, dass du unter diesen Umständen einen Rettungsanker brauchtest. Aber mittlerweile bist du in Sicherheit, hast festen Boden unter den Füßen. Der Rettungsanker wird immer da sein, nur brauchst du ihn nicht. Es ist an der Zeit, in die Welt zu ziehen. Lass los. Es gibt da draußen so viel zu sehen und zu erleben. Man hat nur ein Leben, mein Schätzchen. Du musst die Arme danach ausstrecken und es bis aufs letzte Quäntchen ausquetschen.«

Ich hole zittrig Luft. Granny hat recht. Irgendwo in mir kannte ich diese Wahrheit immer, die sie so klipp und klar ausgesprochen hat. Auch wenn mir Crompton stets Sicherheit geben wird, verursacht sich weiter weg zu wagen keine schlimmen Ereignisse. Ich weiß das. Ich wusste es *immer*. Es ist an der Zeit, auch so zu leben, als ob ich es glaube.

»Dass Vincent gegangen ist, hat nichts mit meinem Ausflug nach Norfolk zu tun.« Laut ausgesprochen klingt es so banal, aber die Worte setzen etwas in mir frei – etwas, das lange Zeit in meinem Innersten weggeschlossen war.

34. KAPITEL

VINCENT

Ari-fucking-zona.

Ich stehe in meinem Hotelzimmer und blicke hinaus auf den Pool und den Golfplatz. Die roten, mit Sträuchern gesprenkelten Felsen zur Linken bilden einen harten Kontrast zu dem sattgrünen Golfplatz und dem türkisblauen Pool. Die Sonne brennt auf alles nieder.

Es ist neu.

Es ist anders.

Es ist wunderschön.

Es fühlt sich gut an, wieder unterwegs zu sein. Ich bin mehr als bereit für neue Sonnenuntergänge, einen neuen Zimmerausblick und neue Möglichkeiten.

Um zwölf bin ich mit Simon im Aussichtsrestaurant am Golfplatz verabredet, damit wir mein Investmentvorhaben in eine Seniorenwohnanlage besprechen.

Ich greife zum Telefonhörer, um den Zimmerservice zu bestellen. Normalerweise trinke ich in neuen Hotels immer als Erstes ein Ginger Beer, aber heute möchte ich eine Abwechslung. »Kann ich bitte einen Eistee bekommen?«, frage ich.

»Selbstverständlich, Sir. Ich lasse Ihnen sofort einen bringen.«

Ich atme durch. Yep, hier gehöre ich hin. Ich fühle mich gut. Auf Crompton ist meine Arbeit getan. Ich hätte eigentlich gar nicht so lange dazubleiben brauchen, zur Feier von Johns und Caroles Hochzeitstag aber ohnehin zurückgemusst. Es war logisch, erst danach abzureisen. Das Gespräch mit Kate war schwierig. Aber sie hat gewusst, dass Crompton nicht mein Zuhause ist. Sie gehört dorthin, ich nicht. Ich gehe duschen, weil ich nicht weiter über die Tatsache nachdenken will, dass es arschig von mir war, sie mit nach Norfolk zu nehmen und danach zu gehen.

Zur Eingewöhnung trinke ich immer gern ein Kaltgetränk und nehme eine Dusche, wenn ich neu irgendwo ankomme.

Als ich mir gerade ein Duschtuch um die Hüften schlinge, klingelt es an der Tür meiner Suite. Ich schnappe mir ein kleines Handtuch vom Halter und rubble mir damit auf dem Weg zur Tür die Haare.

»Guten Morgen, Sir. Ich bringe Ihr Getränk.« Der Zimmerkellner durchquert den Raum und stellt das Glas auf einen Untersetzer auf dem Couchtisch.

In dem Moment, als ich den Eistee sehe, möchte ich ein Ginger Beer. Meine Güte, wann ist aus mir so ein Gewohnheitstier geworden? Kate sind meine Gewohnheiten und meine Vorliebe für feste Routinen aufgefallen, aber ich selbst habe bisher wohl nie groß darüber nachgedacht.

»Gibt's hier Ginger Beer?«, frage ich.

»Ihre Assistentin hat vorab angerufen, Mr Cove. Im Kühlschrank steht ein ganzer Vorrat ihrer Lieblingsmarke. Soll ich Ihnen ein Glas einschenken?«

»Nein, schon gut, das kann ich selbst machen.« Ich gebe dem Mann ein Trinkgeld und schicke ihn weg.

Wieso habe ich einen Eistee bestellt, wenn ich eigentlich ein Ginger Beer will?

Ich nehme mein Handy heraus und schreibe Jacob, dass ich unerwartet aus England wegmusste. Kate schien sich gut mit

Sutton und Ellie verstanden zu haben. Vielleicht ruft eine von ihnen sie an, um mal nach ihr zu hören. Nicht dass sie am Boden zerstört sein wird, weil ich weg bin, oder so. Wir waren ja nicht ...

Ich nehme das Glas Eistee und trinke einen ordentlichen Schluck. Nope. Ich möchte definitiv ein Ginger Beer. Verdammt.

Ich gehe zum Kühlschrank, nehme mir eine Flasche und öffne sie kraftvoller, als nötig wäre. Den ersten Schluck stürze ich direkt aus der Flasche hinunter. Yep. Das will ich. Eine Dusche und ein Ginger Beer, genau wie immer.

Simon saß bereits am Tisch, als ich ins Restaurant kam.

»Hast du schon bestellt?«, frage ich ihn.

»Nein. Ich habe auf dich gewartet.«

»Was ist hier zu empfehlen?« Ich überfliege die Speisekarte.

»Keine Ahnung. War hier noch nie essen.«

Wir bestellen – ich eine Quesadilla und er Tacos.

»Also, wann können wir das Grundstück besichtigen?«, frage ich.

»Na ja, ich hatte nicht damit gerechnet, dass du so schnell herkommst, deshalb bin ich noch dran, einen Termin zu vereinbaren.«

»Aber es steht zum Verkauf. Ganz offiziell.«

»Wie ich schon am Telefon sagte: Sie können sich nicht auf einen Preis einigen, und anscheinend stellt sich einer der Anteilseigner quer. Wir können hoffentlich irgendwann diese Woche hin.«

»Dann ist es doch gut, dass ich da bin. Ich kann es mit dir zusammen besichtigen.«

»Genau«, erwidert er unschlüssig. »Ich will einen Gutachter mitnehmen. Wir müssen ganz klar Bodenproben entnehmen lassen. Erst dann wissen wir, wie leicht sich der Bau realisieren lässt.«

»Sehr gut«, sage ich. »Und später können wir ganz schnell loslegen, weil ich alles schon besichtigt habe. Hast du eine Kosten-Nutzen-Analyse aufgestellt?«

»Ja. Ich bin gerade heute Vormittag damit fertig geworden, deswegen habe ich sie dir noch nicht gemailt. Ich kann sie dir jetzt schicken.« Er holt sein Handy heraus.

»Lohnt es sich?«

Er zuckt mit den Schultern. »Gerade so. Noch dazu besteht das Risiko, dass einer der Marktriesen nebendran baut. Wie gesagt ist unklar, wer dieses Grundstück gekauft hat. Aber falls es sich um einen großen Konzern handelt, werden wir keine zusätzliche Anlage genehmigt kriegen. Dann müssten wir verkaufen. Oder komplett umdenken.«

»Verstehe.« Ich erinnere mich, dass er mir dieses Risiko genannt hatte. Ich muss es wohl verdrängt haben. »Schick mir alles, was du über die Eigentümer nebenan hast, dann lasse ich mein Team nachforschen. Was weißt du über die anderen Bieter für das Grundstück, an dem wir interessiert sind?«

»Nicht viel«, antwortet er. »Ich habe ein bisschen was rausgefunden, will gleichzeitig aber nicht zu viel Aufmerksamkeit darauf lenken, dass es auf den Markt kommt. Es soll ja keinen Bieterwettstreit geben, bevor wir überhaupt den Kaufpreis kennen.«

»Einen Bieterwettstreit will keiner.«

»Ganz ehrlich, Vincent, du hättest dir die Reise sparen können. Ehe wir nicht einen ersten Besichtigungstermin haben, können wir nichts ausrichten. Bis dahin ist es erst mal das Wichtigste herauszubekommen, wer das Grundstück nebenan gekauft hat.«

Ich dachte, ich musste dringend herkommen. Oder habe ich

mir das nur eingeredet? Ich wollte mir keine Investitionsgele-
genheit entgehen lassen – was durchaus hätte passieren können, solange sich meine Gedanken nur um Crompton dreh-
ten … und um Kate.

»Ich war sowieso auf der Durchreise«, lüge ich, doch er
braucht nicht zu wissen, dass ich Wurzeln kappen musste, die
sich unbemerkt von mir gebildet hatten. »Ich bleibe ein paar
Tage und sehe mal, ob ich was über den Eigentümer nebenan
rauskriege. Außerdem hab ich noch ein paar andere Dinge hier
in Arizona zu erledigen.« Ich habe in eine Halbleiterfabrik in
Tucson investiert. Ich könnte vorbeifahren und mich mal persönlich mit einem der Partner zusammensetzen.

»Immer gut, wenn man zwei Fliegen mit einer Klappe schlagen kann«, sagt er.

Genau. Nur dass es hier gar keine Fliegen zu erschlagen gibt.

Ich habe Schiss gekriegt und bin abgehauen.

Das merke ich erst jetzt. Crompton ging mir nah, und ehe
ich noch allzu genau betrachten konnte, warum das so ist, habe
ich den Schleudersitz ausgelöst.

Ich bin ein Trottel.

Mir wird bewusst, dass die Stille schon einen Tick zu lange
andauert. Simon sieht mich an, als wäre ich zum Clown geschminkt. »Und … äh … man kann golfen«, sage ich. Simon
lacht leise.

Als würde ich jemals extra zum Golfspielen nach Arizona –
oder sonst irgendwohin – kommen. Ich versuche bloß, das
Gesicht zu wahren. Als ich auf mein Handy schaue, sehe ich,
dass Jacob zurückgeschrieben hat.

Wie geht's Kate?

Schon der Anblick ihres Namens löst eine Hitzewallung in
meiner Brust aus. Wegzugehen war … vielleicht kein leichter
Schritt, aber ein gewohnter. Ich bin wieder unterwegs, und da-

mit fühle ich mich wohl. Wenn ich von Stadt zu Stadt fliege, komme ich mir am meisten wie ich selbst vor. Ich lebe schon sehr lange so, und es passt mir gut. Oder ... hat es zumindest.

Als Simon auf die Toilette geht, antworte ich Jacob.

Kannst du Sutton bitten, mal nach ihr zu sehen?, tippe ich.

Ich bin ein Volltrottel. Ich dachte, ich gehe unbeschadet wieder. Wir haben einander keine Versprechungen gemacht. Keiner hat das ewige Glück erwartet. Warum also fühle ich mich so mies?

Ich starte Instagram und checke den Account von Crompton. Kate hat keine neuen Bilder gepostet, seit ich weg bin. Das letzte war ein Blick auf den See. Derselbe, den wir hatten, als wir bei unserem ersten Date dort saßen und auch am Tag darauf.

Ich möchte mich melden, ihr einen Kommentar dalassen, dass ich sie vermisse, doch ich will alles nicht noch schlimmer machen. Sie soll nicht denken, ich wäre in der Lage zurückzukommen und für immer zu bleiben.

Denn das bin ich nicht.

Der sengende Schmerz in meiner Brust lässt nicht nach. Es ist, als verlangte mein Körper nach ihr, obwohl mein Verstand weiß, dass das nicht geht.

Sie verdient es, in Crompton zu bleiben, weil sie das glücklich macht.

Sie verdient einen Mann, der ihr das Versprechen für immer geben kann.

Sie verdient mehr als mich.

35. KAPITEL

KATE

In den letzten zwei Tagen hat die Mitarbeiterschaft von Crompton mit Spannung beobachtet, wie ein riesiges Zelt auf der Rückseite des Haupthauses aufgebaut wurde, abseits des Ziergartens, der noch ein Weilchen für Besucher geöffnet ist. Es gab wilde Spekulationen, wozu es dienen könnte, als dann aber ein Boden ausgelegt und eine Klimaanlage installiert wurden, dazu Konferenztische und Stühle hinübergebracht, war klar, dass das Zelt zu irgendeinem offiziellen Zweck gebraucht wird statt zum Vergnügen. Im Grunde ist es ein riesiges Büro. Als ich heute früh daran vorbeiging, hing Michael an seinem Laptop. Jetzt, wo im Haus die Bauarbeiten begonnen haben, fungiert es als neues Büro.

Da Vincent Michaels Verantwortungsbereich ausschließlich auf Crompton gelegt hat, braucht er keine Assistentin mehr. Was gut ist, denn bald beginnt die Schulung für meinen Posten als Gästebetreuung.

Michael trifft die Entscheidungen. Vincent ist weg. Ich arbeite wieder in der Teestube und habe einige Schichten im *Golden Hare* zurückübernommen.

Es ist fast, als wäre Vincent nie hier gewesen.

»Bist du bereit?«, frage ich Meghan, die neben mir auf einem der Küchenstühle sitzt, die wir bei mir vors Haus gestellt haben, damit wir das Kommen und Gehen der Bauarbeiter und

Lkws beobachten können, außerdem den Minipudel, der wie aus dem Nichts aufgetaucht zu sein scheint.

»Der Earl hätte was gegen den Hund.«

Ich lache in mich hinein. »Stimmt. Aber er ist voll süß. Er muss einem der Bauarbeiter gehören.«

»Meinst du, Sacha lehnt sich auf, und er gehört ihr?«

»Glaube ich nicht. Aber ich hoffe schon, dass sie sich einen anschafft, wenn sie umzieht.«

»Gestern war ich mit einigen Bewohnern der Cottages bei den neuen Häusern.« Meghan wohnt nicht auf dem Anwesen, sondern im Dorf.

Das überrascht mich. »Ach, echt? Wie war's?«

»Gut. Ich überlege, auch eins zu mieten.«

Mein Herz macht einen Freudensprung. »Das wäre super. Wir könnten Nachbarinnen werden.«

»Dann käme ich aus dem miesen Loch über dem Co-op raus, in dem ich aktuell wohne. Und wenn ich's schaffe, eine Vollzeitstelle im Hotel zu kriegen, gebe ich vielleicht sogar den Job im Pub auf.« Sie grinst beim Erzählen und freut sich eindeutig.

»Es wird noch eine Weile dauern, bis das Hotel richtig eröffnet«, sage ich. »Aber bei der Versammlung nachher erzählen sie uns vielleicht Genaueres.« Ich habe keine Ahnung, ob alles nach Plan läuft.

Gestern Abend bekamen alle Mitarbeiter eine E-Mail von Michael, in der er uns bat, zur Vorstellung der neuen Hoteldirektorin ins Zelt zu kommen. Den meisten jetzigen Angestellten von Crompton wurde noch keine Stelle angeboten. Bisher sind es nur ich, Basil und die anderen Abteilungsleiter, die von außen kommen – Leute, die in den nächsten Monaten hierherziehen werden. Die anderen warten auf Stellenausschreibungen und das Eröffnungsdatum.

»Sollen wir los?«, fragt sie. »Dann sichern wir uns gute Plätze.«

Wir bringen die Stühle wieder hinein, und ich schließe meine Haustür ab. Im Vorbeigehen klopfe ich bei Granny ans Fenster und winke ihr zu. Sie wird als Freiwillige im neuen Ziergarten arbeiten, übernimmt aber keinen Job im Hotel. Ich bringe es nicht über mich, ihr zu sagen, dass Vincent sich jetzt, wo er nicht mehr hier ist, in Sachen neue Gartenanlage umentscheiden könnte. Nicht dass ich glaube, er hätte *mir zuliebe* Ja dazu gesagt. Doch wenn er Crompton nicht mehr direkt vor Augen hat, priorisiert er stattdessen vielleicht andere Projekte.

»Hast du was von ihm gehört?«, fragt Meghan, während wir den Hang zum Haupthaus hinaufgehen.

Ich zögere, weil ich auf Instagram einen Kommentar zu dem Foto vom See gekriegt habe. Der kam bestimmt von ihm.

»Nein«, sage ich schließlich. Falls er den Kommentar dagelassen hat, bedeutet das gar nichts. Wenn er mit mir kommunizieren will, hat er meine Nummer.

Natürlich wird er sie nicht wählen. Er hat jetzt woanders seine Zelte aufgeschlagen.

Damit muss ich mich einfach abfinden.

»Aber mir geht's gut.« Das ist nur halb gelogen. Ich vermisse ihn. Dieses Gefühl bin ich nicht gewohnt. Alle, die ich auf dieser Welt gernhabe, sind ständig um mich. Ihn zu vermissen, ist, als läge ein Eisklumpen schwer in meinem Magen.

Ich glaube nicht, dass das Gefühl je wieder weggehen wird. Ich glaube, ein Teil von Vincent Cove wird immer bei mir bleiben. Und es ist zwar unschön – das Vermissen –, aber besser so, als wenn es nicht da wäre. Ich wünsche mir nicht, dass es weggeht. Vincent kennenzulernen und jene Wochen zusammen zu verbringen, war mit die glücklichste Zeit meines Lebens. Jetzt tut es zwar weh, aber ich bin sehr froh, dass ich diese Zeit mit ihm hatte.

»Glaubst du, er kommt zurück?«

Glaube ich nicht, Meghan soll jedoch nicht denken, Vincent hätte das Interesse an Crompton als Geschäftsprojekt verloren. Er weiß, wie man Geld macht, ohne dass man alles persönlich überwachen muss. »Ich nehme es an.«

»Bist du nervös wegen deiner neuen Stelle?«, fragt sie.

»Ich freu mich drauf.« Das ist wahr. Ich kann's nicht erwarten, Gästen alles über Crompton zu erzählen, damit sie genauso begeistert vom Anwesen sind wie ich.

»Ich habe zwar noch keine Stelle, aber ich freue mich auch drauf. Ich hab das Gefühl, das könnte echt toll werden.«

»Ich auch.« Ich winke Sandra zu, die aus der entgegengesetzten Richtung kommt. »Und das Beste daran ist, dass ich mit fantastischen Menschen zusammenarbeiten kann, die ich kenne, schätze und gernhabe.«

Meghan hakt sich bei mir unter, und wir treffen Sandra vor dem Zelt.

»Wir sind früh dran«, sagt Sandra. »Ich will einen Platz ganz vorn, damit ich dieser Direktorin sagen kann, dass ich einen Job will, bei dem ich Tee und Kaffee serviere.«

»Du wirst die Kaffeeklatschtante, was?«

Sie verdreht die Augen. »Nur Kaffee, kein Klatsch.«

Nacheinander gehen wir alle drei ins Zelt.

»Zu meiner Zeit galten schon Zelte mit Reißverschluss als nobel. Jetzt guckt euch das hier an. Es hat Beleuchtung und so«, sagt Sandra.

Ich lache. »Das ist doch kein Zelt, wie man es im Sommer für eine Woche am Strand aufbaut. Wobei – es ist klimatisiert, damit wäre es die einzige Art von Zelt, in dem ich so einen Urlaub verbringen würde.« Ich denke an Vincent und frage mich, ob er schon mal zelten war. Vielleicht, bevor sein Dad ihn verließ. Vor dessen Weggang dürfte sein Leben ganz anders gewesen sein – so ziemlich das genaue Gegenteil von meinem Leben vor dem Tod meiner Mutter. Ich wünschte, wir hätten Gelegenheit gehabt, uns mehr zu unterhalten, mehr miteinander zu teilen, mehr zu verarbeiten – gemeinsam.

Gerade als wir uns in die erste Reihe setzen, erscheint Michael mit Molly und einer Frau, die ich von ihrem Profilfoto auf LinkedIn erkenne. Ohne nachzudenken, springe ich auf. »Olga, wie schön, Sie kennenzulernen. Mein Name ist Kate. Ich freue mich darauf, als Ihre Leiterin der Gästebetreuung anzufangen.«

Sie schenkt mir ein herzliches Lächeln und gibt mir die Hand. »Ich habe schon viel von Ihnen gehört. Sie werden mir sicher einiges über dieses wunderschöne Anwesen beibringen können.«

»Sehr gern. Wir freuen uns alle sehr, dass Sie da sind.« Ich stelle ihr Sandra und Meghan vor. Während diese sich angeregt mit Olga unterhalten, beobachte ich, wie lauter Menschen ins Zelt kommen, die mich schon das ganze Leben kennen. Die aufgeregte Spannung hier drin lässt sich förmlich mit den Händen greifen, und ich trage auch zu ihr bei.

Ich bin nicht mehr stinkwütend, weil der Earl das Anwesen verkauft hat. Wahrscheinlich hätte er das schon vor zehn Jahren tun sollen. Ich bin nicht ängstlich, dass mein Leben auf den Kopf gestellt wird, denn das ist schon passiert, als Vincent in mein Leben trat. Auch wenn mein Herz schlimm gelitten hat und sich Spuren auf meiner Seele befinden – mit ihm zusammen gewesen zu sein, hat mich grundlegend verändert.

Vor Vincent habe ich bloß existiert. Er hat mich zum Leben erweckt.

»Test, Test«, sagt Michael vorne ins Mikro.

»Unfassbar, auch noch ein Mikrofon«, meint Sandra. Man

könnte denken, es wäre gerade ein außerirdisches Raumschiff vor uns gelandet.

»Sandra, du bist doch nicht von vorvorgestern«, sage ich. »Du hast ja wohl schon mal ein Mikrofon gesehen.«

»Nein, nicht in einem Zelt«, erwidert sie.

»Na, dann ist das die Premiere des Tages für dich«, sage ich. »Ich glaube, da kommen noch so einige neue auf dich zu, also schnall dich an.«

Sobald alle da sind, spricht Michael kurz über die Zeitplanung bis zur Hoteleröffnung. Er hat keine Zweifel, dass es termingerecht eröffnen wird, und zwar in neun Monaten. Er zeigt uns Bilder von der geplanten Innen- und Außengestaltung des Hotels, die ich bereits kenne, und geht ausführlich darauf ein, dass der Luxusanspruch des Hotels mit dem äußeren Erscheinungsbild anfängt, jedoch mit der Servicequalität eingelöst wird. Dann stellt er Olga vor, die erzählt, welche Stellen zu besetzen sein werden. Das Gästebetreuungsteam wird samt mir sechs Mitarbeiter umfassen. Dann spricht sie über die anstehenden Schulungen.

»Michael hat ganz recht, der Service, den die Gäste bei uns im Hotel erleben, wird unser Haus von anderen Mitbewerbern abheben und zudem für das Nonplusultra der Hotelbranche sorgen: nämlich für wiederkehrende Gäste. Wenn wir Eindruck bei den Leuten hinterlassen, kommen sie wieder. Wenn sie wiederkommen, wird das Hotel ein Erfolg, und Erfolg befördert Erfolg.«

Sie erläutert, was für ein Segen das Hotel für die örtlichen Geschäfte und die Nachbargemeinden sein wird. Ich kann das Knistern in der Luft spüren, als allen klar wird, dass wir die Chance haben, mit dem Hotel Großartiges zu bewirken. Wie ein mitten ins Wasser geworfener Stein könnte unser Erfolg Wellen schlagen, die weit über das Anwesen hinausgehen.

»Das Wichtigste ist Kontinuität«, fährt Olga fort. »Das bedeutet, der Service, den unsere Gäste vom Gästebetreuungsteam erfahren, muss ebenso versiert und herausragend sein wie der des Housekeepings, der Butler, der Restaurantmitarbeiter, der Gärtner, der Hausmeister. Es darf keine Schwachstellen geben. Wir müssen exzellenten Service bieten, egal um welche Aufgabe es im Hotel geht.«

Als sie eine Sprechpause einlegt, glaubt ein Teil von mir, dass sie nun gleich Vincent das Wort übergibt. Er wird von den großartigen Hotels erzählen, in denen er schon gewesen ist, vielleicht ein paar Anekdoten von Begegnungen zum Besten geben, die ihm im Gedächtnis geblieben sind. Doch gerade als mein Herz schneller zu schlagen beginnt, fährt Olga fort.

»Wie ich bereits angesprochen habe, werden die Abteilungsleiter – von denen einige heute hier anwesend sind – mit gleichrangigen Kollegen in anderen Luxushotels mitlaufen. Das dort erworbene Wissen werden sie mit hierher nehmen, zu uns, sodass wir alle davon profitieren. Aber zuallererst müssen wir Luxus *verstehen*. Wir müssen außergewöhnlich guten Service erleben und wissen, wie sich dieser anfühlt, ehe wir ihn selbst bieten können. Aus diesem Grund werden die Abteilungsleitungen kommende Woche nach London fahren und eine Nacht im *Four Seasons* in der Park Lane verbringen.«

Ich halte den Atem an.

Ich war noch nie in London.

Norfolk ist was Weiteste, wo ich je gewesen bin, seit ich hier lebe. Und auch wenn London in etwa genauso weit entfernt ist, wird das eine ganz andere Erfahrung werden.

Ich weiß nicht, ob ich dorthin kann.

»Das *Four Seasons* ist auf der ganzen Welt für seinen exzellenten Service berühmt. Und unsere Abteilungsleitungen dürfen ihn aus erster Hand erleben. Ich möchte, dass Sie daraus lernen, sich Ideen holen, sich davon begeistern lassen. Dann kommen Sie zurück und teilen die Erfahrung mit Ihrem Team.«

Hier geht es um ein berufliches Erfordernis – das erste in meiner neuen Position. Wenn ich in Crompton bleiben und Leiterin der Gästebetreuung sein will, muss ich das machen.

Hätte man mir vor drei Monaten erzählt, dass ich Crompton verlassen würde, um nach Norfolk zu reisen, hätte ich das für ein Ding der Unmöglichkeit gehalten. Vielleicht ist ein Kurztrip nach London mit den anderen Abteilungsleitungen gar nicht so unvorstellbar. Jetzt nicht mehr. Nicht seit Vincent mir gezeigt hat, wozu ich fähig bin. Nicht seit ich herausgefunden habe, wie stark ich eigentlich bin.

36. KAPITEL

KATE

Die ganze Woche über habe ich so getan, als wäre alles in Ordnung. Doch das ist es nicht.

Vincent ist weg.

Er hat nicht angerufen, um zu sagen, dass er sich umentschieden hat. Er ist nicht mitten in der Nacht mit einem Strauß Rosen und tausend Entschuldigungen aufgetaucht. Er hat keine der anderen Fantasievorstellungen in die Tat umgesetzt, die mir in ruhigen Momenten durch den Kopf gingen. Mein Herz tut immer noch weh und liegt schwer in meiner Brust. Auf meinem ganzen Körper lastet die Traurigkeit darüber, dass diese Lichtgestalt von Mann nicht mehr in meinem Leben ist.

Aber ich setze weiter einen Fuß vor den anderen und warte darauf, dass Cromptons wohltuende Beständigkeit mich heilt.

Der gestrige Anruf von Sutton war ein Schock. Dass sie heute vorbeikommen wollte, umso mehr. Ich schaue hoch, als die Türglocke in der Teestube bimmelt, es ist jedoch Viola. Sie besucht den Gartenpark jeden Sonntag. Da arbeite ich eigentlich nicht, kenne sie jedoch von Tagen, an denen ich für Sandra eingesprungen bin.

Wieder bimmelt die Glocke, und diesmal ist es Sutton. Ich bin etwas nervös. Ich habe seit meinem Studienabbruch keine neuen Freundschaften mehr geschlossen, aber ich mag diese

Frau. Als sie auf den Tisch zukommt, lächle ich sie verhalten an, und sie schließt mich in eine Umarmung. Das Ziehen in meiner Kehle überrumpelt mich. Sutton ist nur ein weiteres Beispiel für alles, was mir ohne Vincent in meinem Leben alles entgeht.

Wir begrüßen einander, bestellen am Tresen etwas zu trinken und kehren dann an unseren Tisch zurück. Sobald wir sitzen, legt mir Sutton die Hand auf den Arm. »Wie geht's dir?«

Sie weiß, dass er weg ist.

»Gut«, sage ich, doch meine brüchige Stimme verrät mich.

»Ich wusste immer, dass er nicht lange bleiben würde.«

Sie seufzt. »Ich dachte, er hätte es sich vielleicht anders überlegt. Ihn mit dir zu erleben, war so … erfrischend. Ich kannte diese liebe Seite an Vincent nicht. Versteh mich nicht falsch, er ist ein liebenswürdiger, positiver Mensch, aber wie aufmerksam und um dein Wohlergehen besorgt er war, war richtig süß.«

Ich muss einmal tief durchatmen. Ich will nicht vor allen Leuten losheulen. »Er ist süß«, schaffe ich zu kieksen.

»Hast du was von ihm gehört?«, fragt sie.

Kopfschüttelnd blicke ich hinunter auf meinen Tee. »Das habe ich auch nicht erwartet. Wie geht es dir denn?«, erkundige ich mich.

»Jacob meint, er wird sich noch einkriegen«, geht sie über meine Frage hinweg.

»Nein«, erwidere ich und halte ihren Blick. »Tu das nicht. Mach mir keine Hoffnung, obwohl ich weiß, dass es keine gibt. Ich weiß, dass … das, was er als Kind erlebt hat … ihn verletzt hat. Das verstehe ich. Ich kann es nur allzu gut nachvollziehen.« Ich lache schwach. »Was für eine Ironie, dass Vincent mir geholfen hat, manche meiner Wunden zu schließen.« Ich schlucke und blinzele gegen Tränen an. »Dafür werde ich ihm immer dankbar sein.«

Sutton legt mir die Hand auf den Arm. »Du meinst, indem er dich mit nach Norfolk genommen hat?«

»Ja, das ist ein gutes Beispiel. Aber schon allein, Zeit mit ihm zu verbringen, hat etwas verändert. Ich vermisse ihn.« Wieder bricht meine Stimme, sodass ich eine Pause mache. »Ich werde ihn stets vermissen. Daran muss ich mich einfach gewöhnen. Aber ich glaube jetzt an eine bessere Zukunft. Ich habe nicht mehr solche Angst vor Veränderungen.«

»Hast du überlegt, dich bei ihm zu melden?«, fragt sie.

Ich trinke einen Schluck grünen Tee. »Nein«, sage ich. »Nicht etwa, weil ich nicht seine schöne Stimme hören oder erfahren will, wie sein Tag war, sondern weil ich nicht das bin, was *er* will. Besser, er ist frei und kann etwas nachjagen, was ihm das Gleiche bringt, was er bei mir bewirkt hat – nämlich Heilung seiner Wunden.«

»Vielleicht bist du das«, sagt Sutton.

Ich weiß jedoch, dass ich es nicht bin.

Sie muss es mir vom Gesicht ablesen können, denn sie hält den Zeigefinger hoch, damit ich nicht widerspreche. »Hör mich erst zu Ende an. Ich habe da eine Theorie. Vincent scheint eine Bindungsphobie zu haben. Wir wissen beide, dass das an seinen Kindheitserfahrungen liegt. Ich glaube, er versucht verzweifelt, keine Gefühle für jemanden zu entwickeln, weil es sein könnte, dass er verlassen wird. So wie von seinem Vater.«

Ich lasse ihre Worte sacken. »Ja, das ergibt Sinn.« Mein Herz wird schneller, wechselt vom Trab in leichten Galopp. »Aber das ändert nichts.«

»Es sei denn, er braucht so eine Art Versicherung, dass du ihn nicht sitzenlassen wirst.«

Mein Herz galoppiert davon. »Versicherung. So was wie eine Garantie? Ein Versprechen oder so? Wie soll das gehen? Selbst

Ehen können in der Scheidung scheitern. Es gibt im Leben keine Garantien.«

Sie lässt die Schultern sinken und seufzt.»Ich weiß. Ich habe keine Ahnung, wie du ihn überzeugen könntest, dass du ihn nicht enttäuschen wirst.«

Ist es das, was Vincent von mir braucht? Verbindlichkeit? Es schien immer, als wollte er das genaue Gegenteil – frei und ungebunden sein. Aber vielleicht sehnt er sich in Wirklichkeit nach Geborgenheit und Sicherheit.

»Er hat mich verlassen, bevor ich ihn verlassen konnte.« Ich spreche es im selben Moment laut aus, in dem mir die Erkenntnis dämmert.

»Ich glaube schon.« Sutton braucht es gar nicht zu bestätigen. Alles fügt sich zusammen.

Mein Hirn rattert die Möglichkeiten durch. Ich weiß nicht, wie ich ihn davon überzeugen soll, dass ich nicht fortgehe, aber zum ersten Mal, seit er weg ist, keimt Hoffnung in mir auf.

37. KAPITEL

VINCENT

Ich bin zu früh zu dem Mittagessen mit Jacob und Beau im Restaurant. Ich habe den Nachtflug von Tucson nach London genommen und konnte trotz der Dusche die Übermüdung nicht abschütteln. Im Hotel wäre ich eingeschlafen.

Mein Smartphone brummt, weil eine E-Mail reinkommt. Olga schickt den Schulungsplan, adressiert an Michael. Ich sitze nur in Cc und würde mir normalerweise nicht die Mühe machen, den Anhang zu öffnen, allerdings kann es gut sein, dass er Anhaltspunkte enthält, wie es Kate geht. Ich nehme jede noch so kleine Info, die ich kriegen kann.

Ich öffne das Dokument und suche nach ihrem Namen. Kein Treffer. Dann überfliege ich es nach den Abteilungsleitungen. Ich entdecke ihren Jobtitel in einem Abschnitt mit der Überschrift »Serviceerfahrung«, worunter die Planung eines Übernachtungsaufenthalts der Abteilungsleiter im Londoner *Four Seasons* morgen steht – dem Hotel, in dem ich aktuell bin.

Kate und ich werden zur selben Zeit im selben Hotel sein.

Adrenalin schießt mir in die Adern, und dann sackt mir der Magen durch. Wie wird sie mit der Fahrt nach London zurechtkommen? Sie wird von Crompton weg sein, ohne die Möglichkeit zu haben, schnell zurückzukehren, wenn sie merkt, dass sie es nicht aushält. In mir steigt eine Mischung aus Angst und Beschützerwillen auf. Ich bin zwar nicht gut für sie, doch das bedeutet nicht, dass ich aufgehört hätte, mich um sie zu sorgen.

Ich muss irgendwie helfen.

Ehe ich aktiv werden kann, trifft Jacob ein. »Hey, du siehst aber schlimm aus«, sagt er. »Wirst langsam älter und steckst Nachtflüge nicht mehr so gut weg wie früher.«

Ich mache mir nicht mal die Mühe aufzustehen. Ich bin nicht nur müde vom Flug. Ich schlafe schlecht in letzter Zeit. Seit ich England verlassen habe.

»Auch schön, dich zu sehen«, begrüße ich ihn. »Wo ist Beau?«

Jacob deutet mit dem Kopf zum Eingang. Als ich mich nach hinten umdrehe, sehe ich, dass Beau mit einer Bedienung redet. War ja klar. Ihm gefällt jede Frau, der er begegnet.

»Wie war Arizona?«, erkundigt sich Jacob.

»Beschissen«, erwidere ich.

»Mit der Antwort hatte ich nicht gerechnet. Aber überrascht bin ich nicht. Bestimmt fingst du an, dich mit Kate zu wohlzufühlen, hast gemerkt, dass du eine Bindung entwickelst, und dich daraufhin getrennt. Jetzt bereust du es?«

Ich fahre mir mit einer Hand durchs Haar. »Du lieber Himmel, geht diese Hart-aber-herzlich-Nummer etwa sofort los? Ich hab noch nicht mal was zu trinken bestellt.«

Genau in dem Moment kommt die Bedienung. Ehe ich etwas sagen kann, bestellt Jacob drei Margaritas.

»Margaritas? Schon mittags?«

»Ich habe heute frei, Beau auch. Und du siehst aus, als bräuchtest du entweder einen Drink oder eine ordentliche Mütze Schlaf. Ich hab nachgesehen, sie haben hier nur eins von beidem auf der Karte, Drinks.«

Beau kommt endlich an den Tisch, klopft mir auf den Rücken und setzt sich dann hin. »Du siehst scheiße aus. Jemand Lust auf ein Bier?«

»Jacob hat uns eben Margaritas bestellt.«

Beau lacht. »Bin dabei.«

»Ich meinte gerade zu Vincent, dass er ein Trottel ist«, sagt Jacob.

»So ganz generell oder aus einem bestimmten Grund?«, fragt Beau.

»Weil er mit Kate Schluss gemacht hat.«

»Sie war toll«, meint Beau. »Heiß. Dann ist sie jetzt also Single?«

»Sei kein Arsch«, sage ich.

»Er macht nur Spaß«, versichert Jacob. »Aber irgendein anderer Typ wird's ernst meinen. Sie ist schön, witzig, klug und –«

»Das war kein Spaß«, wirft Beau ein, grinst jedoch. Er macht sehr wohl nur Spaß, das hilft allerdings nicht gegen die zähe Angst in meinem Bauch beim Gedanken an Kate mit einem anderen. »Du solltest mal deine Bindungsphobie ablegen.«

Das braucht er mir nicht zu sagen. Aber sich darüber im Klaren zu sein und etwas dagegen zu unternehmen, ist nicht dasselbe. »Kate ist ohne mich besser dran –«

»Er hat keine Bindungsphobie«, unterbricht mich Jacob.

Beau prustet just im selben Moment los, als unsere Bedienung mit den Margaritas wiederkommt. Wir bestellen schnell unser Mittagessen, dann erhebt Beau sein Glas: »Auf die Cove-Brüder.«

Mir stellen sich die Nackenhaare auf.

»Na, komm, Bruder«, sagt Beau, und trotz meiner Frustration und Verwirrung darüber, wie diese Verabredung losging, lächle ich bei der Anrede.

Wir stoßen miteinander an und trinken einen Schluck.

»Noch mal zurück zu deinem Witz«, Beau nickt Jacob zu, »von wegen Vincent hätte keine Bindungsphobie …«

Jacob zuckt mit den Schultern. »Finde ich nicht. Er ist ein

absoluter Bindungsmensch. Er ist verbindlich gegenüber unserer Familie, immer da, wenn wir ihn brauchen. Verbindlich bei den Projekten, in die er investiert. Außerdem arbeitest du mit dem Großteil deines Teams schon zehn Jahre zusammen, oder nicht?«

»Sicher. Aber das ist ... was anderes.«

»Finde ich nicht. Du läufst nicht vor festen Bindungen davon, sondern aus Angst. Manches macht dir Angst, und manches ist okay für dich. Wie ich das sehe, geht das darauf zurück, dass dein Vater damals weggegangen ist. Du musstest das Zuhause verlassen, in dem du glücklich warst, und nun hast du Angst, dein Herz wieder an etwas zu hängen. Du willst bloß deshalb kein festes Zuhause, weil du Angst hast, dass es dir genommen wird – was ich übrigens nicht verstehe. Ich meine, du könntest so ziemlich jedes Haus in den USA oder in Großbritannien in bar kaufen, sodass es dir unmittelbar gehört. Aus deinen Unternehmen kannst du auch nicht rausfliegen. Darüber hast du die Kontrolle. Genauso wie über dein Team. Bindungen sind nicht dein Problem – sondern die Angst, dass dir das, woran du dein Herz hängst, irgendwie weggenommen werden könnte.«

Grauen legt sich eng um meinen Brustkorb. Ich habe Kate aufgegeben, weil ich verkorkst bin. Weiß nicht, ob ich dafür eine Bestätigung brauchte, jedenfalls fühlt es sich nicht gut an.

»Vielleicht hast du recht. Aber weil man das Problem kennt, ist es noch längst nicht gelöst.«

»Er *hat* recht«, meint Beau. »Aber das ist dir selbst klar, denke ich. Was du nicht begreifst, ist, dass es Bullshit ist. Wie Jacob schon sagte, gehst du alle möglichen Bindungen ein. Uns gegenüber – familiär. Geschäftlich. Ich wette, du redest dir ein, ins Studium hättest du dich nicht reingehängt. Dabei bist du nur geflogen, weil du so viel Geld nebenbei gescheffelt hast. Warum hättest du da Arzt werden wollen?«

Ich nenne ihm den Grund nicht, sage nicht: *weil ich von Carole und John wie ein Sohn angenommen werden wollte.* Das klingt zu kitschig oder auch erbärmlich oder lächerlich. Zutreffendes bitte ankreuzen.

»Du bestellst immer als Erstes ein Ginger Beer, wenn du aus dem Flugzeug steigst«, sagt Jacob. »Und du trägst seit deiner Zeit in Cambridge die gleiche Sorte Unterhosen.«

»Schräg, dass du das weißt«, erwidere ich.

»Bei Calvin Klein legst du dich fest«, meint Beau. »Aber nicht bei einer schönen, humorvollen, loyalen Frau.«

Ich stöhne über den Vergleich. »Sag so was nicht.«

»Nicht verletzt werden zu wollen ist normal«, fährt Jacob fort. »Aber wenn man das Risiko scheut, bleibt nur der Verzicht. Bist du bereit, dich bei Kate zu trauen oder findest du dich damit ab, ein unglücklicher Einzelgänger zu sein?«

»Entweder oder, hm?«

»Sieht ganz so aus«, sagt Beau.

»Und wenn sie mich verlässt?«

»Dann macht dich das fertig«, sagt Jacob. »Aber ohne sie bist du auch nicht besser dran, Kumpel. Und das weißt du.«

»Fertig« beschreibt gut, wie ich mich fühle. Ich habe keine Nacht mehr durchgeschlafen, seit ich von Crompton weg bin; ich kann mich nicht mehr konzentrieren. Selbst was ich esse, schmeckt nicht mehr wie vorher. »Aber bei Sutton wusstest du, dass sie ... die *Richtige* für dich ist, oder? Dass du sie heiraten und für immer mit ihr zusammen sein willst.«

Jacob nickt. »Absolut. Und ich glaube, bei Kate weißt du es auch.«

Tue ich das?

»Deshalb bist du so schnell wieder hier in London. Du warst zwischenzeitlich noch nicht mal in New York, oder?«, fragt Beau.

Ich fasse das als rhetorische Frage auf. »Ich habe nie weiter Gedanken an eine Frau verschwendet, nachdem es aus mit ihr war – auch wenn mich das zu einem Mistkerl macht. Kate ... tja, bei ihr ist es anders. Ich vermisse sie. Ihren Enthusiasmus und Optimismus und wie ein Lächeln von ihr sämtliche Millionen wert ist, die ich besitze. Wenn ich an die Zukunft denke, überkommt mich bei der Vorstellung, dass sie kein Teil davon ist, ein grauenhaftes Gefühl. So als hätte ich versagt.«

»Dann weißt du es doch«, stellt Beau fest. »Wenn ich nämlich je auf diese Weise für eine Frau empfinden sollte, dann heirate ich sie.«

Mein Herz ist zur Faust geballt und hämmert gegen meinen Brustkorb, *bumm, bumm, bumm.*

Sie heiraten?

»Heirate sie nicht bloß«, sagt Jacob. »Liebe sie. Freu dich über sie. Umsorge und wertschätze sie.«

»Einen Mann wie mich wird sie nicht heiraten wollen«, sage ich. »Ich bin ständig unterwegs. Selbst wenn ich ein Haus kaufen und mich fest einrichten würde, müsste ich reisen. Sie verlässt Crompton nicht gern.«

»Denk dir keine lächerlichen Ausreden aus«, meint Beau. »Wenn es das wert ist, findest du einen Weg.«

»Wann ist aus dir denn so ein Romantiker geworden?«, fragt Jacob.

»Ich sag's nur, wie es ist«, erwidert Beau.

Ist es wirklich so einfach? Sich trauen und einen Weg finden? So gehe ich immer meine Geschäfte an, aber Kate ist wichtiger als alles Berufliche. Jacob hat von lohnenden Risiken gesprochen, was die Frage aufwirft: Was bin ich bereit, für Kate zu wagen? Und wird es genug sein, nachdem ich es so verbockt habe?

38. KAPITEL

KATE

Hallo Olga, ich glaube, ich habe eine Lebensmittelvergiftung.
Ich musste mich ständig übergeben. Ich schaffe es heute nicht, mit
den anderen Abteilungsleitungen loszufahren. Tut mir sehr leid.
Herzliche Grüße, Kate

Ich drücke auf Senden, lasse mein Handy aufs Sofa fallen und
schlage die Hände vors Gesicht.

Ich bin mir noch nie so sehr wie eine Versagerin vorgekommen.

Die Lebensmittelvergiftung war nur halb gelogen.
Schon seit zwei Tagen wird mir schlecht beim Gedanken,
Crompton zu verlassen, um nach London zu fahren. Buchstäblich: Ich muss würgen und übergebe mich. Meine Kopfschmerzen sind der Beweis.

Obwohl alle Abteilungsleitungen in einer halben Stunde
von Crompton zum Bahnhof abfahren, hat das Erbrechen iro-
nischerweise aufgehört. Aber übel ist mir immer noch.

Ich glaube nicht, dass mir das Ausmaß meiner Probleme je
richtig klar war, bis ich mit der Aussicht konfrontiert wurde, in
einen Zug nach London zu steigen, um eine allem Anschein
nach grandiose Gelegenheit wahrzunehmen. Es ist bloß eine
Zugfahrt. Wieso kann ich das nicht? Ich habe einen Hubschrauberflug mit Vincent geschafft.

Sieht so jetzt mein Leben aus?

Ich will nach London. Ich will die Stelle als Leitung der Gästebetreuung. Ich dachte immer, ich verlasse das Anwesen nicht oft, weil ich gar nicht will, aber jetzt? Ich *will* gehen. Ich *will* diese Stelle. Ich *will* an dem aufregenden Erlebnis teilhaben, in ein schickes Londoner Hotel zu fahren und mehr über die Branche zu erfahren, in der ich bald anfange.

Aber die Panik? Die lässt mich nicht gehen.

Wieso ist mir Norfolk so leichtgefallen?

Vincent.

Mit Vincent war alles leicht.

Ich vermisse ihn so sehr. Erinnerungsfetzen an unser Wochenende in Norfolk kreisen durch meinen Kopf. Die Feuerstelle. Die Party. Der Strand.

Der Strand.

Ich renne nach oben und durchwühle meinen Nachttisch. Ich habe ihn ganz sicher hier hineingelegt. Ich fühle ihn, bevor ich ihn sehe – die glatten, kalten Kanten –, und nehme ihn aus der Schublade. Dass mein Andenken an unsere gemeinsame Zeit ein Herz aus Stein ist, scheint ironisch, aber ich schiebe den Gedanken beiseite und konzentriere mich stattdessen auf das Gewicht in meiner Hand. Wie fest er ist. Ich fahre die weißen Quarzvenen auf dem dunkelgrauen Stein nach. Er ist wunderschön – das beste Geschenk, das ich je bekommen habe. Der dreiteilige Fotorahmen mit Bildern von Crompton, den ich an dem Abend, bevor Vincent wegging, neben seinem Bett stehen lassen habe, kommt knapp dahinter, aber der hier ... als wir ihn gefunden haben, schien dieser Stein wie für uns gemacht. Damals dachte ich, ich wäre der weiße Quarz, der sich unverhofft einen Weg in Vincents undurchdringliches Herz gebahnt hat, oder vielleicht auch umgekehrt.

Ich drehe und wende das Herz in meiner Hand.

Würde Vincent mich bitten, nach London zu fahren, würde ich es machen.

Für ihn würde ich alles machen.

Ich habe es geschafft, mit ihm nach Norfolk zu fahren, und hatte am Ende eine wunderbare Zeit. War das nur, weil ich bei ihm sein wollte? Oder weil er an mich geglaubt hat?

Angenommen, stelle ich mir vor, ich fahre nach London, um Vincent zu treffen, würde mich dann allein der Gedanke an ihn dazu bringen, in den Zug zu steigen?

39. KAPITEL

KATE

Auf dem gesamten Weg nach London konzentriere ich mich auf Vincent und die gemeinsamen Erinnerungen – wiederhole im Kopf jedes Gespräch und jeden Kuss.

Während ich mit meinem Koffer zum Haupthaus ging, um in den Minivan zu steigen, dachte ich daran, wie er das erste Mal in die Teestube kam.

Als wir durchs Tor von Crompton fuhren, erinnerte ich mich, wie er mich im Pub aufgefangen hat, sodass ich nicht hinfiel.

Im Zug nach London war es unser Picknick am See.

Während der U-Bahn-Fahrt durch die Stadt? Wie er mich geküsst hat.

Beim Einchecken im Hotel ließ ich die Erinnerung Revue passieren, wie er mich am Strand in Norfolk angesehen hat.

Ich tue so, als würde ich das für ihn machen.

Vielleicht ist es auch so.

Jetzt, allein im Hotelzimmer, steigt meine Panik wieder. Ich betrachte mich im Badezimmerspiegel. »Du schaffst das«, sage ich. »Nur vierundzwanzig Stunden, dann fährst du zurück nach Crompton.« Das Wissen, dass die anderen Abteilungsleitungen mit hier sind, erleichtert mir das Atmen etwas, wenn auch nur geringfügig.

Ich wische die verschmierte Mascara unter meinem Auge

weg und gehe zurück ins Zimmer, um auszupacken. Der Gepäckträger hat meinen Koffer auf die Ablage gestellt und sogar angeboten, ihn aufzumachen. Olga hat uns gebeten festzuhalten, was uns während unseres Aufenthalts besonders beeindruckt. Ich sollte das Detail mit dem Kofferöffnen aufschreiben, bevor ich auspacke, damit ich es nicht vergesse. Ich ziehe die Schuhe aus und nehme das Notizbuch aus meiner Tasche. Mit einem Schritt nach hinten lasse ich mich in den gemütlichen marineblauen Sessel sinken, der zum Zimmer gedreht steht.

Ich notiere das mit dem Gepäckträger. Wie höflich er war, aber zugleich freundlich und zugewandt. Er zeigte sich interessiert, fragte mich nach meinen Plänen für den Tag, ohne neugierig zu wirken. Und der Check-in – an der Rezeption schienen sie mich bereits zu kennen.

Ich sehe mich um. Was gefällt mir an diesem Zimmer besonders? Mir fällt etwas auf dem Nachttisch ins Auge – ein dreiteiliger Bilderrahmen, genau wie der, den Vincent mir auf dem Weg nach Norfolk geschenkt hat.

Das ist ja ein Zufall. Vielleicht hatte er die Idee zu dem Geschenk von einem Aufenthalt in einem schicken Hotel?

Ich stehe auf und durchquere auf den Rahmen spähend das Zimmer. Von weiter weg sieht es nach welchen meiner Fotos von Crompton Estate aus. Beim Näherkommen erkenne ich, dass es genau *derselbe* Rahmen mit *denselben* Fotos ist, die ich mit in Norfolk hatte.

Mein Herz donnert in meiner Brust. Wer hat den da hingestellt? Wer wusste das? Ich nehme den Rahmen und betrachte ihn eingehend. Kein Zweifel – es ist derselbe. Ein zweiter dreiteiliger Rahmen steht hinter dem ersten.

Mir sackt der Magen bis zum Boden durch. Drei verschiedene Fotos: eins von Crompton House, eins von meinem Cottage und eins von Grannys.

Ich lasse mich aufs Bett fallen.

Das war Vincent. Eine andere Erklärung gibt es nicht.

Aber wie?

Ich greife zum Telefon und wähle die Null.

»Guten Tag, Miss Saunders, was kann ich für Sie tun?«

»Hallo. Danke. Ähm … Die drei Fotos neben meinem Bett. Wer hat die hierhin gestellt?«

»Waren Sie schon einmal bei uns?«, fragt sie.

»Nein, dies ist mein erster Aufenthalt.«

Auf meine Antwort folgt Schweigen am anderen Ende der Leitung. »Hm, Sie haben Zimmer vierhundertzwölf. Hmmm. In unseren Suiten platzieren wir ab und an Fotos für Stammgäste …«

»Tatsächlich?«, frage ich leicht verwirrt, während mich die Zuversicht ein Stück verlässt. Könnte es nur eine weitere Luxusannehmlichkeit des Hotels sein? Aber genau diese Fotos? Das ist doch sicher ein zu großer Zufall?

»Wir möchten, dass sich unsere Gäste ganz wie in einem zweiten Zuhause fühlen.«

Das ist ein Satz für mein Notizbuch. Vielleicht könnte mein Team ein bisschen Social-Media-Recherche betreiben, um unseren zukünftigen Gästen das gleiche Maß an Zuvorkommenheit zu bieten.

»Aber eigentlich«, fährt die Frau fort, »wenn dies Ihr erster Aufenthalt ist … entschuldigen Sie kurz, ich schaue mal etwas nach. Bitte bleiben Sie in der Leitung.«

Mein Atem geht stoßweise, als wäre ich kilometerweit gerannt. Könnte es doch Vincent gewesen sein? Und wenn ja, warum? Seit meinem Mittagessen mit Sutton überlege ich hin und her, was ich sagen oder tun kann, um Vincent das Gefühl zu vermitteln, er kann darauf vertrauen, dass ich ihn nie verlassen werde.

Denn so ist es.

Bislang ist mir nichts eingefallen. Bei der Arbeit war viel zu tun. Wo ich jetzt nicht mehr in Crompton House arbeite, habe ich mehr Schichten im Pub übernommen und die Gästebetreuungsschulung angefangen. Dazu arbeite ich natürlich weiterhin in der Teestube. Während der vielen Arbeitsstunden und auch dazwischen denke ich an kaum etwas anderes als an Vincent. Aber eine Lösung ist mir nicht eingefallen. Wie kann ich ihn überzeugen, dass ich ihn nicht verlassen werde?

»Vielen Dank für Ihre Geduld«, sagt die Frau am Telefon. »Wie ich sehe, waren die Fotos ein Sonderwunsch zu Ihrer Buchung. Ich glaube, Ihr Ehemann hat sie geschickt, damit sie in Ihrem Zimmer aufgestellt werden.«

Hitze durchströmt meinen Körper. Mein Ehemann.

»Oh. Vielen Dank.«

Baff lege ich auf. Die Fotos sind Vincents Werk. Ich nehme an, durch Michael und Olga ist er bestens gebrieft; er wusste, dass es eine Herausforderung für mich sein würde, nach London zu kommen und von Crompton weg zu sein.

Vincent ist ein guter Mann. Aufmerksam, lieb und einfühlsam. Der Mann, mit dem ich für den Rest meines Lebens zusammen sein will.

Und mit einem Mal fällt es mir ein. Ich weiß genau, was ich tun kann, damit Vincent begreift, dass ich ihn für immer will. Ich muss nur den Mut aufbringen, mein Hotelzimmer zu verlassen, um den Plan in die Tat umzusetzen.

Dann bin ich bereit.

40. KAPITEL

KATE

Als ich im vierten Stock des Hotels aus dem Fahrstuhl trete und zurück zu meinem Zimmer gehe, durchströmt mich Erleichterung darüber, wieder sicher irgendwo drinnen zu sein. Ich sehe ihn, bevor er mich sieht. Ich hebe eine Hand auf meine Brust und schnappe nach Luft.

Er ist hier.

Und ich bin bereit.

Vincent lehnt gegenüber von meiner Zimmertür an der Wand und starrt den Boden an. Er wirkt dünner als zuletzt, als ich ihn gesehen habe, dabei ist das nur ein paar Wochen her.

Gott sei Dank bin ich darauf gekommen, wie ich ihn zum Bleiben bewegen kann. Zumindest hoffe ich das.

Als ich näher komme, schaut er hoch. Beim Blick in sein attraktives Gesicht bleibt mir einen Moment die Luft weg, und ich muss mich daran erinnern, weiterzuatmen.

»Hallo«, sage ich, als ich vor ihm stehe. Ich möchte diesen Teil überspringen und dahin vorspulen, wo er mich umarmt hält, aber er soll nicht erschrecken. »Du hast die Fotos in mein Zimmer stellen lassen.«

Er nickt. Wie er mir forschend in die Augen schaut, verrät mir, dass er Anhaltspunkte sucht, unschlüssig ist, was er sagen soll. »Ich hab mich gefragt ... ob wir mal reden können?«, sagt er.

»Einverstanden«, erwidere ich. Ich hoffe, er ist nicht hier, um sich zu entschuldigen und mir zu erzählen, dass das mit uns niemals funktioniert hätte. Mein Plan lautet ganz anders. »Ich wollte schon immer mal in den Hyde Park. Der soll herrlich sein.«

Er kneift die Augen zusammen, als wüsste er nicht recht, ob er sich verhört hat. »Okay.«

Ich mache kehrt und laufe den Flur zurück. Nachdem er den Rufknopf gedrückt hat, blicken wir beide wartend auf die Fahrstuhltüren.

»Es tut mir leid, dass ich so Knall auf Fall weggegangen bin«, sagt er.

»Weiß ich. Danke, ich nehme deine Entschuldigung an.« Ich hege gar keine Wut auf ihn. Dass er gegangen ist, hat wehgetan, aber ich verstehe seine Beweggründe.

Ehe er darauf reagieren kann, gehen die Türen des Fahrstuhls mit einem *Pling* auf, und wir treten zu einem älteren Pärchen, das im hinteren Teil der Kabine steht.

»Der Herbst kündigt sich eindeutig an, es ist kühl«, sagt die Frau.

»Soll ich noch mal zurück und dir deinen Mantel holen?«, fragt der Mann sie.

»Ich dachte eher, du möchtest dir vielleicht deinen holen«, erwidert sie.

»Ich werde nicht frieren, aber wenn du möchtest, kannst du in der Lobby warten, während ich deinen holen gehe.«

»Ich glaube, es wird gehen.« Sie nimmt seine Hand, und er drückt ihr ein Küsschen auf die Wange.

Ich lächle und möchte ihnen lauter Fragen stellen. Wie lange sind die zwei schon verheiratet? Wo haben sie sich kennengelernt? Haben sie schon immer so aufeinander achtgegeben?

Doch ich habe keine Gelegenheit dazu, denn wir kommen im Erdgeschoss an, und die Fahrstuhltüren öffnen sich zur Lobby.

»Du meintest eben doch ›Weiß ich‹?«, sagt Vincent, während wir zum Ausgang gehen.

»Ja«, bestätige ich.

»Als ich sagte, dass es mir leidtut, hast du geantwortet: ›Weiß ich.‹«

»Vor dreißig Sekunden? Ja, daran erinnere ich mich.«

Er besteht darauf, mir die Tür aufzuhalten, obwohl der Portier sich redlich bemüht, sie uns beiden aufzuhalten, dann treten wir hinaus in den Londoner Nachmittag. Die Frau im Fahrstuhl hatte recht, es ist herbstlich kühl. Mein pochendes Herz leistet vorbildliche Arbeit, mich schön warm zu halten.

»Was meintest du damit?«, fragt er.

Wir gehen ein Stück und bleiben an einer Ampel stehen.

»Nichts weiter … Ich weiß, dass es dir leidtut.«

»Ja?«

Nickend blicke ich weiter in Richtung Hyde Park. Ich möchte dieses Gespräch eigentlich nicht mitten im Verkehrsgetöse und Menschengewimmel führen. Ich brauche Bäume. Unter einer alten Eiche fühle ich mich hoffentlich wohler, heimischer.

Schweigend überqueren wir die Kreuzung und gehen in den Park, der größer ist, als ich erwartet hatte. Und unübersichtlicher. Ich habe mich wohl an klar gegliederte Gartenanlagen gewöhnt. Aber hier ist es auch schön – in diesem kleinen Stück Wildnis zwischen all dem Stein und Beton der Stadt.

»Die beiden im Fahrstuhl haben recht, es wird Herbst.« Ich bücke mich und hebe ein gelbes Blatt auf.

»Es tut mir wirklich leid«, sagt er. »Ich habe Schiss gekriegt und eine schwachsinnige Ausrede von wegen der Arbeit erfunden. Ich bin nach Arizona geflogen«.

Unter einer riesigen Eiche drehe ich mich zu ihm. Er sieht so bekümmert aus. Ich möchte die Hand ausstrecken und seine Wange streicheln, ihn trösten, dafür sorgen, dass es ihm besser geht. Doch das kann ich nicht.

Ich brauche Gewissheiten.

Und er ebenso.

»Ich liebe dich«, sage ich.

Er schnappt nach Luft und hebt die Faust an seine Brust. Nach einer kurzen Pause antwortet er. »Dass du das sagen würdest, hatte ich nicht erwartet. Aber das ist einer der Gründe, warum ich dich liebe.« Er liebt mich? Ich möchte die Wörter verschlingen. »Du sagt nie das, was ich erwarte.«

Da kann er sich heute Nachmittag noch auf was gefasst machen.

»Ich höre mir gern auch noch die anderen Gründe an, warum du mich liebst«, sage ich. »Sollen wir uns hinsetzen?«

Er blickt auf den Rasen zu seinen Füßen. »Hier?«

Ich lache. »Wenn's dir lieber ist, suchen wir uns eine Bank.«

Er sieht mich mit einem Blick an, der besagt, dass er sich meiner Mutprobe stellt, und setzt sich hin.

»Du hast das größte Herz von allen Menschen, die ich kenne«, zählt er auf. »Du bist zutiefst loyal, und du bist die witzigste Frau, die mir je begegnet ist. Wenn ich mit dir zusammen bin, möchte ich nicht bloß ein besserer Mensch sein, ich *bin* dann ein besserer Mensch – es kommt mir vor, als hätte ich Jacob diesen Satz geklaut, aber genauso empfinde ich. Ich bin glücklicher, entspannter, motivierter, freundlicher, aufmerksamer, wenn du in meiner Nähe bist. Und zwar, weil *du* all das bist – nicht nur mir, sondern jedem Menschen gegenüber, dem du begegnest. Vom ersten Moment an waren dir mein Vermögen und meine Arbeit völlig egal. Du sagst, was du willst und was du brauchst, das ist erfrischend und … gleichzeitig total Furcht einflößend.«

Ich ziehe die Augenbrauen hoch. »Furcht einflößend?«

»Weil ich nie wieder ohne dich sein möchte. So habe ich noch nie empfunden.«

Seine Worte sind ein herrlicher Sommerregen. »Oh«, mache ich.

»Wenn du bei mir bist, fühle ich mich zu Hause.«

Mein Herz dehnt und streckt sich in meiner Brust, als wollte es aus mir heraus- und auf Vincents Schoß klettern.

»Das Gefühl kenne ich«, sage ich.

Er seufzt und rückt dann näher zu mir. »Ich komme mir wie ein Riesentrottel vor, aber wenn du mir verzeihst und wir uns lieben, dann will ich, dass das mit uns funktioniert. Ich weiß, du wirst mir zu sagen versuchen, dass es nicht klappen kann. Dass du nicht aus Crompton weggehst. Aber wenn es dir nichts ausmacht, dass ich reise, dann verlege ich meinen Wohnsitz dorthin, und wir telefonieren und videotelefonieren, und ich komme zu dir nach Hause, so oft ich kann.«

Ich erschaudere, als er sagt, er komme zu mir nach Hause. Es ist eine unheimliche Erleichterung zu wissen, dass er nicht weglaufen will. Dass er versteht, dass das zwischen uns unbeholfene Entschuldigungen und krampfige Gespräche wert ist. Ich lächle ihn zaghaft an. Dieser Mann ist der beste Mensch, den ich kenne. Der beste *Mann*, den ich je kennen werde.

»Du hast mich vieles gelehrt, Vincent, aber das Wichtigste von allem ist, dass nicht etwa ein Ort mir Sicherheit, Glück und Geborgenheit schenkt, sondern die Menschen. Deswegen fand ich es so schön in Norfolk. Ich war bei dir. Du gibst mir Wurzeln so tief wie diese Eiche. Egal, wohin du reisen musst, ich komme mit dir. Und wenn ich bei dir bin, werde ich stets sicher und glücklich sein.«

Als er die Augen schließt, kann ich spüren, wie ihn Erleichterung durchströmt.

»Aber eins müssen wir noch klären, damit wir zusammen sein können«, sage ich.

Er öffnet die Lider und verengt die Augen.

»Du musst dir meiner sicher sein«, erkläre ich. »Du musst wissen, dass ich nicht abhaue. Ich verstehe, dass dich das, was du mit deinem Dad erlebt hast, ängstlich macht. Kein Wunder. Aber ich muss die Chance haben, diese Wunde bei dir zu schließen, Vincent.«

»Die hast du«, erwidert er und streckt die Hand nach mir aus.

Doch ich nehme meine Tasche auf den Schoß und hole die Geschenktüte heraus, wegen der ich vorhin unterwegs war.

»Ich habe die hier gekauft«, sage ich und gebe ihm das Geschenk. »Einen für dich und einen für mich. Deiner hat vielleicht nicht die richtige Größe.«

Sein Stirnrunzeln vertieft sich, und er schaut erst die Tüte, dann wieder mich an.

»Na, guck rein«, sage ich.

Er zieht die Schleife auf und nimmt die schwarze Schachtel heraus. Wieder wirft er mir einen verwirrten Blick zu.

Ich recke zur Ermutigung stumm das Kinn vor.

Als er die Schachtel aufmacht, legt sich ein Lächeln um seine Mundwinkel. Nebeneinander in dem schwarzen Samt stecken zwei goldene Ringe.

»Wir werden für immer zusammen sein«, sage ich. »Ich möchte dich heiraten. Ich möchte, dass du meine Familie bist und ich deine, der Anker füreinander in dieser sich permanent verändernden Welt. Das Einzige, was du mir versprechen musst, ist, dass du mit mir redest, wenn du das Gefühl hast, zwischen uns läuft etwas schief. Es wird nicht auf Geschäftsreise abgehauen, wenn es mal schwierig wird oder du dich verletzlich fühlst. Ich muss die Chance haben, dir zu erklären, dass ich nicht gehen werde – niemals.«

Er schluckt und nickt. »Ich versprech's.«

Ich rücke auf seinen Schoß, die Beine zu seinen Seiten ausgestreckt, sodass unsere Gesichter nur Zentimeter voneinander entfernt sind, und lege die Arme um seinen Hals. Als er nicht reagiert, weiche ich zurück.

»Nur eins noch.« Er tastet in seiner Hosentasche herum, woraufhin ich ein Stück nach hinten rutsche, damit er besser herankommt. »Ich hab dir was gekauft.«

Er zieht eine weitere schwarze Schachtel hervor, die gleiche wie meine. »Muss aus demselben Juweliergeschäft stammen wie deine. Es gehört übrigens Becks Freund.«

»Was ist das?«, frage ich auf die Schachtel starrend.

Er lacht leise. »Mach sie doch auf.«

Ich nehme sie ihm ab.

»Der Inhalt wird dich nicht beißen. Versprochen.«

»Großes Pfadfinderehrenwort?« Ich grinse ihn an.

Er schüttelt den Kopf. »Ich liebe dich.«

Diesmal darf ich sein Gesicht streicheln, und seine Haut fühlt sich unter meinen Fingerspitzen genau richtig an. »Ich dich auch.«

Schließlich klappe ich die Schachtel auf und enthülle damit einen enormen Diamantring. Der Stein ist gefühlt so groß wie eine Eichel. »Der ist ja riesig.« Ich schaue zu ihm hoch.

»Wenn er dir nicht gefällt –«

»Ich liebe ihn. Ehrlich jetzt, total. Könnte sein, dass ich ihn fast so sehr liebe wie dich.« Als er lacht, wärmt mich das durch und durch. Ich blicke vom Ring wieder zu ihm hoch. »Und falls du dich das jetzt fragst: Dich liebe ich sehr.«

Er löst den Ring aus der Schachtel, nimmt meine Hand und schiebt ihn mir auf den Ringfinger meiner linken Hand. Er passt wie angegossen.

»Dann hattest du also vor, mir einen Antrag zu machen, aber ich bin dir zuvorgekommen«, sage ich mit den Fingern klimpernd und bestaune dabei, wie sich das Sonnenlicht in dem Diamanten fängt. Er sieht aus, als gehörte er an meine Hand.

»Ich wollte eine Geste, die dir zeigt, dass ich nicht wieder davonlaufen werde. Mir ist klar geworden, was für ein Trottel ich war und dass ich dich nie wieder loslassen will. Ich war mir nicht sicher, ob du mich für voll nehmen würdest.«

»Bestechung ist immer ein gutes Mittel. Nur so zur Info – für zukünftige Fälle.« Ich fahre mit den Händen über seine Haare und gebe ihm einen Kuss auf den Mund. »Ich habe dich vermisst.«

Er umfasst mein Gesicht. »Du musst mich nie wieder vermissen.«

Wir brauchen keine Hochzeitszeremonie, um einen Bund miteinander einzugehen, auch wenn ich meine Liebe mit Freuden vor unseren versammelten Familien und Freunden kundtun würde. Unter den Ästen eines Eichenbaums im Hyde Park sitzend halten wir die einzige Zeremonie ab, auf die es ankommt. Wir haben einander Versprechen gegeben, einander Ich liebe dich gesagt und beschlossen, den Rest unseres Lebens miteinander zu verbringen.

Vincent ist jetzt mein Zuhause – und ich bin seines.

41. KAPITEL

VINCENT

Womit habe ich nur solches Glück verdient? Ich beobachte Kate am Fenster, wie sie hinaus auf die Londoner Skyline blickt. Ich ziehe die Schuhe aus und stelle mich hinter sie.

»Gefällt dir die Aussicht?«

Sie dreht sich in meinen Armen zu mir um. »Ja.«

Ich beuge mich vor, um ihr einen Kuss auf den Hals zu geben. »Du duftest nach frischen Sommerblumen«, sage ich. Das passt perfekt zu ihr. Sie ist wie ein immerwährender Sommer – ein Rausch von Wärme und Farben.

»Mir gefällt die Vorstellung, dich nie wieder zu vermissen«, sagt sie. »Nie wieder deinen Körper zu vermissen, weil ich ihn jede Nacht haben kann.« Sie legt die Hände um meine Schultern und streicht meine Arme hinab, als wollte sie sich in Erinnerung rufen, wie ich mich anfühle.

»Er gehört ganz dir.«

Sie lässt den Zeigefinger an meiner Knopfleiste hinabgleiten.

»Und meiner gehört dir.«

Ich hole Luft, um ihre Worte einsickern zu lassen.

»Es fühlt sich gut an ... so verbunden zu sein.« Ihr Blick huscht zu dem Ring an ihrem linken Ringfinger. »Meinst du, die Leute werden reden, weil es bei uns so schnell gegangen ist?«

»Ist mir egal«, erwidere ich. »Und dir?«

»Ich glaube, mir auch.« Sie schmiegt die Hände um meinen Nacken und sieht mich an.

Ja, ich will sie sofort nackt sehen. Ja, ich will ihr so nah sein, wie es nur geht. Ja, ich will lecken, saugen, stoßen, in sie hineingleiten – vögeln. Aber gleichzeitig will ich genau hier stehen bleiben und für den Rest meines Lebens diese unglaubliche Frau anschauen.

»Ich denke, wir müssen das Bett austesten.« Sie löst sich aus meinen Armen und geht um die Sitzgruppe herum auf die andere Seite des Zimmers, wo das Bett steht. »Olga sagt, wir müssen verstehen, was Luxus bedeutet.« Sie zieht sich das Oberteil aus und öffnet den Reißverschluss ihrer Jeans. »Deshalb sind wir hier. Sie sagt, wir sollen die gesamte Zimmerausstattung nutzen.« Sie dreht sich um, als ich mich ihr nähere und mich im Gehen ausziehe.

»Klingt nach einem guten Rat. Wir können mit dem Bett anfangen. Dann die Dusche. Badewanne. Sofa. Fußboden. Vielleicht sogar am Fenster.«

Es ist süß, wie sie rot wird. »Überall außer am Fenster ist okay. Meine Platzangst hat sich zwar gebessert, aber das geht zu weit.« Sie trägt nichts als Unterwäsche, sodass ich nicht weiß, wo ich hingucken soll. Diese Frau wird meine Ehefrau werden. Sie ist für immer mein, und ich gehöre ihr.

»Du bist wunderschön«, sage ich. »Und lieb und witzig und klug und sexy, und ich bin froh, dass wir für immer Zeit zusammen verbringen können.«

Ihr Mund verzieht sich zu einem Lächeln. »Geht mir genauso.« Ich habe mich komplett ausgezogen. Sie tritt auf mich zu, stellt sich auf die Zehenspitzen und verschränkt die Hände in meinem Nacken. »Du bist schön«, sagt sie. »Und lieb und witzig und klug und sexy, und ich bin froh, dass wir für immer

Zeit zusammen verbringen können. Mir ist zwar klar, dass uns noch unser ganzes restliches Leben bleibt, aber ich will, dass dieses Leben jetzt losgeht.«

Ich beuge mich vor, um sie zu küssen, und drücke dabei sanft gegen ihr Kreuz, sodass wir uns aneinanderschmiegen wie schon seit unserer ersten gemeinsamen Nacht. Unsere Zungen gleiten zusammen, und es ist total kitschig, aber es fühlt sich an, als wären wir eins oder als wäre sie für mich geschaffen. Sie ist total unglaublich, und ich darf sie heiraten. Zum Teufel, womit habe ich solches Glück verdient?

Ich unterbreche unseren Kuss und schnappe mir ein Kondom.

»Brauchen wir eins?«, fragt sie. »Ich hab mich … testen lassen und so. Ich bin gesund, meine ich.«

»Ich auch«, sage ich etwas zu schnell. Sie braucht nicht zu wissen, dass ich mich einmal im Monat testen lassen habe, bevor ich sie kennenlernte. Seit ihr gab es keine andere mehr.

Wird es auch nie wieder geben.

Bei der Aussicht, bald in ihr zu sein, zuckt mein Penis, aber ich zwinge mich, geduldig zu sein. Ich will mich auf Kate konzentrieren.

Ich gehe mit ihr zum Bett und lege sie auf den Rücken. Sie stützt sich auf den Ellbogen auf, hakt ihren BH auf und wirft ihn beiseite, während ich ihr den Slip ausziehe.

Ich streichle über ihre Schenkel, spreize ihre Beine, lasse die Zunge dazwischengleiten und auf-, auf-, aufwärts zu ihrer Klitoris, über ihren Bauch und zwischen ihre Brüste. Sie erschauert unter mir, ihr leises Gestöhne scheint sich um meinen Schwanz zu legen wie eine rhythmisch zudrückende Faust. Ich nehme ihre Brustwarze in den Mund, umkreise sie und sauge. Kate bäumt sich unter mir auf, die Finger in meinem Haar, ein Bein um meine geschlungen.

»Vincent«, ruft sie aus. »Ich will dich. Ganz.«

Sie zieht meinen Kopf hoch, und wir sehen einander in die Augen. »Du bist ein großzügiger Liebhaber, denkst immer an mich, aber jetzt gerade – diesmal – will ich, dass es um uns geht. Ich will dich auf mir, über mir, in mir.«

Ich stöhne. »Kate.« Ich schüttele den Kopf. »Ich weiß nicht, wie lange ich durchhalte, wenn –«

Sie legt mir die Finger auf die Lippen. »Ich auch nicht.«

Ich fahre mir mit den Händen übers Gesicht und atme tief durch. »Ich werd Minuspunkte machen.«

»Tja, ich habe schon Ja zu dir gesagt. Die Höflichkeit verlangt es, dass ich dir den Ring zurückgebe, falls ich vor der Hochzeit Schluss mache, und das kommt gar nicht infrage. Wie's aussieht, habe ich dich also so oder so am Hals.«

Mit einem unterdrückten Lachen umfasse ich meinen Schaft und umgreife mit der anderen Hand ihre Hüfte. Langsam und vorsichtig schiebe ich mich in sie, um nicht davon überwältigt zu werden, wie gut sie sich anfühlt.

Wie gut wir sind. Zusammen.

Ich fange an, mich zu bewegen. Zögerlich erst, weil ich versuchen will, es in die Länge zu ziehen, doch das ist sinnlos.

Sie fühlt sich so gut an. Sie ist eng und feucht, und wie sie meinen Namen keucht, sich an meine Brust klammert … ich will ihr nur noch näher sein, noch näherkommen.

Sie ist total unwiderstehlich.

Ich weiß nicht, ob es an dem stetigen Rhythmus liegt, aber es dauert nur Sekunden, bis ich spüre, wie sie sich um mich herum zusammenzieht.

»Vincent«, schreit sie. »Oh Gott.«

Sie ist ganz kurz davor – ein Glück, denn ich spüre meinen Orgasmus schon bebend herannahen, und zwar rasend schnell.

Sie schlingt die Beine um meine Taille, während ich stoße und stoße und stoße, und als sie den Rücken durchdrückt, bricht mein Höhepunkt tosend wie ein Sturm über mich herein.

»Kate«, rufe ich aus. »Kate.«

Ihre Hände legen sich um meine Kieferpartie, und als ich die Augen öffne, schaut sie mich fest an. Ich muss sie nicht sagen hören, dass sie mich liebt, um es zu wissen.

Ich drücke einen Kuss auf ihre Lippen und sacke auf ihr zusammen.

Als sich meine Atmung beruhigt, rolle ich von ihr herunter. Sie dreht sich auf die Seite und küsst meinen Bauch.

»Als Nächstes in der Dusche«, sagt sie.

Ich weiß zwar nicht, ob ich mich überhaupt bewegen kann, bin jedoch unfähig, dieser Frau zu widerstehen. Sie nimmt mich bei der Hand und führt mich ins Bad. »Setz dich da hin«, deutet sie auf die Marmorbank auf einer Seite der riesigen Dusche.

Matt tue ich, was sie sagt. Ich lege den Kopf in den Nacken, als Kate das Wasser anstellt und ein warmer Regen von der Decke herabzurieseln beginnt.

»Wow. Als würde es regnen«, staunt sie.

Unter dem Wasser schimmert ihr Körper förmlich. Sie beugt sich vor und gibt mir einen Kuss, woraufhin ich sie bei den Hüften fasse, doch sie weicht zurück und kniet sich stattdessen hin.

Ich kann regelrecht spüren, wie das Blut in meinen Schwanz rauscht, als wollte jedes Molekül dort als Erstes angelangen.

»Kate«, sage ich kopfschüttelnd.

»Ich will dich. Du bereitest mir gern Lust, ich bereite dir gern Lust.« Als sie die Hand um meinen Schwanz schließt, stöhne ich.

Doch ich halte sie nicht auf. Sie leckt, küsst, saugt, kratzt mit den Zähnen, und ich kann die Augen nicht von ihr lassen.

Ihre Zunge, ihre Hände, ihre wogenden Brüste. Das über ihren Körper rinnende Wasser.

»*Fuck*«, rufe ich aus, als sie mich tief in den Mund nimmt und stöhnt.

Ich komme gleich. Schon wieder. Ich kann es nicht aufhalten. Sie ist einfach zu …

Ich rutsche umher, weil sie sich lösen soll, damit ich den Höhepunkt zulassen kann. Sie packt meine Oberschenkel und weigert sich nachzugeben.

»Kate«, stoße ich hervor.

Sie fasst nach meiner Hand und legt sie auf ihren Kopf, und das war's – es ist vorbei mit mir. Ein Ziehen geht durch meine Leisten, und ich ergieße mich in ihre Kehle.

Als ich wieder zu mir komme, schließe ich sie in die Arme und ziehe sie fest an meine Brust. Unsere Körper passen perfekt zusammen, wie zwei Teile eines Puzzles. Wo immer sie ist, ist mein Zuhause. Und ich weiß, dass ich ihres bin.

Meine Verlobte.

Meine Ehefrau.

Meine Partnerin.

Egal, welche Bezeichnung, sie ist die Frau, die ich mein restliches Leben lang lieben werde.

EPILOG

VINCENT

36 Tage später

Obwohl es nach unserem Jawort im Park keine weitere Zeremonie brauchte, wollte ich eine. Kate war nachgiebig mit mir und hat sich darauf eingelassen. Ich möchte, dass alle Menschen, die mir wichtig sind, an einem Ort zusammenkommen, um zu feiern, dass ich den Rest meines Lebens mit Kate verbringen darf und mich eine Zukunft erwartet, die ich nie für möglich gehalten hätte.

Und ich möchte nicht damit warten.

Neunundzwanzig Tage nach unserer Versöhnung im Hyde Park stehen wir im Standesamt von Marylebone und heiraten offiziell.

Eine Woche darauf versammeln sich unsere Familien und Freunde zur Hochzeitsfeier auf Crompton. Wir haben ein riesiges Festzelt aufgebaut, samt Tanzfläche und Tischgruppen. Obwohl September ist, herrscht dieses Wochenende Sonnenschein, und Kate hat darauf bestanden, dass sämtliche Seitenwände des Zelts abgebaut werden, damit wir mehr vom Anwesen sehen.

Das Zelt steht mit Blick auf den See und hinunter zum Wäldchen – Kates und meine Lieblingsaussicht. Blumen schmücken das Zelt, winden sich um die Pfeiler und ranken vom Dach. Es sieht wunderschön aus. Wir hätten niemals an einem anderen Ort feiern wollen.

Es gibt keinen Gang zum Altar, keine Zeremonie, keine Brautjungfern und Trauzeugen. Nur Sonnenschein, Champagner, Essen, Musik, Tanz und Gelächter.

Es ist unkonventionell, passt aber perfekt zu uns.

»Du siehst wunderschön aus«, sage ich zu meiner Braut, die ein perlenbesetztes weißes Kleid trägt und einen Kranz aus frischen Blumen vom Anwesen. Wir wiegen uns zusammen auf der Tanzfläche. »Wie eine Blumenfee.«

Sie lächelt mich an und spielt mit der rosafarbenen Rose in meinem Knopfloch, die sie heute Morgen selbst im Garten gepflückt hat. »Wie viel hast du schon getrunken?«

»*Doch*, du bist bezaubernd«, beharre ich.

»Wer hätte gedacht, dass aus dir mal so ein weiches Marshmallow wird?«

»Dazu hast du mich gemacht.« Ich küsse sie auf die Stirn.

Beck und Stella tanzen gegenüber von uns. Er ist ihr auf den Fuß getreten, und sie lacht ihn aus. Kate folgt meinem Blick. »Fragst du dich, ob du mir in ein paar Jahren auch auf die Füße steigen wirst?«

»Nein«, antworte ich. »Ich hab nicht vor, nach heute noch mal zu tanzen.«

Als sie lacht, muss ich unwillkürlich lächeln, denn sie glücklich zu machen ist meine größte Leistung.

»Wir sollten uns mit ihnen zum Essen verabreden«, sagt sie. »Ich mag Stella echt gern.«

»Ja, lass uns das machen. Ich möchte auch mal die Kennenlerngeschichte der beiden hören. Anscheinend fing alles mit einer Erpressung an.«

»Ende gut, alles gut, schätze ich.« Sie führt mich von der Tanzfläche weg zu Granny, die uns beide breit anlächelt.

»Ihr gebt ein sehr schönes Paar ab«, sagt sie. Als Kate von jemandem mitgezogen wird, setze ich mich neben Granny.

»Sie ist viel zu gut für mich«, stelle ich fest.

»Dasselbe würde sie über dich sagen. Deshalb seid ihr perfekt füreinander.« Sie tätschelt mir das Knie. »Ihr müsst nur zusehen, dass ihr aufeinander achtgebt.«

»Das ist für mich die wichtigste Aufgabe. Auf sie zu achten, dafür zu sorgen, dass sie glücklich ist und sich geliebt fühlt. Daneben gibt es kaum etwas. Die Liebe zu ihr hat mich Prioritäten gelehrt.«

»Ihr werdet eure Hochs und Tiefs haben«, meint Granny. »Ihr müsst euch einfach stets vor Augen halten, dass es um die lange Strecke geht.«

»Denkst du, mit nach New York zu kommen, ist wirklich okay für sie?«, frage ich. Ich fliege hin, um das Büro dort aufzulösen. Ich möchte es den Angestellten persönlich mitteilen. Zwar biete ich ihnen andere Stellen an, aber manche von ihnen müssten dafür umziehen. Es hat keinen Sinn, ein Büro dort zu unterhalten, wenn mein Zuhause bei Kate ist, in England.

»Wenn sie das sagt, dann ist es so. Du wirst ja da sein, und ich auch.«

»Ich hoffe doch, du kommst immer mit uns auf Reisen.«

»Ab und zu, solange meine alten Knochen es mitmachen.« Sie verstummt und schüttelt den Kopf. »Kate so glücklich zu erleben, hat mir eine Last von den Schultern genommen, der ich mir gar nicht bewusst war. Die Sorgen sind weg. Jahrelang habe ich mir Vorwürfe gemacht. Ich wusste nicht, was ich tun soll, damit es ihr wieder besser geht.«

»Sie vergöttert dich«, sage ich. »Du hast alles richtig gemacht.«

»Kein Mensch macht alles richtig. Aber wenn ich sie jetzt so sehe, bin ich glücklich – und zugleich erleichtert –, dass sich für sie alles gefügt hat. Nur tu mir einen Gefallen, ja? Kate hat sich so lange im Leben versteckt. Lass sie auch ihren eigenen Bedürfnissen nachgehen. Sie liebt dich, und ich freue mich, dass sie mit dir auf Geschäftsreisen gehen wird. Aber sie braucht auch etwas eigenes.«

»Sehe ich genauso«, stimme ich zu, just als Kate wiederkommt und sich in meinen Schoß fallen lässt. »Hast du Granny von der Bewerbung erzählt, die du gestern abgeschickt hast?«

Kate sieht von mir zu Granny.

»Ich glaube, sie wüsste gern davon«, sage ich.

»Ich weiß nicht, ob etwas daraus wird«, erzählt sie, »aber ich habe mich noch mal in Cambridge beworben. Ich habe meinem ehemaligen Tutor deswegen gemailt, und er hat geantwortet, dass er meine Bewerbung gern unterstützt. Wenn ich angenommen werde, fange ich nächstes Jahr an.«

Granny bekommt feuchte Augen und nimmt unsere Hände. »Das sind fantastische Neuigkeiten.«

»Ich werde nur in den Semesterferien reisen«, sage ich. »Die übrige Zeit bleiben wir hier.«

»Auf Crompton?«, fragt Granny.

»Darüber diskutieren wir noch«, sagt Kate. »Vincent will auf einem Teil des Anwesens ein Haus für uns bauen, aber ich weiß nicht so recht. Wenn ich studiere, hat es mehr Sinn, in Cambridge zu wohnen. Vorausgesetzt, ich werde angenommen.«

»Beck baut Stadthäuser in Mayfair, die wir uns ansehen werden. Ein Wohnsitz in London wäre auch gut.«

»Was ist mit Norfolk?«, wirft Kate ein. »Außerdem wollen wir auch nah bei dir sein, Granny.«

»Ihr habt Glück, ich arbeite nicht«, sagt Granny. »Somit kann ich euch überall besuchen kommen.«

Kate und ich tauschen einen Blick. Kate hat unmissverständlich klargemacht, dass, wo immer wir hinziehen, Granny auch hinzieht. Ist mir nur recht. Granny ist jetzt auch meine Familie.

»Das Londoner Haus hat eine Einliegerwohnung«, sagt Kate. »Das ist doch wie für dich gemacht, Granny.«

»Macht wegen mir keinen Aufriss. Ich richte mich nach euch. Und jetzt stell mich mal deinen Brüdern vor, Vincent.« Wie aufs Stichwort kommt Beau übers ganze Gesicht strahlend an. Er gibt Granny einen Handkuss. »Ich bin Beau Cove. Vincents Bruder. Du musst dann wohl Granny sein? Mir ist nur Wunderbares zu Ohren gekommen.«

»Eure Familie ist überaus charmant«, bemerkt Granny und lacht. »Bist du verheiratet?«

»Noch nicht«, erwidert er. »Möchtest du tanzen?«

»Flirtet Beau etwa mit Granny?«, fragt Kate, während wir zusehen, wie er sie in die Mitte der Tanzfläche führt.

»Er kann es nicht abschalten.«

»Das wird ihm noch Riesenärger einbringen«, meint sie.

»Beau ist Ärger gewohnt«, sage ich. Manchmal mache ich mir Sorgen um ihn. Er wirkt so getrieben – jagt einem Kick nach dem anderen nach. Ich frage mich, womit er sich einmal zufriedengeben wird.

Kate legt einen Arm um meinen Hals, und wir schauen unseren Familien und Freunden zu, wie sie lachen, tanzen und an diesem wunderschönen Ort feiern.

Womit haben wir nur solches Glück verdient?

»Ich habe ein Hochzeitgeschenk für dich«, flüstere ich ihr ins Ohr.

»Ich habe alles, was ich will, schon hier.«

Ich grinse, denn ich weiß, dass sie die Wahrheit sagt. Durch Kate habe ich erkannt, dass die wichtigsten Dinge im Leben nicht materieller Natur sind. Darum hoffe ich auch, dass ihr mein Geschenk gefallen wird.

Ich hole mein Handy heraus und scrolle zu der Seite, die ich suche. »Du weißt ja: Was meins ist, ist auch deins.«

»Wenn du das sagst.« Sie fährt mir durchs Haar. Sie hört gar nicht richtig zu.

»Aber ich möchte, dass das hier auf deinen Namen überschrieben wird. Die Dokumente sind alle aufgesetzt. Du musst sie nur noch unterschreiben.«

Sie schaut mich aus schmalen Augen an und sieht auf mein Handy, das ich ihr hinhalte. »Was wird auf meinen Namen überschrieben?«

»Dies hier. Crompton.«

Sie erstarrt. »Du willst, dass es mir gehört?« Ein Lächeln breitet sich auf ihren Lippen aus.

»Ja. Also, jetzt, wo wir verheiratet sind, gehört es dir sowieso, aber weil es etwas ganz Besonderes für dich ist, wollte ich, dass es namentlich dir gehört.«

Sie legt die Hand an meine Wange. »Danke.« Sie macht eine Pause. »Du bist etwas ganz Besonderes, Vincent. Nicht weil es so ein ausgefallenes Geschenk ist – das auch. Sondern weil du immer an mich denkst. Für dich kommt mein Glück immer an erster Stelle. Das möchte ich dir umgekehrt genauso bieten.«

Ich drücke ihre Hand. »Tust du schon. Tag für Tag. Einfach, indem du *du* bist.«

KATE

Eine Woche später

Wir stehen alle in der Einfahrt und betrachten John und Caroles Haus.

Ich blicke immer wieder hoch zu den tief hängenden, bedrohlich dunklen Wolken über uns. Ich gebe dem Ganzen noch vier Minuten, dann schüttet's wie aus Eimern los.

»Wir brauchen mindestens vier zusätzliche Zimmer«, sagt Carole.

»Vier?«, jault John. »Hast du etwa lauter heimliche Kinder, von denen ich nichts weiß?«

»Und ein größeres Esszimmer«, fährt Carole fort.

»Wir können nicht einfach die Essdiele vergrößern«, sagt John.

»Deshalb überlege ich ja, ob es nicht besser wäre, das ganze Haus abzureißen und neu zu bauen. Was denkst du?«

»Was ich denke?«, erwidert John, dessen Gesicht sich mit jeder Sekunde mehr verfärbt. »Ich denke –«

»Dich habe ich nicht gemeint, sondern Vincent. Und Jacob. Anbauen oder abreißen?«

»Nathan hat ein Haus gleich die Straße hinunter. Wir brauchen nicht jedes Mal alle bei euch zu wohnen, wenn wir zu Besuch kommen.«

Carole fasst sich auf den Rücken und löst ihre Schürze mit den Fotos von Jacob darauf. »Genau davor habe ich Angst. Wenn ihr alle Häuser in der Nähe habt, will keiner mehr bleiben. Dabei liebe ich es, wenn wir zusammen essen, um die Feuerstelle sitzen und danach ins Bett fallen.« Sie knüllt die Schürze zusammen und wirft sie zu Boden. »Ich will, dass meine Enkelkinder morgens zu mir ins Bett gekrabbelt kommen, und ich will sie abends schlafen legen.«

John tritt an ihre Seite und streicht ihr über den Rücken. »Na, na. So gern ich es auch hätte, unsere Jungs gehen nicht weg.«

Ich verkneife mir ein Lachen und werfe Sutton einen Blick zu. Vincent und Jacob nehmen Johns Kommentar gar nicht wahr.

»Ich habe eine Idee«, sagt Vincent, und ich drücke seine

Hand, damit er weiß, dass er meine Zustimmung hat, egal was er sagen wird. »Wie wär's, wenn ihr hier vorn ein neues Haus dransetzt? Ihr habt doch jede Menge Platz. Dann verbindet ihr es mit dem bestehenden Haus und macht aus dem alten Teil einen Schlaftrakt, den wir nutzen können, wenn alle hier sind. Die übrige Zeit wohnt ihr im neuen Haus, das auch ganz bestimmt ein großes Esszimmer kriegt.«

»Ein Schlaftrakt?«, fragt John. »Wir machen daraus doch keine Jugendherberge.«

»Die Idee ist gut«, sagt Carole. »Jetzt, wo nämlich die Enkelkinder kommen, brauchen wir Platz.«

»Du liebe Zeit«, sagt John. »Es wird nie Ruhe und Frieden herrschen.«

»Wie wär's, wenn du mal nach deinen Bohnen schaust, John? Überlass das Ganze mir und den Jungs«, sagt Carole.

»Tsss«, macht John. »Typisch. Von der Planung des eigenen Hauses ausgeschlossen.« Er fängt nicht zu diskutieren an, und ich kann mir vorstellen, dass er insgeheim froh ist, sich nicht weiter damit befassen zu müssen, was Carole mit dem Haus anstellen will. John liebt seine Söhne genauso sehr wie Carole. Er zeigt es nur anders. »Hund«, ruft er. »Wehe, du hast Fuchskacke gefunden, dann zieh ich dir das Fell über die Ohren.«

»Lass den Hund am Leben, Dad«, sagt Jacob.

»Ich mache verdammt noch mal, was mir gefällt«, erwidert der. »Das ist mein Haus –« Hund biegt um die Hausecke und flitzt auf uns zu. »Komm. Wir sehen mal nach den Bohnen.« John geht zu seinen Gemüsebeeten und lässt uns übrige fünf weiter das Haus anstarren.

»Wir werden dich immer besuchen kommen, Mum«, verspricht Jacob. »Ich glaube, Sutton hat mich überhaupt nur wegen meiner Familie geheiratet. Du bist Teil des Pakets.«

»Genau«, stimmt Sutton zu. »Wir hören auf gar keinen Fall auf, zu Besuch zu kommen.«

»Aber wenn ihr alle Babys habt, brauchen wir mehr Platz«, sagt Carole. »So klein sie auch sind, sie beanspruchen jede Menge Platz. Ihr werdet schon sehen.«

»Stimmt, werden wir«, sagt Jacob. »In ungefähr siebeneinhalb Monaten.«

Ich keuche auf, während Carole den Kopf herumreißt, um Jacob anzusehen.

Vincent klopft Jacob auf den Rücken. »Gratuliere.«

»Wir wollten es eigentlich nachher beim Essen verkünden«, sagt er.

»Aber mein Ehemann in spe hat die Geduld eines Kleinkinds«, setzt Sutton hinzu.

Ich ziehe Sutton in eine Umarmung, der Carole sich anschließt. »Ich freue mich sehr für euch«, sage ich.

Als ich mich von den beiden Frauen löse, schaue ich zu Vincent. Er nimmt meine Hand und drückt die Lippen auf meine Fingerknöchel.

Der Schwangerschaftstest, den ich heute Morgen gemacht habe, war positiv, aber wir werden Sutton und Jacob nicht den großen Moment verderben. In ein paar Wochen sind wir wieder in Norfolk und können es allen dann verkünden. Vorhin habe ich Granny angerufen, sie war mindestens fünf Minuten lang nicht in der Lage zu reden, danach hat sie unser halbes restliches Gespräch über geschluchzt. Sie hätte nie gedacht, dass sie mal Urgroßmutter wird. Ich hätte nie gedacht, dass ich mal Mutter und Ehefrau werde.

Doch der Mann an meiner Seite hat alles verändert. Und ich könnte nicht glücklicher sein.

Triggerwarnung:

Dieses Buch enthält neben expliziten Szenen auch Elemente,
die potenziell triggern können.

Diese sind:
*Panikattacken und Angstzustände, Trauerbewältigung,
Erwähnung von Erbrechen*